Jörg Ramseger · Christa Preissing · Ludger Pesch
Berliner Bildungsprogramm für die offene Ganztagsgrundschule
Gestaltungsprinzipien, Aufgabenfelder und Entwicklungsziele

Jörg Ramseger · Christa Preissing · Ludger Pesch

Berliner Bildungsprogramm für die offene Ganztagsgrundschule

Gestaltungsprinzipien, Aufgabenfelder und Entwicklungsziele

mit Reportagen
von Barbara Leitner

Herausgegeben von
der Senatsverwaltung für Bildung, Wissenschaft und Forschung Berlin,
der LIGA der Spitzenverbände der Freien Wohlfahrtspflege Berlin und
dem Dachverband Berliner Kinder- und Schülerläden (DaKS)

verlag das netz
Weimar

Autoren:
Jörg Ramseger, Christa Preissing, Ludger Pesch

Reportagen:
Barbara Leitner

Auftraggeber:
Senatsverwaltung für Bildung, Wissenschaft und Forschung Berlin
LIGA der Spitzenverbände der Freien Wohlfahrtsplege Berlin
Dachverband der Berliner Kinder- und Schülerläden (DaKS)

Mitglieder des Beirates:
Dagmar Wilde, Senatsverwaltung für Bildung, Wissenschaft und Forschung Berlin
Rainer Maikowski, Senatsverwaltung für Bildung, Wissenschaft und Forschung Berlin
Michaela Neuse-Pohl, Senatsverwaltung für Bildung, Wissenschaft und Forschung Berlin, Außenstelle Charlotten-
burg-Wilmersdorf
Christiane Dietrich, Senatsverwaltung für Bildung, Wissenschaft und Forschung Berlin, Außenstelle Spandau
Mascha Kleinschmidt-Bräutigam, Landesinstitut für Schule und Medien Berlin-Brandenburg (LISUM)
Mechthild Pieler, Landesinstitut für Schule und Medien Berlin-Brandenburg (LISUM)
Elvira Kriebel, Der Paritätische Wohlfahrtsverband, Landesverband Berlin e.V.
Maria Lingens, Arbeiterwohlfahrt Landesverband Berlin e.V.
Norbert Bender, Dachverband Berliner Kinder- und Schülerläden (DaKS) e.V.
Roland Kern, Dachverband Berliner Kinder- und Schülerläden (DaKS) e.V.
Annette Hautumm, Sozialpädagogisches Fortbildungsinstitut Berlin-Brandenburg
Doris Lerner, Maria-Montessori-Grundschule
Karin Babbe, Erika-Mann-Grundschule
Roland Hagelstange, Sonnenblumen-Grundschule
Brigitte Gerhold, Pestalozzi-Fröbel-Haus
Barbara Tennstedt, FIPP e.V.
Uwe Moldenhauer, Kooperationsverbund Hortbetreuung Halensee e.V.

ISBN 978-3-86892-027-7

Gestaltung: Jens Klennert, Tania Miguez
Titelbild: Gerhard Medoch
Fotos: Erika-Mann-Grundschule Berlin, Wilhelm Holthus, Karin Babbe
Druck und Bindung: Druckhaus Gera GmbH
Printed in Germany

Weitere Informationen finden Sie unter www.verlagdasnetz.de

Inhaltsverzeichnis

Vorwort der Auftraggeber

Alle Kinder haben das Recht auf eine gute Schule. Dies gilt umso mehr, wenn sich, einem internationalen Trend folgend, Berliner Schulen zu Ganztagsschulen umgestalten. Denn je länger Kinder Zeit in der Schule verbringen, desto besser muss sie sein. Schule muss zum ganztägigen Lebens- und Lernort werden, in dem alle Kinder ihre Fähigkeiten auch außerhalb des Unterrichts entdecken, erproben und entfalten können.

Dieses Ziel zu unterstützen war Intention der Auftraggeber des Berliner Bildungsprogramms für die offene Ganztagsgrundschule. Auf Anregung der Verbände der Freien Jugendhilfeträger wurde erstmalig gemeinsam mit der Senatsverwaltung für Bildung, Wissenschaft und Forschung ein Bildungsprogramm für die offene Ganztagsgrundschule in Auftrag gegeben. Erarbeitet wurde es von der Internationalen Akademie für innovative Pädagogik, Psychologie und Ökonomie (INA) an der FU Berlin, die auch schon das Berliner Bildungsprogramm für Kindertagesstätten vorgelegt hat.

Als Auftraggeber freuen wir uns sehr, das »Berliner Bildungsprogramm für die offene Ganztagsgrundschule« jetzt präsentieren zu können. Auf dieser Grundlage und den aufgezeigten Perspektiven können sich die pädagogischen Fachkräfte vor Ort über die gemeinsame Arbeit verständigen. Die öffentliche Diskussion der Entwurfsfassung zeigte bereits im Vorfeld eine hohe Übereinstimmung mit den im Programm benannten fachlichen Anforderungen und Herausforderungen, die von allen am Bildungsprozess Beteiligten zu bewältigen sind.

Die Ganztagsschule bietet nicht nur neue Chancen, sie bedeutet auch mehr Verantwortung. Mit einem Mehr an Zeit kann sie nicht allein mehr, sondern auch individuellere Bildungsangebote gestalten. Die Ganztagsgrundschule kann gerade in Berlin an langjährige und vielfältige Erfahrungen und Kompetenzen von Schule und Jugendhilfe anknüpfen. Erst eine konzeptionell abgestimmte Zusammenarbeit verschiedener Professionen ermöglicht eine ganzheitliche Förderung von Grundschulkindern.

Der Auf- und Ausbau der offenen Ganztagsgrundschulen ist Teil umfangreicher Reformen in Berliner Kitas und Grundschulen. Im Leitbild für die offene Ganztagsgrundschule wurden bereits 2005 zentrale Eckpunkte der Weiterentwicklung der Grundschulen zu Ganztagsgrund-

schulen entfaltet. Damit die Reformen gelingen können, bedarf es auch einer fachlich-pädagogischen Orientierung. Das Bildungsprogramm zeigt hier ambitioniert umfassende Rahmenbedingungen mit weitreichenden Entwicklungszielen und Visionen auf, wie auch die Ausführungen in der Einleitung deutlich machen. Diese werden nicht alle sofort in die Praxis umgesetzt werden können. Sie sind aber deutliche Wegweiser, deren Richtung sich alle Verantwortlichen verpflichtet sehen.

Das Bildungsprogramm für die offene Ganztagsgrundschule setzt die Philosophie des Berliner Bildungsprogramms für die Kindertagesstätten fort. Seine Umsetzung erleichtert deshalb die Kooperation von Kitas und Grundschulen und ermöglicht den Kindern die Fortsetzung der Bildungserfahrungen aus ihrer Kitazeit.

Die gemeinsame Auftraggeberschaft von Senatsverwaltung für Bildung, Wissenschaft und Forschung, der LIGA der Spitzenverbände der Freien Wohlfahrtspflege und des Dachverbands der Berliner Kinder- und Schülerläden (DaKS) ist ein gutes Signal für die Kooperation von Freien Trägern und öffentlicher Verwaltung in Berlin. Wir bedanken uns bei allen, die bei den Überlegungen zum Bildungsprogramm für die offene Ganztagsgrundschule zur Verfügung gestanden haben – insbesondere bei den Autoren, dem aus Praktikern von Schulen, Hort, Fortbildungsinstitutionen und Schulaufsicht besetzten Beirat und den Beteiligten an der öffentlichen Diskussion der Entwurfsfassung.

Der Öffentlichkeit wird hiermit das »Berliner Bildungsprogramm für die offene Ganztagsgrundschule« vorgelegt. Damit es in der Praxis lebendig werden und Wirkung entfalten kann, laden wir Pädagoginnen, Eltern, Kinder und die Fachöffentlichkeit ein, den Weg gemeinsam zu gehen.

Senatsverwaltung für Bildung,
Wissenschaft und Forschung Berlin;
LIGA der Spitzenverbände
der Freien Wohlfahrtspflege Berlin;
Dachverband der
Berliner Kinder- und Schülerläden (DaKS)

Teil A:
Bildungsprogramm

Einleitung

Seit dem Schuljahr 2005/06 sind alle Berliner Grundschulen Ganztagsgrundschulen. Die Mehrheit der Schülerinnen und Schüler besucht nunmehr eine offene Ganztagsgrundschule und nimmt deren Angebote vor und nach dem Unterricht in der verlässlichen Halbtagsgrundschule wahr. Die Weiterentwicklung der altvertrauten Halbtagsgrundschule zu einem ganztägigen Lebens- und Lernort – zumindest für einen Teil der Schülerinnen und Schüler – ist damit zu einer Gestaltungsaufgabe von hoher Priorität geworden. Es geht um nicht weniger als die optimale Ausgestaltung pädagogischer Einrichtungen für eine zeitgemäße Bildung und Erziehung der nachfolgenden Generation auf höchstem Niveau. Das Bildungsprogramm beschreibt insofern eine Vision – die Vision einer neuen Grundschule als einer Kinder-Tagesstätte im besten Wortsinne, einer Ganztagseinrichtung, die die Schülerinnen und Schüler jeden Tag mit Freude und mit spürbarem Gewinn besuchen.

So, wie ein Städteplaner bei seiner Arbeit die Vision einer neuen Stadt vor Augen haben muss, auch wenn deren Realisierung Jahrzehnte in Anspruch nehmen wird, sind alle mit der Gestaltung der offenen Ganztagsgrundschule befassten Menschen und Institutionen auf einen in sich stimmigen Entwurf einer guten Ganztagseinrichtung angewiesen – die Pädagoginnen und Pädagogen ebenso wie die Eltern, die Verwaltung und die Politik. Dabei unterscheidet sich die Vision von einer Utopie durch ihre prinzipielle Realisierbarkeit. Tatsächlich findet sich im folgenden Bildungsprogramm kein einziger Handlungsvorschlag, der nicht an dem einen oder anderen Ort bereits realisiert wäre. Das Wissen, dass Visionen immer nur schrittweise und auch immer nur näherungsweise erreicht werden können, entkräftet nicht ihre Bedeutung als Orientierungsmarken für konkretes pädagogisches, politisches oder administratives Handeln. Wer keine Visionen hat, kann Zukunft nicht gestalten, sondern immer nur die Gegenwart verwalten.

Diese Entwicklungsaufgabe birgt spezifische Chancen, die aufgegriffen, aber auch Stolpersteine, die aus dem Weg geräumt werden wollen. Manche Verbesserungen sind von zusätzlichen Ressourcen abhängig, viele erfordern nur ein Überdenken der eigenen Haltungen und Routinen. Dabei sind auch Enttäuschungen nicht immer auszuschließen: Es gelingt nicht immer Alles auf Anhieb, wenn so Vieles neu gedacht und neu gemacht werden muss.

Das Bildungsprogramm für die offene Ganztagsgrundschule fügt sich in eine Reihe anderer Rahmenvorgaben für die Bildungsarbeit in der Berliner Grundschule ein, ohne diese zu paraphrasieren oder gar überflüssig zu machen: Die strukturellen Rahmenbedingungen für die offene Ganztagsgrundschule sind mit dem Schulgesetz und der Grundschulverordnung gegeben. Die Rahmenlehrpläne weisen die zentralen Paradigmen schulischer Lernkultur und die Inhalte und Ziele des Unterrichts aus. Der Handlungsrahmen Schulqualität bietet mit seinen sechs Qualitätsbereichen Orientierung für die Qualitätssicherungs- und -entwicklungsprozesse in den Schulen. Das Leitbild für die offene Ganztagsgrundschule schließlich beschreibt pädagogische Rahmenvorgaben für die Umsetzung der ganztägigen Bildungs- und Betreuungsangebote.

Das »Berliner Bildungsprogramm für die offene Ganztagsgrundschule« schreibt auf der Grundlage der anderen genannten Rahmenvorgaben die Philosophie des Berliner Bildungsprogramms für die Bildung, Erziehung und Betreuung von Kindern in Tageseinrichtungen bis zum Schuleintritt fort und geleitet die Kinder von den Bildungserfahrungen im Elementarbereich in die neuen Lern- und Erfahrungswelten der Grundschule.

Das Bildungsprogramm für die offene Ganztagsgrundschule konkretisiert den allgemeinen Bildungsauftrag des Schulgesetzes auf einem mittleren Abstraktionsniveau. Es greift die Schlüsselthemen des Leitbilds für die offene Ganztagsgrundschule auf, um sie weiter zu entfalten und zu begründen sowie mit praxisnahen Vorschlägen für ihre Realisierung zu unterlegen. Es zeigt auf, wohin sich die offene Ganztagsgrundschule entwickeln soll und wie dies gelingen kann, damit sie für alle ihre Akteure – Schülerinnen und Schüler, Erzieherinnen und Erzieher, Lehrerinnen und Lehrer, Eltern und außerschulische Partner – zu einem Lebens- und Lernort wird, der mit dem Mehr an Zeit ein Mehr an Bildungschancen eröffnet.

Im »Berliner Bildungsprogramm für die offene Ganztagsgrundschule« werden schulpädagogische und sozialpädagogische Denkansätze und Traditionen zusammengeführt. Es stellt ein inhaltliches und organisatorisches Gesamtkonzept bereit, das die ganztägige Förderung von Kindern als Verknüpfung von formellen, halb-formellen und informellen Bildungssituationen versteht.[1]

Leon kommt um 6.00 Uhr
und bleibt 8 Stunden.

Hülya kommt um 8.00 Uhr
und bleibt 4 ½ Stunden.

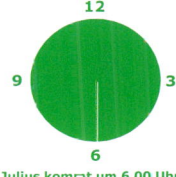

Julius kommt um 6.00 Uhr
und bleibt 12 Stunden.

Hanna kommt um 7.30 Uhr
und bleibt 8 ½ Stunden.

Samir kommt um 8.00 Uhr
und bleibt 10 Stunden.

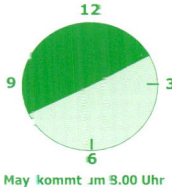

May kommt um 8.00 Uhr
und bleibt 6 Stunden.

Die Herausforderung

Es entfaltet insbesondere konzeptionelle Aspekte und spezifische Chancen ganzheitlicher Förderung, die die Ganztagsschule birgt. Dabei helfen ganz konkrete Entwicklungsziele am Ende des Textes, sich auf Erfolg versprechende Einzelschritte zu konzentrieren, die nach und nach die Wirklichkeit einer neuen Grundschule hervorbringen werden. So gesehen bietet das Bildungsprogramm auch nützliche Orientierungshilfen für die Entwicklung der gebundenen Ganztagsgrundschulen.

Das »Berliner Bildungsprogramm für die offene Ganztagsgrundschule« wendet sich an die Pädagoginnen und Pädagogen im Praxisfeld und an die Eltern, die die neue Grundschule nur gemeinsam erschaffen können.[2]

Es setzt zugleich Signale für Politik und Verwaltung. Es handelt sich schließlich um eine gemeinsame Willenserklärung der staatlichen Bildungsverwaltung einerseits und der Verbände der Freien Jugendhilfe andererseits, an der notwendigen Weiterentwicklung der Berliner Grundschulen mit Entschiedenheit weiterzuarbeiten.

Alle Beteiligten wissen, dass die genannten Ziele nicht von heute auf morgen, sondern nur Schritt für Schritt und im Rahmen der jeweils gegebenen personellen Kompetenzen und finanziellen Möglichkeiten erreicht werden können. Für viele der im Folgenden empfohlenen Entwicklungsziele sind die Rahmenbedingungen in der Praxis derzeit noch nicht gegeben. Allerdings lässt sich nach Auffassung der Herausgeber über die notwendigen Prioritäten zur Verbesserung der konkreten Bedingungen auf der Basis eines gemeinsamen Entwurfs für die offene Ganztagsgrundschule besser diskutieren, als wenn alle Beteiligten nur auf der Basis ihrer jeweils eigenen Vorstellungen der gewünschten Schulrealität argumentieren.

Zu den erforderlichen Ressourcen gehören im Übrigen auch die Phantasie der Pädagoginnen und Pädagogen

und ihre Bereitschaft, die eigene Position im Bildungsgefüge immer wieder in Frage zu stellen, Schule immer wieder neu zu denken und neu zu gestalten. Initiative und ständige Veränderungsbereitschaft, wichtige Voraussetzungen für beruflichen Erfolg und persönliches Glück in einer dynamischen Wettbewerbsgesellschaft, können sich bei unseren Schülerinnen und Schülern nur ausbilden, wenn sie ihnen von den Erwachsenen im Alltag vorgelebt werden. Die Leserinnen und Leser sind eingeladen, dieses Bildungsprogramm als Landkarte zu nutzen, um ihre Reiseroute zu einer kind- und lerngerechten Ganztagsschule gemeinsam mit allen an der Schule Beteiligten neu zu planen und sich auf den Stationen ihrer Reise von Zeit zu Zeit über das Reiseziel, die Reiseroute und die erforderlichen Zwischenstopps neu zu verständigen. Es bietet sowohl denen, die schon lange unterwegs sind, als auch jenen, die sich noch auf die Reise machen müssen, Wegweisung und Orientierungshilfen. Aber es nimmt niemandem die Entscheidung über den konkreten Weg oder gar die Reise selbst ab.

---

1   Das Bildungsprogramm folgt darin einem Vorschlag des Bundesjugendkuratoriums. Vergleiche http://www.bmfsfj.de/Politikbereiche/kinder-und-jugend,did=5198.html

2   Wir benutzen in dieser Programmschrift die Bezeichnung Pädagoginnen und Pädagogen als Sammelbegriff für alle in der Schule und in den kooperierenden pädagogischen Einrichtungen mit Unterricht und Erziehung der Kinder befassten Personen, insbesondere die Lehrerinnen und Lehrer, Erzieherinnen und Erzieher sowie die sozialpädagogischen Fachkräfte. Wenn wir zum Zweck der besseren Lesbarkeit hin und wieder nur die weibliche Form (Grundschullehrerinnen) oder nur die männliche Form (Schulräte) einer Berufsbezeichnung verwenden, sind die Angehörigen des jeweils anderen Geschlechtes natürlich immer mit gemeint.

Bildungsauftrag und Bildungsverständnis der offenen Ganztagsgrundschule

Mit der Einführung der verlässlichen Halbtagsgrundschule und ihrer Erweiterung zur offenen Ganztagsgrundschule im Jahr 2005 hat die Berliner Grundschule einen bedeutsamen Systemwandel vollzogen. Die traditionelle Halbtagsgrundschule konnte sich seit ihrer Entstehung im frühen 19. Jahrhundert fast 200 Jahre lang primär als eine Unterrichtseinrichtung verstehen. Sie bezog – bei aller durchaus schon immer von ihr wahrgenommenen erzieherischen Sorge um einzelne Kinder – ihre Hauptlegitimation aus der Erfüllung von Lehr-, Rahmen- oder (neuerdings) Rahmenlehrplänen. Wenn die Kinder in der vorgesehenen Zeit Lesen, Rechnen, Schreiben, Singen, Schwimmen, Beten und ein angemessenes soziales Verhalten erlernten sowie einige nützliche heimatkundliche Basiskenntnisse erwarben, war die Öffentlichkeit in der Regel mit der Grundschule zufrieden. Es ist weniger das Verdienst des Staates als das der Grundschullehrerinnen und -lehrer seit der reformpädagogischen Bewegung um 1900, dass die Grundschule diesen unterrichtlichen Basisauftrag in der Vergangenheit in aller Regel recht erfolgreich erledigt hat.

Mit den beträchtlichen sozialen und ökonomischen Veränderungen der letzten Jahre und Jahrzehnte hat sich der Bildungsauftrag der öffentlichen Schule, insbesondere aber der Grundschule spürbar verändert. Staat und Gesellschaft erwarten, dass die Grundschule von heute die Kinder auf eine sich in permanentem Wandel befindliche Realität vorbereitet und ihnen Kompetenzen vermittelt, die zum Überleben in einer postindustriellen Dienstleistungsgesellschaft unverzichtbar sind. Die Grundschule soll zugleich Erziehungs- und Betreuungsaufgaben übernehmen, die früher in erster Linie der Familie und den familienergänzenden Horten zukamen.

In dem Maße, in dem die Grundschule solche Aufgaben übernimmt, muss nicht nur ihr Selbstverständnis, sondern müssen auch ihre Zielformeln, ihre Arbeitsroutinen, der Umgang mit Raum, Zeit und Personal und – vor allem – ihr Verhältnis zum Kind neu bestimmt werden.

Für einige dieser Bestimmungen gibt es bereits verbindliche Formulierungen und für das pädagogische Geschehen in der Schule insgesamt eine Reihe von verbindlichen Zielmarken, die im Schulgesetz, in den Rahmenlehrplänen, in der Grundschulverordnung und im Leitbild für die offene Ganztagsgrundschule dokumentiert sind. Doch es verbleiben eine Reihe von Entscheidungsfeldern, deren Klärung unveräußerliches Recht und unabwendbare Pflicht der in der Praxis tätigen Pädagoginnen und Pädagogen ist. Nur sie kennen die realen Voraussetzungen am jeweiligen Handlungsort und vor allem die realen Kinder und ihre Biographien, um die es am Ende jeweils geht. Pädagogik ist eben nicht eine Anwendung von Rezepten und Technologien auf Menschen, sondern immer eine Interpretation der Biographien und der konkreten Möglichkeiten von höchst unterschiedlichen Subjekten in Bezug auf die jeweils aktuellen Erwartungen von Familien, Gesellschaft und Staat.

Das hier vorgelegte Bildungsprogramm für die offene Ganztagsgrundschule will die Pädagoginnen und Pädagogen bei dieser Interpretationsaufgabe unterstützen, ohne die Ergebnisse im Einzelfall normieren zu wollen.

Gesellschaftliche Grundannahmen

Das »Berliner Bildungsprogramm für die offene Ganztagsgrundschule« unterstellt wie das »Berliner Bildungsprogramm für die Bildung, Erziehung und Betreuung von Kindern in Tageseinrichtungen bis zu ihrem Schuleintritt«[3], dass unserer Gesellschaft auf absehbare Zeit eine Reihe von Entwicklungsdynamiken zugrunde liegen, auf die die Schulen ebenso wie die Einrichtungen des Elementarbereichs reagieren müssen. In einer Streitschrift des Bundesjugendkuratoriums wird davon ausgegangen, dass die Gesellschaft der Zukunft

- »eine Wissensgesellschaft sein wird, in der Intelligenz, Neugier, lernen wollen und können, Problemlösen und Kreativität eine wichtige Rolle spielen;
- eine Risikogesellschaft sein wird, in der die Biografie flexibel gehalten und trotzdem Identität gewahrt werden muss, in der der Umgang mit Ungewissheit ertragen werden muss und in der Menschen ohne kollektive Selbstorganisation und individuelle Verantwortlichkeit scheitern können;
- eine Arbeitsgesellschaft bleiben wird, der die Arbeit

3   Senatsverwaltung für Bildung, Jugend und Sport Berlin (Hrsg.) (2004): Berliner Bildungsprogramm für die Bildung, Erziehung und Betreuung von Kindern in Tageseinrichtungen bis zu ihrem Schuleintritt. Weimar, Berlin: Verlag das netz.

nicht ausgegangen ist, in der aber immer höhere Anforderungen an die Menschen gestellt werden, dabei zu sein;

• eine demokratische Gesellschaft bleiben muss, in der die Menschen an politischen Diskussionen teilnehmen und frei ihre Meinung vertreten können, öffentliche Belange zu ihren Angelegenheiten machen, der Versuchung von Fundamentalismen und Extremen widerstehen und bei allen Meinungsverschiedenheiten Mehrheitsentscheidungen respektieren;

• als Zivilgesellschaft gestärkt werden soll, mit vielfältigen Formen der Partizipation, Solidarität, sozialen Netzen und Kooperation der Bürger, egal welchen Geschlechts, welcher Herkunft, welchen Berufs und welchen Alters;

• eine Einwanderungsgesellschaft bleiben wird, in der Menschen verschiedener Herkunft, Religion, Kultur und Tradition integriert werden müssen, vorhandene Konflikte und Vorurteile überwunden und Formen des Miteinander-Lebens und -Arbeitens entwickelt werden müssen ...«[4]

Die offene Ganztagsgrundschule ist ein Organisationsmodell, mit dem die staatliche Schule ihre Bildungs- und Erziehungsarbeit im Primarbereich auf diese Entwicklungsdynamiken einzustellen versucht.

Pädagogische Grundannahmen

Die offene Ganztagsgrundschule unterscheidet sich von der traditionellen Halbtagsschule vor allem durch
• ihr erweitertes Aufgabenfeld,
• einen erweiterten Verantwortungsumfang,
• die multiprofessionelle Teamzusammensetzung,
• andere Raumstrukturen und Raumnutzungen
• und völlig andere Zeitstrukturen als die herkömmliche Halbtagsschule.

Von der gebundenen Ganztagsschule unterscheidet sich die offene Ganztagsgrundschule im Wesentlichen durch die variable Aufenthaltsdauer der Kinder in der Schule: Manche Kinder kommen nur zur Kernzeit mit dem obligatorischen Unterrichtsangebot der »verlässlichen Halbtagsgrundschule«. Andere bleiben über Mittag, um auch am Mittagessen teilzunehmen, wieder andere kommen schon vor Unterrichtsbeginn oder bleiben bis zum frühen Abend, je nach Bedarf und Bedürftigkeit des einzelnen Kindes bzw. seiner familialen Lebenssituation. Das bedeutet auch: Aus der Sicht der Kinder und ihrer Eltern stellt sich ein und dieselbe Schule völlig unterschiedlich

dar: Für die einen ist sie eine klassische Halbtagsschule wie bisher, für andere eine erweiterte Halbtagsschule und für wieder andere ist sie der Hauptlebensort des Kindes, an dem es fast den ganzen Tag verbringt.

Damit ändert sich grundlegend der Charakter der Institution Grundschule: Sie kann jetzt weniger als je zuvor als eine reine Unterrichtsschule gedacht werden. Sie muss – wie die gebundene Ganztagsschule – prinzipiell als Lern- und Lebensort verstanden und so konzipiert werden, dass sich die Kinder und die Erwachsenen dort den ganzen Tag lang wohl fühlen und produktiv miteinander leben, arbeiten und lernen können. Und: Auch die Unterrichtsdidaktik, die für die Halbtagsschule entwickelt wurde, reicht für die Ganztagsschule nicht mehr aus; sie muss ebenfalls überdacht und weiterentwickelt werden. Es sei gleich hier gesagt: Angesichts der langen Aufenthaltsdauer der Kinder in der Schule macht die herkömmliche Unterscheidung in »Unterricht« einerseits und »Freizeit« andererseits keinen Sinn mehr: Die Kinder benötigen Bildungsangebote, Spiel- und Entspannungsphasen über den ganzen Tag hinweg und erhalten diese in der offenen Ganztagsgrundschule von ganz unterschiedlichen Anbietern.

Selbstverständlich bedeutet die Multiprofessionalität des Kollegiums eine weitere gravierende Veränderung traditioneller Verhältnisse: Wurde die Grundschule früher fast ausschließlich von Grundschullehrerinnen und -lehrern gestaltet, sind diese jetzt für die Kinder nur noch eine Bezugsgruppe unter diversen anderen: In der offenen Ganztagsgrundschule arbeiten Lehrerinnen und Lehrer (einschließlich Fachlehrern und Sonderpädagogen), Erzieherinnen und Erzieher, Praktikanten, Eltern, Bibliothekarinnen, Jugendleiter, Musikpädagoginnen, außerschulische Fachkräfte, Hilfskräfte aller Art und immer mehr auch ehrenamtliche Helfer (zum Beispiel Lesepaten) mit den Kindern. Diese müssen ihrerseits vom Tag der Einschulung an mit vielen Erwachsenen an einem Tag leben und auskommen lernen.

Aus dieser neuen Vielfalt der Verhältnisse resultieren eine Reihe von Organisationsaufgaben und -problemen, aber auch vielfältige Chancen, insbesondere auf pädagogischem Gebiet. In der Berliner Grundschule – ob verlässliche Halbtagsgrundschule, ob offene oder gebundene Ganztagsschule – ist eben gerade kein staatliches Einheitskonzept mehr für alle Einrichtungen verbindlich. Das Schulgesetz, die aktuellen Rahmenlehrpläne und die vielfältigen Formen von eigenverantwortlicher Schule geben vielmehr zahlreiche Interpretations- und Gestaltungsfreiräume vor, die durchaus pädagogisch genutzt werden

---

4   Bundesjugendkuratorium (2001): Streitschrift Zukunftsfähigkeit. A. a. O., S. 17f.

können und sollen. Sie ermöglichen auch eine Vielfalt von Kooperationsbeziehungen innerhalb des Kollegiums sowie mit unterschiedlichsten Trägern von unterrichtsergänzenden Bildungsangeboten.

Welche Formen am jeweiligen Ort am Ende am besten passen, muss die Schulgemeinde einer konkreten Schule – also die Pädagoginnen und Pädagogen gemeinsam mit den Schülerinnen und Schülern sowie den Eltern – weitgehend selber entscheiden; sie muss ihre Entscheidung auch selber verantworten. Gleichwohl lassen sich übergreifende Leitziele bestimmen und auch pädagogische Prinzipien benennen. Sie gelten für alle Einrichtungen gemeinsam, weil sie auf universalen Voraussetzungen und universalen Ideen beruhen, die für den Umgang mit allen Kindern Geltung beanspruchen. Einige solcher Annahmen und Prinzipien zählen wir im Folgenden auf.

Die Grundschule kann nur dann eine für das Lernen der Kinder hilfreiche Einrichtung sein, wenn sie auch eine für ihre Persönlichkeitsentwicklung gewinnbringende und ihr Leben in der Schule bekömmliche Einrichtung ist.

Schulerfolg misst sich nicht nur nach Fehlerquotienten und Zeugniszensuren. Jede Schule – nicht nur die Grundschule – hat generell den Auftrag, die ganze Person eines jeden ihr anvertrauten Menschen zu fördern und seine Teilhabe an Kultur und Gesellschaft zu ermöglichen. Dazu gehören vor allem die Stärkung des Selbstbewusstseins, der Lernfreude und Lernerfolgszuversicht sowie die Fähigkeit und die Neigung, Verantwortung für das eigene Wohlbefinden und das der Mitmenschen zu übernehmen.

Die pädagogische Erfahrung zeigt seit Jahrhunderten, die Motivationspsychologie lehrt es seit Jahrzehnten und die moderne Hirnforschung unserer Tage belegt es jetzt auch mit naturwissenschaftlichen Nachweisen: Nachhaltiges Lernen setzt Wohlbefinden voraus. Man kann zwar unter Angst und Stress lernen. Aber damit das Lernen nachhaltig wirksam wird, muss der Lernprozess selbst mit positiven Empfindungen verbunden sein. Besonders wichtig ist dabei die Erfahrung, sich etwas selbst aneignen zu können, selber etwas Neues schaffen zu können, kurzum: das bewusste Erfolgserlebnis im Lernprozess. Genauso bedeutsam ist aber auch das Gefühl, als Individuum in der Schulgemeinschaft akzeptiert zu sein. Schließlich ist die Erfahrung bedeutsam, an einem sicheren Ort zu sein, wo das wachsende Ich Spuren hinterlassen kann, die aus schöpferischer Eigentätigkeit resultieren. Schon dieser erste Grundsatz macht deutlich, welche erweiterte

Gestaltungsaufgabe auf die Pädagoginnen und Pädagogen der offenen Ganztagsgrundschule zukommt.

Die Kultur des Umgangs mit den Kindern in der Schule sollte keine Kultur **für** Kinder, sondern eine Kultur des Miteinanders sein, aus der sich eine Kultur **der** Kinder entwickeln kann.

Ganztagsschulen laufen ebenso wie die früheren Schule-Hort-Kombinationen Gefahr, das Leben der Kinder in der Einrichtung möglichst vollständig pädagogisch zu gestalten, was dann oft mit erhöhter Kontrolle über die Schülerinnen und Schüler einhergeht. Aber was Kinder »später im Leben« brauchen ist, dass sie sich schon in der Kindheit selbst als handelnde Subjekte erfahren und als solche von den Erwachsenen ernst genommen werden. Dazu benötigen sie Freiräume für eigene Entscheidungen und Bewährungsfelder für eigen verantwortetes Handeln. Pädagoginnen und Pädagogen geben den Kindern dabei einen Orientierungsrahmen und sind bedeutsame Vorbilder für das konstruktive Aushandeln von Interessensunterschieden und Meinungsverschiedenheiten.

Das wichtigste Bewährungsfeld ist hier die Schule selbst. Pädagoginnen und Pädagogen, die ihre Klassenzimmer mit den Schülern gestalten und dabei den Vorstellungen, der Phantasie und Kreativität der Kinder auch Raum geben, handeln weitsichtiger als solche, die alles selber regeln und der Perfektion der Handlungsvollzüge im Klassenzimmer mehr Beachtung schenken als den Träumen der Kinder.

Hier müssen auch die Hausverwaltungen und die Bezirksämter umlernen: Wenn jedes Regal, das irgendwo an eine Wand gedübelt werden soll, von der Bauaufsicht hierfür erst freigegeben werden muss, wird eine kreative Raumnutzung durch die Kinder und ihre Pädagoginnen und Pädagogen von vornherein erstickt. Bei einem überzogenen Kontroll- und Verwaltungsdenken werden nicht nur die Kinder, sondern auch die Pädagoginnen und Pädagogen entmündigt und damit in ihrer Eigenschaft als Rollenvorbilder für vernünftig und demokratisch handelnde Menschen beschädigt.

Die Kinder haben ein »Recht auf den heutigen Tag«.
(Janusz Korczak)

Die Gegenwart der Kinder darf nicht zukünftigen schulischen Anforderungen oder elterlichen Karriere-Erwartungen geopfert werden. Die Kinder haben ein Recht und einen Anspruch auf freudvolle Momente im Schulalltag, auf informelles Lernen, auf freies Spiel, auf Zeiten von

Muße und selbstvergessener Entspannung sowie auf Rückzugsorte, die von den Erwachsenen nicht einsehbar sind. Auch diesbezüglich müssen Pädagoginnen und Pädagogen in Ganztagsschulen vor allem lernen, sich selbst immer wieder einmal zurückzunehmen und den Tag der ihnen anvertrauten Kinder nicht vollständig durchzuplanen.

Alle Kinder haben ein Recht auf ihr **So-Sein**. Die offene Ganztagsgrundschule soll ihre Sozialität fördern, ohne ihre Individualität zu beschädigen.

Das Leben in der Familie unterscheidet sich vom Leben in der Institution vor allem dadurch, dass die Menschen in der Familie um ihrer selbst willen geliebt und gemeinhin in ihrer Individualität akzeptiert und geachtet werden, während sie als Mitglieder einer Institution immer wieder Anpassungsleistungen erbringen müssen, die anstrengend und für Kinder bisweilen schwer einsehbar sind. Dass die Kinder solche Anpassungsleistungen lernen müssen, um in der Gemeinschaft mitreden und mitwirken zu können, ist unstrittig. Diese Gemeinschaftsfähigkeit, aufbauend auf den Erfahrungen, die die Kinder bereits im Kindergarten gemacht haben, zu erzeugen und zu pflegen ist daher ein bedeutsamer Bildungsauftrag der Grundschule.

Wenn die Kinder aber immer länger in Institutionen leben und immer weniger Zeit in der Familie verbringen, könnten ihre Individualität und ihre Offenheit auch zunehmend verkümmern. Aus dem lernfreudigen und überaus lebhaften Kindergartenkind wird dann im Durchgang durch die Schule leicht der kühl berechnende Oberschüler, der nur noch für den nächsten Test arbeitet. Wieder finden wir ein Spannungsfeld vor, für das es keine pauschalen Lösungsvorschläge gibt und das dennoch nicht bloß abstrakt bedacht werden kann, sondern durch gezieltes Handeln im pädagogischen Alltag sehr konkret ausgestaltet werden muss. Es geht um die Gewährung von Entscheidungsfreiräumen, um Akzeptanz von Abweichungen und Sonderwegen für einzelne Kinder, solange sie nicht das ganze Regelwerk in Frage stellen, um die gezielte Förderung von individuellen Vorlieben und Interessen – und immer zugleich um die systematische Pflege von Gemeinsamkeit und Zugehörigkeitsgefühl in der Lerngruppe.

Da die Kinder in der offenen Ganztagsgrundschule mehrfach am Tag die Bezugsgruppe wechseln, ist auf die Gestaltung der Übergänge und die Übergabe der Kinder an die jeweils nachfolgenden Teammitglieder besonders zu achten. Gleitende Übergänge von der einen in die nächste Phase und von einem Team zum nächsten sind bei kleinen Kindern angemessener als abrupte Wechsel von Räumen, Bezugspersonen und in den verschiedenen Gruppen jeweils herrschenden Regeln und Ritualen.

Die offene Ganztagsgrundschule ist eine Schule für alle Kinder.

Die Berliner Grundschule ist ihrem Selbstverständnis und den gesetzlichen Vorgaben zufolge eine gemeinsame Schule für alle Kinder, die in dieser Stadt leben. Wie im Schulgesetz (§ 2) festgehalten, hat jedes Kind ein Recht auf zukunftsfähige schulische Bildung und Erziehung ungeachtet seines Geschlechts, seiner Abstammung, seiner Sprache, seiner Herkunft, einer Behinderung, seiner religiösen oder politischen Anschauungen, seiner sexuellen Identität und der wirtschaftlichen oder gesellschaftlichen Stellung seiner Erziehungsberechtigten.

Für Kinder mit besonderen Fähigkeiten und Begabungen ebenso wie für solche mit besonderen Beeinträchtigungen oder Behinderungen gilt auch die Feststellung des Schulgesetzes (§ 4.3): »Schülerinnen und Schüler mit besonderen Begabungen, hohen kognitiven Fähigkeiten oder mit erheblichen Lernschwierigkeiten sind besonders zu fördern. Drohendem Leistungsversagen und anderen Beeinträchtigungen des Lernens, der sprachlichen, körperlichen, sozialen und emotionalen Entwicklung soll mit Maßnahmen der Prävention, der Früherkennung und der rechtzeitigen Einleitung von zusätzlicher Förderung begegnet werden. Die Förderung von Schülerinnen und Schülern mit sonderpädagogischem Förderbedarf soll vorrangig im gemeinsamen Unterricht erfolgen.«[5]

Sofern Kinder mit sonderpädagogischem Förderbedarf von der Grundschule aufgenommen wurden, haben sie einen Anspruch auf eine angemessene Zuwendung sowie – im Bedarfsfall – professionelle Pflege und Versorgung über den ganzen Tag hinweg.

Nach modernen Klassifikationen bezieht sich der Begriff des sonderpädagogischen Förderbedarfs dabei nicht allein auf körperliche oder Verhaltenskategorien, sondern wird mehr und mehr auch gesellschaftlich begriffen und schließt Kontextfaktoren mit ein. »Behinderung« meint heute jede Form der nachhaltigen Beeinträchtigung des

---

[5] Das schließt nicht aus, dass ein Kind eine Sonderschule besucht, wenn dies im Einzelfall für das Kind besser zu sein scheint. Vergleiche hierzu die Regelungen in der jeweils aktuellen »Verordnung über die sonderpädagogische Förderung (VO Sonderpädagogik)« im Internet.

Individuums bei der Teilhabe am gesellschaftlichen, politischen und kulturellen Leben.[6]

Dem entspricht in der pädagogischen Diskussion der Übergang von einer bloß integrativen zur inklusiven Pädagogik, die alle Individuen gleichermaßen umfasst und ihre Teilhabe sichern will.

Dieses geschieht vor allem in einer »Pädagogik der Vielfalt« (Prengel), die die Besonderheiten der verschiedenen in einer Lerngruppe zusammen kommenden Individuen nicht primär als störend, sondern zunächst einmal als Bereicherung begreift – ganz im Sinne des Wortes von Richard von Weizsäcker: »Es ist normal, verschieden zu sein«. Es ist die Aufgabe der Pädagoginnen und Pädagogen, diese Vielfalt zu schützen, sie pädagogisch zu nutzen, im Dialog begreifen und im gemeinsamen Handeln wertschätzen zu lernen. Eine Pädagogik der Inklusion signalisiert den Schülerinnen und Schülern, dass sie alle in der gemeinsamen Grundschule willkommen sind und sich alle Erwachsenen dort bemühen werden, jede und jeden einzelnen zu respektieren, zu unterstützen und maximal zu fördern.

Alle Kinder haben ein Recht auf Herausforderungen und relevante Inhalte.

Schulunterricht ist oftmals anstrengend, er verlangt Wiederholung und Übungen, um Kenntnisse und Kompetenzen zu festigen. Er kann nicht immer aufregend sein wie ein Fernsehfilm und verlangt schon von den kleinen Kindern Geduld und die Anstrengung des Begriffs.

Im Gegenzug zu diesen Erwartungen der Schule an die Kinder haben die Kinder einen Anspruch auf relevante Inhalte und ernsthafte Herausforderungen: Wenngleich wir sie nicht mit allen Problemen der großen Welt belasten und schon gar nicht von ihnen erwarten sollten, dass sie Probleme bewältigen, die die Erwachsenen selber noch nicht gelöst haben, sollten wir die Kinder doch frühzeitig am Zeitgeschehen teilhaben lassen und immer wieder auch mit offenen Fragen und wirklichen Problemen konfrontieren. Dazu passen Aufgaben, die ihre Neugier und ihre Intelligenz hinreichend herausfordern und nicht bloß den Nachvollzug vorgegebener Lösungswege erforderlich machen. Die gemeinsame Lektüre von Beiträgen aus der Tageszeitung schon im ersten Schuljahr, Begegnungen mit Menschen aus dem engeren und weiteren Schulumfeld, die im wirklichen Leben stehen und davon berichten können, wie es außerhalb des Schulzaunes zugeht, der Besuch originaler Schauplätze politischen, gesellschaftlichen oder beruflichen Wirkens sind dabei besonders lehrreich. Das Arbeiten an selbst gewählten Themen motiviert zusätzlich und lässt auf besonders nachhaltige Lerneffekte hoffen.

Tendenziell gilt es, nicht nur im Unterricht, sondern auch im offenen Ganztag das dem aktuellen Rahmenlehrplan für die Grundschule zugrunde liegende Wechselverhältnis von Lernlust und Eigensinn zu realisieren, aus dem allein selbstwirksames Lernen resultiert. Hierzu eignen sich problem- und vor allem produktionsorientierte Bildungsangebote besonders gut, wie sie die Reformpädagogik seit hundert Jahren vormacht, – am Vormittag übrigens genauso wie am Nachmittag. Im Fachunterricht, in fächerübergreifenden Projekten und in den Vorhaben im Ganztagsbetrieb kann jederzeit selbstwirksames Lernen provoziert werden. Dazu muss allerdings der Lebensbezug deutlich genug erkennbar sein. Beispielsweise könnten alle Schüler auf einem Ausflug angehalten werden, Mathematik in der Umwelt zu entdecken oder Reimwörter in der Werbung, die Anwendung des Hebelgesetzes im Alltag oder fünf alltägliche Gelegenheiten, Englisch zu sprechen.

Besonders anschlussfähig wird ein lebensweltorientiertes Angebot dort, wo es sich auf Ausdrucksformen der Kinderkultur selbst positiv bezieht. Ausgeprägte und den Erwachsenen oft nicht unmittelbar zugängliche Bereiche einer solchen Kinderkultur bietet vor allem die auf analoge und digitale Medien bezogene Kommunikation der Kinder. Die Objekte der Peer-Kommunikation stammen zu großen Teilen aus den Medien. Hier zeigen sich Kinder zugleich als medienkompetent wie auch als Adressaten eines aggressiven Marktes. Die Schule darf die modernen Medien nicht tabuisieren. Sie sind alltäglicher Bestandteil ihrer Lebenswelt. Medien sind zugleich Inhalte des pädagogischen Angebots wie auch Lern- und Arbeitsmittel. Der vielfältigen Mediennutzung der Kinder ist im Ganztagsschulalltag Rechnung zu tragen, ihren Medienerfahrungen Raum zu geben. Nur so können Kinder in der offenen Ganztagsschule tatsächlich auch die Erfahrungen, Fragen und Herausforderungen bearbeiten, die ihnen in ihrem Leben wichtig sind. Sie dabei zu beobachten, zu verstehen und zu fördern ist Aufgabe von Pädagogik.

---

6   Vergleiche ICF (2005): Internationale Klassifikation der Funktionsfähigkeit, Behinderung und Gesundheit. Herausgegeben vom Deutschen Institut für Medizinische Dokumentation und Information. Genf: World Health Organization, S. 16f.

Alle Kinder haben ein Recht auf Schulerfolg.

Der Schwerpunkt liegt auf alle: In dem Maß, in dem die Schule Verantwortung für die Kinder übernimmt, steigt auch ihre Verantwortung für den Erfolg der Bemühungen – für jedes einzelne Kind und für alle zusammen. Wenn Kinder, die keine manifeste Behinderung aufweisen, am Ende der ersten Klasse noch nicht eine Zeit lang allein oder in kleinen Gruppen arbeiten können, wenn sie am Ende der zweiten Klasse noch nicht lesen können, wenn sie am Ende der vierten noch nicht gelernt haben, den Klassenrat zu leiten und ein Sitzungsprotokoll zu schreiben, ist irgendetwas gründlich schief gelaufen.

Nun wissen wir aus der Sozialisationsforschung und aus der Schulleistungsforschung, dass die vor- und außerschulischen Lebensumstände die Lernchancen der Kinder so elementar vorbestimmen und die Einflussmöglichkeiten der Schule im Vergleich zu den Wirkungen dieser Lebensumstände so gering sind, dass manche Pädagoginnen und Pädagogen glauben, immer schon zu spät zu kommen. Dann entwickeln sich leicht Schwarze-Peter-Spiele: Die Eltern beklagen die mangelnden Anstrengungen der Lehrerinnen und Lehrer und die Pädagogen beklagen sich über die mangelnde Mitwirkung der Eltern am Erziehungsgeschehen. In Wahrheit wissen beide Seiten meistens nur zu wenig voneinander.

Auch wenn man niemals alle Eltern erreicht, ist doch offenkundig, dass Schulerfolg nur dort zu erwarten ist, wo sich die familialen und die schulischen Erziehungsbemühungen ergänzen. Wo sie in Gegensatz oder gar Konfrontation zu einander treten, ist Misserfolg vorprogrammiert. Wenngleich es anmaßend wäre, auch die Eltern noch erziehen zu wollen, wäre es fahrlässig, nicht permanent den Dialog mit ihnen zu suchen. Sie sollten, so weit es eben geht, aktiv in die Bildungsarbeit der Schule einbezogen werden – als Partner bei der Wahrnehmung einer gemeinsamen Aufgabe. Hierzu können Bildungsvereinbarungen zwischen Pädagogen und Eltern geschlossen werden.

Weil die offene Ganztagsschule diese erhöhte Verantwortung hat, muss für sie stärker als für die alte Halbtagsschule der Selbstanspruch gelten, dass kein Kind in seiner Lernfreude und Lernfähigkeit geschwächt und hinter den anderen zurückgelassen werden darf. Jedes Kind soll in der Grundschulzeit bestärkt und befähigt werden, in einer weiterführenden Schule erfolgreich weiter lernen zu können. Wie weiter unten noch gezeigt werden wird, hat die offene Ganztagsgrundschule auch vermehrte Potenziale, dieser Verantwortung eher gerecht zu werden als die ehemalige Vierteltagsschule.

Die offene Ganztagsgrundschule ist eine Schule der Demokratie.

Weil die Kinder so viele Stunden in der Schule verbringen und weil die Ganztagsschule von so vielen Personen gestaltet wird, ist es besonders wichtig, die Schule sehr bewusst als Lernort der Demokratie zu organisieren. Alle wesentlichen Entscheidungen sollten von der nunmehr erheblich erweiterten Schulgemeinde gemeinsam gefällt werden. Neben die im Schulgesetz vorgesehenen Beratungs- und Entscheidungsgremien, deren Kompetenzen in keiner Weise verändert werden sollen, treten Übungsformen der Demokratie wie der Klassenrat, die Schülervertretung und das Schulparlament.

Mehrere Modellschulen in Projekten zum demokratischen Handeln haben den Nachweis erbracht, dass schon Grundschüler ihre Wünsche und Interessen in gemeinsamen Gremien mit Erwachsenen offen vortragen und aushandeln können, wenn diese sich für die ernsthafte Mitwirkung der Kinder öffnen und deren Interessen auch ernsthaft zu realisieren bemüht sind. Schon Drittklässler können ohne weiteres eine Sitzung des Schulparlamentes leiten, den Mitschülern und den Erwachsenen, die sich auch melden müssen, das Wort erteilen und ein Protokoll anfertigen, das alle Beschlüsse und Verantwortlichkeiten festhält. Indem sie die Schule mit gestalten und verändern, lernen sie auch, dass diese Schule ihre Schule ist, die zu pflegen sich lohnt und die zu besuchen Freude und Genugtuung bereiten kann.

Zum Bildungsverständnis der offenen Ganztagsgrundschule

Bildung ist, einem Wort Wilhelm von Humboldts zufolge, die »Verknüpfung des Ich mit der Welt«. Das ist eine gute, knappe Definition, denn sie macht klar, dass im Bildungsprozess nicht die Pädagogin oder der Pädagoge im Vordergrund steht, sondern der sich selbst bildende Mensch. Pädagoginnen und Pädagogen können Bildung nicht produzieren. Ihre Rolle besteht darin, die Kinder in ihren Aneignungsprozessen aufmerksam zu begleiten, sie zu ermutigen, sie herauszufordern und ihnen kompetente Hilfestellung dann zu geben, wenn sie selbst nicht weiter kommen.

Die Auseinandersetzung mit der Welt bedarf natürlich immer eines Objektes, eines konkreten Gegenstandes, in dem die Welt manifest wird. Die Lerngegenstände sind in der Schule traditionell in Fächer, Disziplinen und Lektionen zergliedert. Diese werden im Prozess der Unterrichtsplanung und Unterrichtsgestaltung bis auf kleine Aufgaben heruntergebrochen, an denen sich die Schülerinnen und Schüler häufig »abarbeiten«, ohne jedoch dabei in jedem Fall schon den großen bildenden Kontext vor Augen zu haben.

So nötig die trockene Übung zur Mitlautverdoppelung für die angestrebte Teilhabe des Individuums an der Schriftkultur auch sein mag: Sie macht nur Sinn, wenn das Kind schon im Erstleseunterricht auch selber aktiv Schriftkultur produziert – zum Beispiele in Freien Texten. Nur über die Erfahrung der Eigenaktivität kann das Kind nämlich in der Auseinandersetzung mit der Literatur anderer Autoren jenen »Begriff der Menschheit in unserer Person«[7] entwickeln, der Humboldt zufolge das gebildete Individuum vom ungebildeten unterscheidet. Im übrigen lassen sich viele Regeln der Sprache – so simple Sachen wie die Mitlautverdoppelung, aber auch komplexere grammatische Strukturen – bei einem solchen produkt- und produktionsorientierten Unterricht von und mit den Schülerinnen und Schülern selber entdecken und erforschen, wenn sie beispielsweise in Redaktionskonferenzen über die korrekten sprachlichen Ausdrücke miteinander beraten, bevor ein Text publiziert wird.

Das Beispiel macht deutlich, dass Bildung immer vielerlei voraussetzt:

- die Unterstellung der Selbstbildungsfähigkeit des Individuums seitens der Erwachsenen,
- die Gelegenheit zur Eigenaktivität im Bildungsprozess,
- die Bewusstwerdung des lernenden Subjektes in Bezug auf sein eigenes Lernen,
- die Förderung und Unterstützung jener Schülerinnen und Schüler, deren Selbstbildungsfähigkeit in der vor- und außerschulischen Sozialisation bereits eingeschüchtert wurde und die wenig Gelegenheit zu eigenaktivem Lernen hatten
- und die Gelegenheit zur Teilhabe der Kinder an wichtigen Entscheidungen sowie am gesellschaftlichen und kulturellen Leben der Erwachsenen.

Nur wenn wir jedem Schüler, jeder Schülerin jederzeit zutrauen, dass er oder sie selbstbildungsfähig ist, werden wir uns als Pädagoginnen und Pädagogen davor hüten, jeden Entwicklungsschritt der Kinder detailliert vorzuplanen und vorzuschreiben. Nur wenn wir in der Schule wie im Elternhaus ausreichend Gelegenheiten und Bewährungsfelder für Eigenaktivitäten der Kinder bereitstellen, können sie eine Beziehung zur Welt aufbauen, die wirklich mit dem eigenen Ich verknüpft ist. Aber alle diese Eigenaktivitäten entfalten nur dann und nur insoweit

bildende Kraft, wie sie von eigenen Fragen der Kinder an die Welt und von der ständigen Erfahrung getragen werden, Fragen und Probleme selber lösen zu können.

Die zentrale Aufgabe der Pädagoginnen und Pädagogen in der offenen Ganztagsgrundschule ist es daher, die Welt fragwürdig zu machen, den Kindern zu helfen, Fragen an die Welt zu entwickeln, diese Fragen sinnvoll zu gliedern und ihnen im forschend-entdeckenden Lernen sowie im Dialog mit den Mitschülern nachzugehen. Erziehung zu Leistung und Leistungsfähigkeit, die in unserer Gesellschaft unerlässlich sind, erfolgt nach diesem Bildungsverständnis in erster Linie durch die Sicherung von Könnenserfahrungen in der Auseinandersetzung mit bedeutsamen Fragen an die Welt. Der erweiterte Zeitrahmen und die Möglichkeit unterrichtsergänzender Bildungsangebote in der offenen Ganztagsgrundschule bieten besondere Chancen, solche Könnenserfahrungen auch Kindern aus benachteiligten Lebensverhältnissen vermehrt zu ermöglichen.

Dabei ist unstrittig, dass die Schule die Kinder nicht mit ihren eigenen Theorien und Weltdeutungen allein lassen kann, beispielsweise im Bereich der Medienkommunikation. Selbstverständlich kann, soll und muss sie den Kindern immer wieder jene Weltinterpretationen, Sinndeutungen und Techniken anbieten, die die Menschheit im Laufe der Kulturgeschichte bereits erarbeitet hat, die sich als allgemein hilfreich und nützlich bewährt haben oder die unsere Gesellschaft schlicht für allgemein verbindlich erklärt hat. Das ist der Zweck des Unterrichts.

Didaktik heißt zeigen, Pädagogik heißt in der Tradition der Aufklärung ermutigen, Erziehung heißt, das Kind auffordern, in der Auseinandersetzung mit eigenen Wertvorstellungen und denen der anderen Kinder und Erwachsenen eigene Überzeugungen zu entwickeln und das als richtig Erkannte zu tun. Pädagoginnen und Pädagogen sind hier wiederum Vorbild, wenn sie ihre Werte überzeugend in diese Auseinandersetzung einbringen und selbst danach handeln. Als Schule der Demokratie bleibt es in der Verantwortung der Pädagoginnen und Pädagogen, immer dann einzugreifen und Grenzen zu setzen, wenn die Rechte von anderen verletzt, wenn einzelne Personen diskriminiert oder ausgegrenzt werden.

In diesem Sinn soll die offene Ganztagsgrundschule eine didaktische, eine pädagogische und eine erzieherische Einrichtung zugleich sein, eine Einrichtung, die die Entwicklung aller Schülerinnen und Schüler fördert, indem

---

7 Wilhelm von Humboldt: Theorie der Bildung des Menschen. In: W. v. Humboldt (1980): Studienausgabe. Bd. 1. Herausgegeben von A. Flitner und K. Giel; Stuttgart, S. 235.

die Erwachsenen an der Entwicklung jedes einzelnen Anteil nehmen und Unterstützung anbieten, wo die Kinder auf Rat und Hilfe – sei es durch andere Kinder oder durch die Erwachsenen – angewiesen sind.

Bildungsbereiche und Bildungsziele

Die Bildungsziele der Berliner Grundschule sind im Schulgesetz (dort insbesondere in §§ 1 und 3) sowie in den Rahmenlehrplänen für die einzelnen Unterrichtsfächer definiert und stimmen auf einem sehr hohen Abstraktionsniveau zunächst mit den allgemeinen Zielen aller übrigen Schulen in der Bundesrepublik überein: Es geht in allen Schulen immer und überall um die Stärkung der Urteilskraft, die Stärkung der Ausdruckskräfte und die Stärkung der sozialen Kompetenz der Schülerinnen und Schüler.

Der zeitlich erweiterte Handlungsrahmen der offenen Ganztagsschule bietet Möglichkeiten zusätzlicher pädagogischer Aktivitäten, die zusätzliche Bildungserfahrungen auch jenseits des eigentlichen Unterrichts eröffnen. So kann beispielsweise im Rahmen einer ganztägigen Bildung das Interesse der Kinder für Medien aller Art – nicht nur Computer – aufgegriffen und zur Förderung ihrer Medienkompetenz genutzt werden.[8] Wie der Unterricht bedürfen diese zusätzlichen Bildungsangebote, die von allen in der Grundschule tätigen Pädagoginnen und Pädagogen und von externen Partnern unterbreitet werden können, sorgfältiger Vor- und Nachbereitung. Sie bieten vielfältige Chancen, die Entwicklung der Kinder differenziert zu beobachten, zu fördern und zu unterstützen.

Alle Bildungsangebote der offenen Ganztagsgrundschule lassen sich einem oder mehreren Bildungsbereichen zuordnen, die schon im »Berliner Bildungsprogramm für die Bildung, Erziehung und Betreuung von Kindern in Tageseinrichtungen bis zu ihrem Schuleintritt«[9] ausgeführt wurden und in ähnlichen Formulierungen auch allen neueren Grundschulrichtlinien der verschiedensten Bundesländer und ebenso dem aktuellen Berliner Rahmenlehrplan für die Grundschule zugrunde liegen. Hierzu zählen im Allgemeinen
• der Bildungsbereich Sprache: Deutsch, die Pflege der

Erstsprache und eine erste oder weitere Fremdsprachen, die Einführung in die Schriftkultur und der kompetente Umgang mit Medien;
• der Bildungsbereich Mathematik: algebraische und geometrische Grunderfahrungen, Probleme analysieren, mathematisch erfassen und lösen können;
• die Erschließung und Erweiterung der sozialen und kulturellen Umwelt;
• naturwissenschaftliche und technische Grunderfahrungen;
• musisch-ästhetische Bildung: Kunst, Musik und Bewegung;
• Ethik, Philosophie und Religion[10].

Die Bildungsziele in diesen Bildungsbereichen werden hier nicht im Einzelnen aufgeführt, weil sie in den oben genannten amtlichen Dokumenten ausführlich dargestellt und den Pädagoginnen und Pädagogen in den Einrichtungen bekannt sind.

Darüber hinaus hat jede Grundschule aber noch weiter reichende Bildungserfahrungen sicherzustellen. Sie lassen sich als lernbereichsübergreifende Basiskompetenzen formulieren und betreffen weniger einzelne Gegenstandsfelder des Unterrichts als vielmehr die personale Entwicklung der Kinder (Personagenese). Sie beziehen sich insbesondere auf die Ausbildung der sozialen, der personalen und der methodischen Kompetenzen der Kinder, wie sie im Eingangsteil der aktuellen Rahmenlehrpläne[11] für die Grundschule in Berlin beschrieben sind. Die Kontinuität der Aufgaben von Elementarbereich und Grundschule wird deutlich, wenn man diese Beschreibungen mit den Formulierungen des Bildungsprogramms für die Kitas vergleicht.[12]

Alle diese Kompetenzen lassen sich in anspruchsvollen Projekten und im Schulalltag gleichzeitig erwerben und üben: wenn Kinder bemüht sind und ihnen zugemutet wird, ein reales Problem zu lösen (»Wie soll der Schulgarten/der Pausenhof/das Spielzimmer neu gestaltet werden?« »Wie kann die beabsichtigte Schließung der Stadtteilbibliothek abgewendet werden?«) oder ein bedeutsames Produkt zu gestalten (zum Beispiel ein Buch, eine Internetseite, ein Kunstwerk, ein Theaterstück). Diese Kompetenzen können und müssen aber immer

---

8 Siehe hierzu Teil B, Dokument 2.
9 Berliner Bildungsprogramm, a .a. O. S. 45-107.
10 In Berlin wird religiöse Bildung in der Schule durch die jeweiligen Glaubensgemeinschaften angeboten.
11 Vergleiche »Rahmenlehrplar Grundschule – Sachunterricht«, herausgegeben von der Senatsverwaltung für Bildung, Jugend und Sport Berlin (2004): Wissenschaft & Technik Verlag, S. 9.
12 Siehe »Berliner Bildungsprogramm«, a. a. O., S. 26. Eine Gegenüberstellung der Kompetenzdefinitionen beider Texte findet sich im Teil B, Dokument 1.

wieder auch in gezielten Übungssituationen gefestigt werden – im Unterricht und in außer-unterrichtlichen Übungssituationen.

Die Aufzählung der genannten Bildungsbereiche macht deutlich: Die Bildungsangebote der Schule und die Lernerfahrungen, die die Kinder in diesen Angeboten machen können, berühren immer die ganze Person und lassen sich nicht sinnvoll in vormittägliche und nachmittägliche Bildungsprozesse aufspalten. Denn dies würde bedeuten, die Kinder selbst in vormittägliche Unterrichts- und nachmittägliche Betreuungskinder aufzuspalten. Weil das nicht geht und auch nicht wünschenswert wäre, folgt aber zwingend: Die vormittäglichen und nachmittäglichen Bildungsangebote müssen immer aufeinander bezogen werden und die mit den Kindern arbeitenden Berufsgruppen immer zusammen arbeiten – und zwar auch dort, wo die nachmittägliche Bildung und Betreuung der Kinder von externen Kooperationspartnern, zum Beispiel Schülerläden, durchgeführt wird. Wenn sie ihren eigentlichen Zweck nicht verfehlen will, ist die Bildungsarbeit in der offenen Ganztagsgrundschule immer Teamarbeit.

In einem solchen, unterrichtliche und unterrichtsergänzende Bildungsangebote immer gemeinsam in den Blick nehmenden Verständnis des Auftrags der offenen Ganztagsgrundschule wird zugleich die populäre Zuweisung unterschiedlicher Verantwortungsfelder für die Angehörigen der verschiedenen mit den Kindern arbeitenden Berufsgruppen in gewissem Maße hinfällig. Die pädagogische Verantwortung für die optimale Entwicklung jedes einzelnen Kindes ist nämlich grundsätzlich unteilbar: Alle in pädagogischen Einrichtungen arbeitenden Fachkräfte sind in gleichem Maße für die Bildung und das Wohlergehen der Kinder verantwortlich, und diese

Verantwortung ist nicht von der Besoldungsgruppe abhängig, der die einzelnen Pädagoginnen und Pädagogen ausbildungs- und tarifrechtlich bedingt angehören.

Wenn es gleichwohl – bei gleicher Verantwortung! – unterschiedliche Zuständigkeitsbereiche für Angehörige unterschiedlicher Berufsgruppen gibt, sind letztere dennoch jederzeit zur produktiven und konstruktiven Zusammenarbeit verpflichtet. Dies gilt für Pädagoginnen und Pädagogen in Ganztagsschulen in gleicher Weise wie für Besatzungen von Schiffen oder Flugzeugen, Projektentwicklungsteams in Wissenschaft und Industrie oder die Mitglieder eines Orchesters. Hierauf wird weiter unten noch ausführlicher eingegangen (vergleiche Kapitel Kooperationen gestalten).

Die in den Rahmenlehrplänen für die Schulen wie im Bildungsprogramm für die Kitas beschriebenen Ziele haben einen Doppelcharakter: Sie definieren zum einen, welche Kompetenzen sich die Kinder im Verlauf ihrer Bildungsbiographie aneignen sollten. Sie definieren zugleich, in welcher Weise das pädagogische Handeln geplant und gestaltet sein muss, damit Kinder überhaupt die Möglichkeiten erhalten, sich diese Kompetenzen anzueignen. Damit sind die definierten Ziele immer auch Richtziele für das pädagogische Handeln.

Dieser Doppelcharakter der Ziele hat erhebliche Auswirkungen auf das Verständnis von Evaluation. Evaluation kann sich nicht auf Feststellungsverfahren beschränken, die den Lernerfolg der Schülerinnen und Schüler dokumentieren. Evaluation muss immer auch die Qualität des pädagogischen Handelns in den Blick nehmen und die Wechselwirkung zwischen Aneignungsprozessen der Kinder und dem Handeln der Erwachsenen reflektieren (vergleiche Kapitel Evaluation und Qualitätssicherung).

Aufgaben der Pädagoginnen und Pädagogen in der offenen Ganztagsgrundschule

Den Schulalltag gemeinsam mit Kindern und Eltern gestalten

Die Erfahrungen der Kinder in den täglich wiederkehrenden kleinen und scheinbar nebensächlichen Situationen im Schulalltag haben erheblichen Einfluss auf die Bildungserfahrungen der Kinder. Sie entscheiden – vielleicht mehr als der Unterricht und außerunterrichtlich geplante Aktivitäten – darüber, ob und wie sich ein Mädchen, ein Junge als selbstwirksames und verantwortliches Mitglied einer Gemeinschaft erleben kann, ob sie oder er Solidarität durch die Gemeinschaft erleben kann. Der sogenannte heimliche Lehrplan einer Schule, der mehr implizit als explizit das Leben in der Schule bestimmt, entscheidet, wer oder was zählt. Bildungsbedeutsam sind darüber hinaus alle alltäglichen Vorgänge, zu denen unter anderem die persönliche Begrüßung und Verabschiedung der Kinder (und Eltern) zählen. In solchen respektvollen Verhaltensformen üben die Pädagoginnen und Pädagogen eine Vorbildfunktion aus.

Der Übergang vom Kindergarten in die Schule

Wie immer in biographischen Umbruchsituationen sind die subjektiven Erfahrungen im Übergang entscheidend: Welche ersten Erfahrungen machen die Kinder, wenn sie in die Schule kommen? Was wird in dieser Übergangsphase von Kindern, von Pädagogen wie wahrgenommen, welche Themen werden von wem in dieser Phase bestimmt und bearbeitet?

Die Qualität der Kommunikation und Kooperation zwischen Pädagoginnen, Kindern, Eltern und den KindergartenErzieherinnen in der Phase des Übergangs vom Kindergarten in die Grundschule legt die Basis für das weitere Alltagsgeschehen in der Schule.

Werden die vorangegangenen Erfahrungen, die Wünsche, die Befürchtungen von Kindern, Eltern und den bisherigen Erzieherinnen aktiv nachgefragt, dann werden Kinder, Eltern und Erzieherinnen erleben, dass die Kinder im Mittelpunkt stehen. Werden in der Schule Formen gefunden, wie diese Kommunikation so geschehen kann, dass jedes Mädchen und jeder Junge mit ihren bzw. seinen bisherigen Erfahrungen, den aktuellen Wünschen und Befürchtungen zum Zuge kommt, dann wird jedes

Kind erleben, dass seine Person für die Schule wichtig ist.

Wird die Kommunikation so gestaltet, dass es mehr darum geht, dass die Grundschulpädagoginnen und -pädagogen den Kindern, den Eltern und den Erzieherinnen in den Kindergärten erklären und vermitteln, was, wie und warum in der Schule erwartet wird, dann werden die Kinder erfahren, dass Schule wichtig ist.

Beide Perspektiven sind wichtig. Sie müssen miteinander ausgehandelt und in Verbindung gebracht werden.

Konkretionen:
- In jeder Kita und in jeder Schule gibt es eine Ansprechpartnerin für die wechselseitige Kooperation. Diese planen gemeinsam einen jährlichen und verbindlichen Kooperationskalender für die Zusammenarbeit mit den Eltern und Kindern, die im kommenden Schuljahr eingeschult werden.
- Die Grundschulpädagoginnen und -pädagogen (Lehrerinnen und Erzieherinnen der Grundschule) erkunden im letzten Jahr vor der Einschulung mit den neu aufzunehmenden Kindern, den Kindergarten-Erzieherinnen und Eltern deren Erwartungen, Wünsche und Befürchtungen für die Grundschulzeit.
- Die Grundschulpädagoginnen und -pädagogen (Lehrerinnen und Erzieherinnen der Grundschule) besuchen dazu die Kindergärten des Schuleinzugsgebietes, hospitieren dort und machen sich ein Bild von den Kompetenzen, die die Kinder im Kindergarten schon erworben haben.
- Sie fragen aktiv nach, welche Interessen, Kompetenzen und Aneignungsweisen die verschiedenen Kinder mitbringen.
- Sie verfügen über Methoden, wie sie die unterschiedlichen Erfahrungen, Vorlieben und Interessen der Kinder ihrer Lerngemeinschaft erfassen und in der Lerngemeinschaft kommunizieren können.
- Sie berücksichtigen bei der Analyse der Ausgangslage in ihrer Lerngemeinschaft die unterschiedlichen Lebenslagen der Kinder und ihrer Familien. Sie achten dabei auf die besonderen Bedürfnisse von Kindern mit Hochbegabung, mit sozialer Benachteiligung oder mit Behinderung.
- Sie erläutern Kindern und Eltern, worauf sie im Schulalltag Wert legen und warum das so ist.
- Sie finden mit Kindern (und evtl. Eltern) Formen und

Symbole, wie diese Prinzipien und Regeln sichtbar gemacht werden können.

- Sie entwickeln in Abstimmung mit den Kindern Rituale bzw. Methoden zur Auswertung der ersten Schulwochen aus Sicht der Kinder und der Pädagoginnen und planen hierfür ausreichende Zeiten ein.
- Sie tauschen sich mit Eltern – wenn möglich in individuellen Gesprächen und im Beisein des Kindes – über die Schulerfahrungen der ersten Wochen aus und beachten dabei systematisch die verschiedenen Perspektiven: die der Kinder, die der Pädagoginnen und die der Eltern.

Der tägliche Übergang von der Familienkultur in die Schulkultur

Die Pluralisierung von Lebensformen, die möglichen schnellen Wechsel innerhalb von Familienbiographien, die Flexibilität, die die Arbeitswelt heute von Müttern und Vätern junger Kinder fordert, kollidieren oft mit Vorstellungen von Schule, die auf ein Bild von einer stabilen und geordneten Familie aufbauen. Das Konzept der Ganztagsschule gibt zunächst eine strukturelle Antwort auf diese neuen Herausforderungen. Dieses Konzept ist jedoch unzureichend, wenn es nicht inhaltlich gefüllt wird. Jede Schule sollte daher im Rahmen der Schulprogrammentwicklung gemeinsam mit Kindern, Eltern, Lehrern und Lehrerinnen, Erzieherinnen und Erziehern sowie den sozialpädagogischen Fachkräften klären, wie die Konzeption ihrer Schule im Rahmen ihres Leitbildes und mit Blick auf ihren konkreten Kontext aussehen soll.

Die Pädagoginnen und Pädagogen können dabei mit Müttern und Vätern einen Diskurs darüber eröffnen, welche Bildungs- und Erziehungsleistungen von der öffentlichen Bildungsinstitution Schule erbracht werden sollen und können und was Erziehungs- und Bildungsleistung der jeweiligen Familie sein soll und kann. Dabei gilt es, die möglichen unterschiedlichen sozialen, kulturellen, weltanschaulichen und religiösen Perspektiven zu bedenken und zu berücksichtigen.

Bei sprachlichen Verständigungsproblemen können die Kita-Erzieherinnen oft behilflich sein. Sie haben zum Teil bereits mehrjährige Kontakte zu den Eltern und kennen evtl. Personen, die bereit und in der Lage sind, Übersetzungshilfen zu leisten. Auch Erzieherinnen und Lehrerinnen nichtdeutscher Herkunftssprachen können in der Anfangsphase Sprachbrücken bauen. Es bietet sich dann an, ein Gespräch mit Eltern, Kindern, Kindergarten-Erzieherinnen und den Pädagoginnen der Grundschule in der Kita zu führen.

Aus der Perspektive der Kinder ist wichtig, dass die realen Lebenswelten der Kinder im Schulalltag sichtbar werden und Raum haben. Wenn die Schule zu ihrer Schule werden soll, dann muss das, was für sie in ihrem Leben wichtig ist, in der Schule sichtbar sein und Raum haben.

Für den täglichen Übergang von der Familie in die Schule und von der Schule in die Familie sollte immer wieder Zeit und Raum sein, so dass die Kinder in der Schule ihre Erfahrungen, ihre Fragen und Herausforderungen bearbeiten können.

Konkretionen:

- Die Pädagoginnen und Pädagogen nutzen die ersten Wochen in der Schule, um mit den Kindern ihre Lebenswelt zu erkunden.
- Sie geben den Kindern Gelegenheit, von ihrem Alltag zu berichten.
- Sie geben Zeit und Raum für den Aufbau von Beziehungen.
- Sie bieten den Kindern dazu vielfältige sprachliche und nicht-sprachliche Ausdrucksmöglichkeiten an.
- Sie dokumentieren mit den Kindern deren Alltagserfahrungen in der außerschulischen Welt.
- Sie machen diese Dokumentationen in der Schule sichtbar, sofern Kinder und Eltern dies wünschen.
- Sie planen mit den Kindern, welche Aktivitäten zu welchen Zeiten des Tages an welchen Orten in der Schule möglich sind.
- Sie achten darauf, dass die Bedürfnisse nach Bewegung und Entspannung Raum und Zeit finden.
- Sie wissen dabei um mögliche Probleme von Nähe und Distanz und gehen mit privaten Informationen professionell um.
- Sie schaffen für jedes Kind in der Schule einen Ort, an dem private Dinge geschützt und sicher aufbewahrt werden können.

Der tägliche Übergang von der Schule zur Familie und die Zwischenzeiten

Nach der Schule – zumindest auf dem Schulweg – erleben Grundschulkinder einen Teil des Tages in ihrer Nachbarschaft – außerhalb von Schule und Familie. Die Erfahrungen, die sie hier mit ihrer jeweiligen Peergroup machen, sind oft weitaus entscheidender für die Herausbildung ihres Selbstkonzepts und ihrer Persönlichkeit als es Schule und Familie wahrhaben wollen.

Diese nicht pädagogisch gestaltbare und doch so entscheidende Sozialisationssphäre zu berücksichtigen, ist wohl die größte Herausforderung für Pädagogen. Die unkontrollierten und unkontrollierbaren Zeiten der Kinder: Können und sollen sie zum Thema einer offenen Ganztagsschule werden?

Sie können besonders dann zum Thema werden, wenn sie von den Kindern selbst eingebracht werden. Wenn die Pädagoginnen und Pädagogen das Einzugsgebiet ihrer Schule mit den Kindern erkunden und diese Erkundungen und ihre Analysen zum Gegenstand des Bildungsgeschehens in der Schule machen, gilt es, sich dabei auf die individuell und kulturell verschiedenen Deutungen der Realität einzulassen und mit den Kindern darüber zu reden, was ihnen wichtig ist.

Andere Angebote werden von Kindern häufig im Bereich des Medienkonsums gemacht. Wenn sich die Erwachsenen darauf positiv beziehen und sie zum Gegenstand von kleineren und größeren Medienprojekten machen, ist dies ein Beitrag zur Verbindung bisher oft getrennter Welten.

Konkretionen:

- Die Pädagoginnen und Pädagogen erkunden mit den Kindern deren Lebenswelt, insbesondere die Streifräume im Einzugsbereich der Schule bzw. des Wohngebiets.
- Diese Erkundungen sind Bestandteil des Sachunterrichts ebenso wie von außerunterrichtlichen Aktivitäten.
- Die Pädagoginnen und Pädagogen lassen sich von Kindern zeigen, was die einzelnen Kinder in diesem Streifraum interessant finden, welche Fragen sich ihnen stellen, welche Befürchtungen sie evtl. hegen, welchen Herausforderungen und Risiken die Kinder dort begegnen.
- Lehrerinnen und Lehrer, Erzieherinnen und Erzieher tauschen ihre Erfahrungen aus diesen Erkundungen untereinander und mit den Kindern aus.
- Sie besprechen im Team, welche Erfahrungen, lebenspraktischen und medialen Kompetenzen welche Kinder in die Schule mitbringen.
- Sie setzen sich im Team über Ressourcen und Risiken in der Lebenswelt der Kinder auseinander.
- Sie überlegen und planen, wie Ressourcen und die Bearbeitung von Risiken für das Schulgeschehen und die Bildungsziele genutzt werden können.
- Sie beachten dabei die unterschiedlichen Bewertungen von Kindern und Erwachsenen, von Pädagogen und Nicht-Pädagogen und machen sich mögliche eigene Vorurteile bewusst.

Der Übergang von der Grundschule zur weiterführenden Schule

In unserem mehrgliedrigen Schulsystem, bestehend aus Sekundarschule, Gymnasium und Schulen mit sonderpädagogischem Förderschwerpunkt, hat die Grundschule zwangsläufig eine selektive Funktion. Am Ende der Grundschulzeit steht die Entscheidung an, in welche der aufbauenden Schulformen ein Kind wechseln soll. Die Vielgliedrigkeit unseres Schulsystems ist klar hierarchisch. Die besten Chancen hat, wer auf ein Gymnasium wechselt. Der Besuch einer Förderschule kommt in unserer Gesellschaft schon fast einem Ausschluss aus der Mehrheitsgesellschaft gleich.

Die in Berlin sechsjährige Grundschulzeit mindert – im Vergleich zu einer nur vierjährigen Grundschulzeit – den Druck für Kinder, Pädagoginnen und Eltern, bereits in der Schulanfangsphase auf die Empfehlung für die weiterführende Schule zu schauen. Die sechsjährige Grundschule lässt den Kindern im Prinzip Zeit, ihre individuellen Bildungswege zu gehen. Sie lässt Eltern und Pädagoginnen Zeit, diese Wege der Kinder gründlich zu beobachten und ihnen genau die Bildungsanregungen zu geben, die sie in ihrer jeweiligen Bildungs- und Entwicklungsphase benötigen.

Dennoch sind bei vielen Eltern von Anfang an – und das beginnt bereits in der Kindergartenzeit – Erwartungen und Befürchtungen vorhanden, die sich auf die Entscheidungen über den weiteren Bildungsweg ihres Kindes in der Oberschule beziehen.

Da in der Regel alle Eltern – aus guten Gründen – für ihre Kinder den bestmöglichen Bildungsabschluss erhoffen, entsteht hier ein Spannungsfeld, das dem im Übergang vom Kindergarten zur Grundschule ähnlich ist. Eltern erwarten von den Pädagoginnen und Pädagogen der Grundschule, dass ihr Kind die bestmögliche Empfehlung für die weiterführende Schule erhält und die hierfür erforderlichen Kompetenzen in der Grundschule erwirbt. Kinder geraten unter Druck – manchmal früher als es ihrem Entwicklungstempo entspricht. Werden die Bildungsprozesse des einzelnen Kindes mit dem Kind und seinen Eltern regelmäßig ausgewertet, dann wissen Kinder und Eltern bei jeder Etappe der Schulzeit, wo das Kind steht. Im Vergleich zur Halbtagsschule bietet die offene Ganztagsschule mehr Möglichkeiten, dass jedem Kind individuelle Unterstützung angeboten wird, um die Ziele der nächsten Etappe zu erreichen.

Aufgabe der Pädagoginnen und Pädagogen in der Grundschule ist es, in diesem Spannungsfeld zu allererst die Kinder zu stärken, ihre Potenziale zu erkennen, ihr Vertrauen in die eigenen Fähigkeiten herauszufordern und zu bestätigen. Gleichzeitig gilt es, die Kinder dazu aufzufordern, sich selbst in ihren Entwicklungsmöglichkeiten und ihrer Entwicklungsbereitschaft einzuschätzen. Es wird immer wichtiger, dass Kinder selbst Verantwortung für ihren Bildungsweg übernehmen.

Konkretionen:

- Die Pädagoginnen und Pädagogen ermutigen und bestärken jedes Mädchen und jeden Jungen, seine Fähigkeiten und Wissensbestände weiter auszubauen.
- Sie wirken darauf hin, dass die Kinder an einer Aufgabe hartnäckig dran bleiben und bei Widerständen und anfänglichen Misserfolgen nicht gleich aufgeben.
- Sie entwickeln hierzu eine Kultur des Lernens, in der Fehler als natürliche Zwischenschritte auf dem Weg zur vollen Kompetenz begriffen und daher zunächst besprochen und geklärt und nicht sofort und in jedem Fall sanktioniert werden.
- Sie wissen um die gesellschaftlichen und schulischen Ursachen, die eine soziale Benachteiligung in Bildungsbenachteiligung umschlagen lassen.
- Sie wissen ebenfalls um die Zusammenhänge, durch die für Kinder mit besonderen Begabungen oder für solche mit einer Behinderung Bildungsbenachteiligung entsteht.
- Sie geben Kindern aus sozial benachteiligten Lebensverhältnissen und Kindern mit besonderen Begabungen besondere und gezielte Unterstützung zur Ausschöpfung ihrer Bildungs-Potenziale.
- Sie nutzen hierzu gezielt die Möglichkeiten, die die offene Ganztagsschule durch eine Differenzierung ihres Bildungsangebotes insbesondere am Nachmittag bietet.
- Sie eröffnen den Kindern durch dieses differenzierte Angebot unterschiedliche Zugänge zum Erwerb von Kompetenzen und zur Erschließung von Bildungsinhalten.
- Sie erläutern Kindern und ihren Eltern frühzeitig – nicht erst im letzten Grundschuljahr – die Voraussetzungen und Möglichkeiten für ihren weiteren Bildungsweg.
- Sie machen transparent, welche Indikatoren sie der Beurteilung der Bildungsprozesse zu Grunde legen, und nutzen die Möglichkeit der schriftlichen Beurteilung, um Kind und Eltern klare Hinweise zu geben, worauf in der nächsten Etappe besonders geachtet werden sollte.
- Sie besprechen mit dem einzelnen Kind und seinen Eltern die individuellen Bildungsfortschritte und orientieren auf die nächste anzustrebende »Etappe« des Lernens.
- Lehrerinnen und Lehrer, Erzieherinnen und Erzieher sowie die Eltern besprechen mit dem Kind, wer wie mit dem Kind arbeiten kann, damit es seine Ziele erreichen kann.
- Sie kooperieren mit Kolleginnen und Kollegen aus weiterführenden Schulen.
- Sie eröffnen so Kindern und Eltern die Möglichkeit, weiterführende Schulen rechtzeitig kennen zu lernen.
- Sie beachten bei der Auswahl besondere Profile weiterführender Schulen und weisen auf spezielle Bildungs- und Unterstützungsangebote an diesen Schulen hin.

Formelle, informelle und halbformelle Bildungssituationen aufeinander abstimmen

Der entscheidende Vorteil der Ganztagsschule – gleich ob sie als offene oder gebundene Ganztagsschule organisiert ist – liegt darin, dass Kindern vielfältigere Bildungsmöglichkeiten eröffnet werden. Wie im Kapitel 1 ausgeführt, ist Ganztagsschule nicht einfach mehr von demselben, was die bisherige Halbtagsschule bietet. Die Ganztagsschule ermöglicht qualitativ neue Zugänge zu gemeinsamen Bildungsprozessen von Kindern, Pädagogen, Eltern und anderen Akteuren im Gemeinwesen.

Es ist eine Binsenweisheit, dass Kinder nicht nur durch Unterricht lernen. Es ist eine weitere Binsenweisheit, dass Kinder im Unterricht Anderes lernen als das, was sie sich in ihren lebensweltlichen Zusammenhängen erschließen. Und es ist klar, dass die Lernwege und die Lernpartner im Unterricht andere sind, als die in den anderen Lebenswelten der Kinder. Oft bleiben die verschiedenen Welten der Kinder getrennt. Die offene Ganztagsschule bietet Möglichkeiten, formelle und informelle Bildungsprozesse miteinander zu verbinden und die Erfahrungen, die Kinder an verschiedenen Orten machen, zu verknüpfen.[13]

Formelle Bildungssituationen

Formelle Bildungssituationen sind die für alle Kinder einer Lerngemeinschaft obligatorischen und von Pädagogen geplanten und organisierten Lernsituationen. Der klassische Frontalunterricht zählt in erster Linie zu dieser Kategorie. Aber auch andere Formen des Unterrichts – wie zeitweise Gruppenarbeit, Freiarbeit, Wochenplan-Arbeit ... – gehö-

---

13 Vergleiche Bundesjugendkuratorium (2001), a .a. O.

ren dazu. Denn Inhalte, Ziele und Zeiten sind hier von den Pädagogen vorgegeben und werden in der einen oder anderer Weise auf ihre Erfüllung hin kontrolliert.

Im Unterricht begegnen Kinder einem durch die Rahmenlehrpläne abgesteckten Spektrum von Bildungsinhalten, sie begegnen auch – immer vermittelt über die Lehrerinnen und Lehrer – Erwartungen an ihre Kompetenzen, die in Bildungsstandards definiert sind und deren Erreichung von den Pädagogen geprüft wird.

Informelle Bildungssituationen

Informelles Lernen ist selbstbestimmtes, ungeplantes Lernen in den vielschichtigen Alltagssituationen, denen Kinder begegnen. Kinder eignen sich im Alltag vielfältiges Wissen und ein breites Spektrum von Fähigkeiten an.

Meist ist den Kindern in diesen Situationen nicht bewusst, dass sie lernen und wie sie lernen. Sie handeln, um eine alltägliche Situation eigenständig und/oder gemeinsam mit Anderen zu bewältigen. Das Lernen geschieht nebenbei und immer aus eigenem Interesse. Je anregender und herausfordernder ihr Alltag ist, umso vielfältiger werden die Kompetenzen sein, die sie erwerben.

Informelle Bildungssituationen sind somit von Kindern selbst gewählte und selbst initiierte Vorhaben, in denen die Kinder frei entscheiden, was sie mit wem tun wollen. Zu diesen informellen Bildungssituationen gehört vor allem das Spielen. Im Spiel setzen sich die Kinder allein und in selbstgewählten Gruppen mit ihrer Lebensrealität auseinander. Besonders im Rollenspiel probieren sie sich in wechselnden Perspektiven, sie genießen die Möglichkeit, im Spiel ihre Welt neu zu zu erfinden. Das Spiel setzt in herausragender Weise die schöpferischen Kräfte der Kinder frei; es erlaubt ihnen, ihre Welt auf Probe nach eigenen Vorstellungen zu gestalten und sich mit möglichen Konsequenzen ihres Handelns auseinanderzusetzen. In der offenen Ganztagsgrundschule benötigen die Kinder ausreichend Zeit und Raum für freies Spiel, für ungestörtes Zusammensein mit Freundinnen und Freunden, für die Verständigung darüber, wie sie ihre Zeit in der Schule mit den anderen gestalten wollen.

Informelles Lernen ist dadurch gekennzeichnet, dass das Ergebnis des Lernprozesses wenig vorhersehbar und deshalb kaum planbar und auch nicht kontrollierbar ist. In der offenen Ganztagsschule finden informelle Bildungsprozesse mehr als in der bisherigen Halbtagsschule innerhalb der Schule statt. Darin liegen Chancen und Risiken.

Die Chancen liegen darin, dass die Erwachsenen regelmäßig die Möglichkeit haben, Kinder in unterschiedlichen Kontexten zu erleben. Die Erfahrung vieler Lehrerinnen und Lehrer von Klassenreisen: »Ich habe dieses Kind von einer ganz anderen Seite kennen gelernt als im Unterricht« oder »Ich habe dieses Kind ganz neu entdeckt« wird alltäglicher. Die Sichtweise auf die einzelnen Kinder wird so kontinuierlich erweitert. Es ergeben sich mehr Möglichkeiten einer von Leistungserwartungen freien Kommunikation zwischen Kindern und erwachsenen Bezugspersonen. Lehrerinnen und Lehrer können sich zeitweise von ihrer Rolle als Unterrichtende lösen und dem Kind als Interessierte und als Beteiligte begegnen.

Die Kinder erhalten die Möglichkeit, Lehrerinnen und Lehrer nicht nur als Vermittlerinnen und Vermittler von Unterrichtsinhalten zu erleben. Sie erfahren Lehrerinnen und Lehrer ebenso wie die Erzieherinnen und Erzieher als Vertraute, mit denen sie über die sie bewegenden Fragen sprechen können.

Die Risiken bestehen darin, dass die Erfahrungen der Kinder immer mehr in von Erwachsenen kontrollierter Räumen stattfinden. Der Begriff Raum ist hier sowohl in einem physischen Sinn wie in einem mentalen Sinn zu sehen. In der Ganztagsschule leben die Mädchen und Jungen einen längeren Teil ihres Tages in (mehr oder weniger gut) pädagogisch gestalteten Räumen, sie stehen unter Aufsicht von pädagogisch qualifizierten Erwachsenen. Was in diesen Räumen stattfinden kann – und was nicht – ist damit pädagogisch kontrolliert. Damit einher geht immer eine von Erwachsenen vorgenommene Begrenzung der Themen für informelles Lernen.

Halbformelle Bildungssituationen – Pädagogische Angebote, zwischen denen die Kinder wählen können

Die offene Ganztagsschule bietet in besonderem Maße die Möglichkeit, formelles und informelles Lernen in Verbindung zu bringen. In halbformellen Bildungssituationen werden die Themen der Kinder zum Gegenstand der pädagogischen Arbeit. Durch verschiedene thematische Angebote, zwischen denen die Kinder wählen können, haben die Mädchen und Jungen Gelegenheit, den sie interessierenden Themen nachzugehen und sie mit professioneller Hilfe zu vertiefen.

Im Unterricht ebenso wie im offenen Ganztagsbetrieb kann allen möglichen Sachfragen nachgegangen werden, die für die Kinder von herausragendem Interesse sind, zum Beispiel »Warum haben die Menschen unterschiedliche Hautfarben, unterschiedliche Religionen, unterschiedliche Sprachen …?«, »Warum wird es bei uns im Winter so früh dunkel und warum ist das in anderen Ländern anders?«, »Warum können Vögel fliegen und die Menschen nicht (obwohl Menschen und Vögel Zweibeiner sind)?«.

Besonders wichtig wird es hier, dass die in der Schule arbeitenden Pädagoginnen und Pädagogen gemeinsam mit Kindern und Eltern analysieren, welches die bedeutsamen Themen für die unterschiedlichen Gruppen von Kindern sind: für Jungen und Mädchen, für Kinder unterschiedlicher sozialer und ethnischer Herkunft, für Kinder verschiedener Altersgruppen, für Kinder mit verschiedenen Begabungen …

Wenn Lehrerinnen und sozialpädagogische Fachkräfte gemeinsam planen und ihre Aktivitäten aufeinander abstimmen, können sich formelle und informelle Bildungsprozesse der Kinder wechselseitig ergänzen. Die Themen und Interessen der Kinder, die die Pädagoginnen und Pädagogen in den informellen und halbformellen Situationen in Erfahrung bringen, können wertvolle Hinweise für den Unterricht geben. Welche Fragen bewegen die Kinder, was kann der Unterricht zur Klärung der Fragen beitragen? Und im Gegenzug: Welche Fragen sind im Unterricht entstanden und wie können sie in einem Nachmittagsangebot – mit anderen Methoden – weiter verfolgt werden?

Relevante Themen in Projekten interdisziplinär bearbeiten

Projektarbeit in der offenen Ganztagsgrundschule

Die offene Ganztagsgrundschule eignet sich besonders, um die Arbeit in Projekten zu einem festen Bestandteil des Bildungsgeschehens in der Schule werden zu lassen. Projekte zeichnen sich dadurch aus, dass Menschen mit den unterschiedlichsten Erfahrungen und Kompetenzen, Kinder aus unterschiedlichen Alters- und Entwicklungsgruppen, Erwachsene aus verschiedenen Berufssparten gemeinsam an einer Frage und ihrer Problemlösung oder an einem gemeinsamen für alle Beteiligten wichtigen Vorhaben oder Produkt arbeiten. Das Mehr an Zeit, das Kinder und Pädagoginnen und Pädagogen gemeinsam in der Schule verbringen und die damit gegebenen Möglichkeiten einer flexibleren Nutzung der Zeit, bieten gute Voraussetzungen für Projektarbeit. In Projekten arbeiten kleine Gruppen, bestehend aus Kindern und Erwachsenen, arbeitsteilig an diesem Vorhaben, so dass Kinder und Erwachsene, die länger bzw. kürzer und zu verschiedenen Zeiten in der Schule anwesend sind, diese unterschiedlichen Zeiten für ihre Teilvorhaben nutzen können.

Projektvorhaben mit Kindern entwickeln

In Projekten setzen sich Kinder und Erwachsene zielgerichtet und mit vielfältigen Methoden über einen längeren Zeitraum mit einem Vorhaben auseinander, das aus der Lebensrealität der Kinder stammt oder zukünftig zu ihrer Realität gehören könnte. Projektarbeit unterstützt Kinder darin, diesen Teil ihrer Welt eigenständig und sozial verantwortlich zu gestalten. Die Wahl der konkreten Vorhaben für ein Projekt geschieht mit den Kindern. Themen können aus konkreten Anlässen entwickelt werden, bei denen die Kinder ihre Interessen, Fragen, Wünsche oder Befürchtungen äußern, zum Beispiel »Was macht Freundschaft aus?«, »Wie kann ich Diskriminierung und Ausgrenzung vermeiden und verhindern?«, »Was brauche ich, um mich in der Schule und auf dem Schulweg wohl zu fühlen?«, »Wie kann ich mich wehren, wenn ich beleidigt oder angegriffen werde?«, »Wie können wir zu Geld für eine Tischtennisplatte, für unsere Wunschklassenreise … kommen?«.

Themen oder Problemstellungen können auch von den Pädagoginnen und Pädagogen an die Kinder herangetragen werden, weil sie für das Aufwachsen der Kinder in dieser Gesellschaft und für die Erweiterung ihrer Weltsicht wichtig sind. Fragen und Probleme, die bisher vielleicht noch nicht im Erfahrungsfeld aller Kinder sind, es zukünftig aber vermutlich sein werden oder werden könnten, können präventiv bearbeitet werden, zum Beispiel »Was können wir in unserer Schule/zu Hause dazu beitragen, dass die Umwelt nicht weiter zerstört wird – und wer sonst muss dabei mitmachen?«, »Wie können wir unsere Gesundheit und unser Wohlbefinden sichern?«, »Welche Lebensentwürfe zeigt uns die Werbung und was halten wir davon?«

Ein Projektvorhaben kann auch darin bestehen, dass Kinder und Erwachsene ein gemeinsames Produkt erarbeiten, das ihnen wichtig ist, zum Beispiel einen Teil ihrer Schule oder des Schulhofs umgestalten, ein eigenes Buch produzieren, einen Schülertreff oder eine Schülerzeitung gründen, einen ausgeschriebenen Wettbewerb mitmachen oder selbst einen Wettbewerb initiieren.

Projekte thematisieren Schlüsselsituationen und sichern exemplarisches Lernen

Immer haben Projektvorhaben einen direkten Bezug zur Lebenswelt. Sie beziehen sich auf sogenannte Schlüsselsituationen im Leben der Kinder. Schlüsselsituationen sind Ausschnitte der sozialen und medialen Wirklichkeit der erfahrbaren Welt, in der die Kinder mit den Erwachsenen leben. In ihrer Bearbeitung können Kinder und die mit ihnen arbeitenden Erwachsenen Kompetenzen erwerben, die sachbezogenes Lernen mit der Veränderung und Gestaltung sozialer Lebenswirklichkeit verbinden. Das Lernen an Schlüsselsituationen ist exemplarisches Lernen. Die in einem Projekt erworbenen Kompetenzen können zur Lösung neu auftauchender Probleme genutzt werden. Der Transfer der in einem Projekt erworbenen Wissens- und Erfahrungsbestände in einen neuen und anderen Kontext ist wesentliche Grundlage für den Erwerb lernmethodischer Kompetenzen.

Projektarbeit ist Lernen in der Wirklichkeit

Lernen in Projekten ist forschendes und entdeckendes Lernen in realen Lebenssituationen. Das Ergebnis steht nicht schon im Vorhinein fest, sondern entwickelt sich im Prozess. Die Lernarrangements befördern das Lernen mit allen Sinnen und lassen Raum und Zeit für spontane Ideen der Kinder. Eigensinnige – bisweilen auch skurril erscheinende – Ideen oder Theoriebildungen von Kindern haben in einem Projekt Raum und Zeit. Kinder können ihre Ideen und Theorien selbst weiterentwickeln, überprüfen, bestätigen oder verwerfen. Die am Projekt beteiligten Erwachsenen sollten sich dabei einer vorschnellen Bewertung nach richtig oder falsch enthalten und sich zunächst auf die Theoriebildungen von Kindern einlassen. Kinder sollen Raum, Zeit und Gelegenheiten haben, ihre Theorien selbst empirisch zu überprüfen.

Im Projekt sind Kinder und Erwachsene Lehrende und Lernende zugleich

In einem Projekt stoßen Kinder oder Erwachsene manchmal auf Phänomene, die auch die beteiligten Erwachsenen nicht erklären können. Oder sie entwickeln Fragen, auf die Erwachsene keine Antwort parat haben. Wenn die Erwachsenen ihre Unkenntnis nicht vertuschen, sondern ihre vorhandenen Erfahrungen und ihr erworbenes Wissen zur Verfügung stellen, damit gemeinsam mit den Kindern nach Antworten gesucht werden kann, zeigen sie den Kindern, dass Lernen im Austausch von gewonnener Erfahrung und im gemeinsamen Suchen nach Antworten auf neue Fragen geschehen kann.

Projektarbeit bietet so besondere Gelegenheiten, dass Kinder erfahren können, dass sie selbst mit ihren Fragen und ihrer Suche nach Antworten etwas auslösen und bewirken können.

Stadt als Schule

In Projekten werden vielfältige Lernorte innerhalb und außerhalb der Schule genutzt und Personen aus dem Gemeinwesen oder Experten aus anderen Bereichen des gesellschaftlichen Lebens einbezogen. Eltern oder andere Familienmitglieder können mit ihren spezifischen Kenntnissen und Erfahrungen das Projekt erweitern. Das unmittelbare soziale, kulturelle und wirtschaftliche Umfeld der Schule, kulturelle, wirtschaftliche, wissenschaftliche und soziale Institutionen und Experten aus der Stadt können im Rahmen eines Projekts besucht oder in die Schule eingeladen werden. Projekte nutzen die Stadt als Schule.

Projektarbeit als integraler Bestandteil der Bildungs- und Erziehungsarbeit in der offenen Ganztagsgrundschule

Für Projektarbeit können die üblichen Klassenverbände zeitweise zu Gunsten von thematischen Arbeitsgruppen aufgelöst werden. Projekte können aber auch im Rahmen der Arbeit innerhalb eines Klassenverbandes stattfinden.

Charakteristisch für Projektarbeit ist, dass die Bearbeitung des Vorhabens entlang der Fragen und der Bildungs- und Erkenntnisprozesse der Kinder erfolgt. Ihre Logik und nicht die Logik der Fächer oder Lernbereiche ist der erste Wegweiser. Projektarbeit fordert von den Pädagogen und Pädagoginnen, dass sie ihre Kenntnisse und Erfahrungen konsequent in den Dienst der kindlichen Fragen und Theoriebildungen stellen. In einem Projekt wird Fachwissen nicht einfach vermittelt sondern im konkreten Anwendungsfall von und mit den Kindern erarbeitet und sofort daraufhin überprüft, ob und wie es zur Lösung realer Probleme hilfreich ist.

Projektplanung

Bei der Planung eines Projekts ist es wichtig, dass die Lehrerinnen und Lehrer zusammen mit den Erzieherinnen und Erziehern beraten, welche Lerninhalte aus welchen Fächern bei der Bearbeitung des Projekts herangezogen und welche Erfahrungen und Kompetenzen der Kinder aus informellen und nichtformellen Bildungssituationen hinzugenommen werden können. Sie beraten mit den Kindern, welche Aktivitäten zum Thema passen und nehmen die Ideen und Vorschläge der Kinder auf. Sie verabreden, wer zu welcher Zeit an welchem Ort welche Aktivitäten anbietet.

Projekt-Dokumentation

Damit in dem vielschichtigen und für verschiedene Kinder durchaus ungleichzeitigen Verlauf eines Projektes alle Beteiligten jederzeit einen Überblick haben, was wann, wo, mit wem stattfindet, müssen die Pädagoginnen und Pädagogen die Planung fortlaufend mit den Kindern dokumentieren und diese Planung auch sichtbar machen.

Bei der Dokumentation der einzelnen Projektschritte bietet sich die Gelegenheit, mit den Kindern auszuwerten, welche Kenntnisse und Erfahrungen sie erworben haben, was ihnen wichtig war und welche Fragen, Ideen und Wünsche sie für den weiteren Verlauf des Projekts haben.

Die Projektergebnisse können einem größeren Publikum präsentiert werden, zum Beispiel der gesamten Schülerschaft und dem Kollegium, den Eltern. Auch öffentliche Präsentationen, zum Beispiel im Rathaus, bieten sich an.

Konkretionen:
- **Wahl des Themas und Analyse**
- Die Pädagoginnen und Pädagogen wählen mit den Kindern Vorhaben aus, die in einem Projekt erarbeitet werden sollen.
- Dazu erfassen sie durch Beobachtungen und Gespräche mit den Kindern, welche Fragen, Interessen und Bedürfnisse die Kinder haben, welches Lebensthema sie aktuell beschäftigt.
- Sie setzen sich mit aktuellen wissenschaftlichen Erkenntnissen zum Thema auseinander.

- **Ziele konkretisieren**
- Die Pädagoginnen und Pädagogen analysieren, welche Kompetenzen Kinder in der Bearbeitung des Vorhabens erwerben können. Dazu übertragen sie sowohl die Ziele der Rahmenlehrpläne wie die Ziele der erzieherischen Tätigkeiten auf das Projektvorhaben.
- Sie differenzieren die Ziele entsprechend des Lern- und Entwicklungsstandes der einzelnen Kinder.

- **Handlungsschritte planen**
- Die Pädagoginnen und Pädagogen führen mit den Kindern und nach Möglichkeit mit den Eltern eine Aufgabensammlung zum Projektvorhaben durch.
- Sie überlegen, welche Aktivitäten zum Projekt passen und wer was beitragen kann.
- Sie planen mit den Kindern differenzierte Tätigkeiten für Klein- und Großgruppen.
- Sie strukturieren Räume und Material so, dass die Kinder vielfältige Möglichkeiten zum selbstbestimmten

Bearbeiten des Projektvorhabens vorfinden.
- Sie machen sichtbar, welche Aktionsmöglichkeiten wann, wo, mit wem vorhanden sind.

- **Dokumentation und Auswertung**
- Die Pädagoginnen und Pädagogen dokumentieren die einzelnen Projektschritte mit den Kindern.
- Dabei werten sie mit den Kindern aus, welche Kenntnisse sie erworben haben und welche Erfahrungen ihnen wichtig waren.
- Sie besprechen mit den Kindern, welche Fragen und Ideen sie im weiteren Verlauf des Projekts bearbeiten wollen.

Schulaufgaben als Beitrag zur Selbstständigkeitsförderung der Kinder organisieren

In einer Schule, in der viele Kinder täglich bis 16.00 oder gar 18.00 Uhr verweilen, kann es keine Hausaufgaben in einem sehr traditionellen (und zugleich beschränkten) Sinn mehr geben, zum Beispiel mechanische Übungsaufgaben, die zu Hause erledigt werden, um Wissen zu festigen oder einzelne Fertigkeiten zu perfektionieren. Andererseits zeigt die Erfahrung, dass – aller Kritik an den Hausaufgaben zum Trotz[14] – die Schule ohne solche Übungsformen nicht auszukommen scheint. Vokabeln im Fremdsprachenunterricht beispielsweise müssen ebenso individuell trainiert werden wie bestimmte Rechenverfahren oder die eigenständige Produktion von Texten. Auch anspruchsvollere Aufgaben wie die eigenständige unterrichtsvor- oder -nachbereitende Sachrecherche sowie das Besorgen von Informationen und Materialien aller Art für den Unterricht durch die Kinder gehören zum schulischen Lernen. Sie wurden früher häufig den Kindern als Hausaufgaben aufgegeben, müssten aber in der offenen Ganztagsschule richtigerweise eher Schulaufgaben heißen.

In der offenen Ganztagsschule entsteht hier leicht ein Konfliktfeld, wenn Lehrerinnen und Lehrer im Vormittagsunterricht an überkommenen, lehrerzentrierten Unterrichtskonzepten festhalten und davon ausgehen, dass die Schülerinnen und Schüler das Üben oder andere Formen selbständigen Arbeitens vorwiegend am Nachmittag erledigen sollten. Noch heikler wird die Situation, wenn die Kinder als Hausaufgabe aufgetragen bekommen, Dinge nachmittags (und das unterstellt dann meistens: daheim) fertig zu machen, die man im gemeinsamen Unterricht am Vormittag nicht ganz geschafft hat. In solchen Fällen wird allzu oft ungeprüft vorausgesetzt,

---

14 Zur Diskussion über den Sinn und Unsinn von Hausaufgaben siehe Lipowsky (2004) sowie Hausaufgaben – Kindersache (2004).

dass die Kinder diese Aufgaben entweder ohne jede Hilfe bewältigen können oder aber im Elternhaus über die nötige Unterstützung verfügen würden bzw. müssten. Die Forschung zur Bildungsbenachteiligung von Kindern aus den unteren Sozialschichten belegt, dass diese Voraussetzung für viele Kinder nicht zutrifft. Sie brauchen die Unterstützung von professionellen Pädagoginnen und Pädagogen auch bei der Anfertigung von Übungsaufgaben oder selbständigen Produktionen.

Nun ist in der offenen Ganztagsgrundschule auch am Nachmittag professionelles pädagogisches Personal verfügbar. Es sieht sich allerdings häufig mit äußerst widersprüchlichen Erwartungen seitens der Eltern konfrontiert: Manche Eltern wollen sehr gerne noch nach der Schule Hausaufgaben mit ihren Kindern machen, um so einen ständigen Einblick in deren schulische Entwicklung zu erhalten. Andere Eltern erwarten von den Erzieherinnen im Ganztagsbetrieb, dass diese für die komplette Erledigung der Hausaufgaben Sorge tragen, nachdem die Eltern ja für die Nachmittagsmodule bezahlen müssen. In der Praxis fühlen sich die Erzieherinnen dann häufig zu pädagogischen Ausputzern der Vormittagsschule degradiert, die hauptsächlich mit der Überwachung der Hausaufgaben befasst sind. Dies gilt insbesondere, wenn die Lehrerinnen und Lehrer den Kindern am Vormittag ohne jede Rücksprache mit den Erzieherinnen und ohne jede Rücksicht auf das Nachmittagsprogramm der Schule Aufgaben erteilen, so dass den Erzieherinnen am Nachmittag für die Durchführung anspruchsvoller unterrichtsergänzender Bildungsangebote gar keine Zeit mehr bleibt.

Wiederum zeigt sich, dass die Einführung der offenen Ganztagsgrundschule nur Erfolg verspricht, wenn sie mit einer pädagogischen Runderneuerung der Grundschule einhergeht und jene Organisationsformen modernen Grundschulunterrichts jetzt überall eingeführt werden, die reformorientierte Grundschulen schon seit Mitte der 1970er Jahre praktizieren. Sie greifen auf Jahrzehnte alte Erfahrungen eines individualisierten Lernens zurück beispielsweise nach Maria Montessori, Célestin Freinet, Peter Petersen oder anderen. In der rhythmisierten Grundschule können all die individuellen Übungs-, Recherche- und Produktionsaufgaben, die die Kinder einzeln und möglichst selbständig leisten sollen, problemlos in die Freiarbeit integriert werden. Dies setzt lediglich voraus, dass es in jeder Schulklasse jeden Tag hinreichend lange Freiarbeitszeiten gibt. Diese Zeiten müssen auch nicht auf den Nachmittag beschränkt bleiben, sondern sollten sich vielmehr mit Zeiten gemeinsamen Arbeitens im geschlossenen Klassenverband rhythmisch abwechseln.[15]

Schülerinnen und Schüler lernen so von Anfang an Beides als gleichrangige und gleich wichtige Lernform kennen: das Lernen im Dialog als gemeinsames Nachdenken über die Welt im Klassenverband und das eigenverantwortliche Lernen in der Einzel- oder Kleingruppenarbeit im Rahmen der freien Phasen.

Wenn – wie in diesem Bildungsprogramm durchgängig empfohlen – Lehrer und Erzieher Klassenteams bilden, die die ganztägige Bildungsarbeit »ihrer« Klasse oder Lerngruppe gemeinsam planen und verantworten, kann zugleich die besondere Kompetenz der Erzieherin auf speziellen Gebieten auch voll ausgenutzt werden: Während die Erzieherin beispielsweise mit einer Schülergruppe die Schulzeitung produziert, ein Theaterstück einübt oder am Biotop auf dem Schulgelände mit den Kindern naturwissenschaftliche Forschung betreibt, kann die Lehrerin den anderen Kindern in der Freiarbeit bei ihren Übungsaufgaben helfen oder mit einzelnen von ihnen eine versäumte Lektion in irgendeinem Unterrichtsfach nachholen (vergleiche auch Kapitel Formelle, informelle und halbformelle Bildungssituationen aufeinander abstimmen).

Man sieht erneut, dass die Einführung der offenen Ganztagsgrundschule eine andere Unterrichtskultur als die der traditionellen Halbtagsschule nahe legt: Hausaufgaben gibt es in dieser Schule nicht mehr, wohl aber individuelle Aufträge aus Projektkontexten und Übungsaufgaben, die die Schülerinnen und Schüler weitgehend selbständig und vorwiegend in eigener Zeiteinteilung erledigen müssen. Dafür müssen natürlich entsprechende Freiarbeitszeiten eingerichtet werden – am Vormittag wie am Nachmittag. Auftrag der Pädagoginnen und Pädagogen in der offenen Ganztagsgrundschule ist hier nicht mehr die »Überwachung« der Schülerinnen und Schüler bei ihrer Arbeit, sondern die Anleitung und Unterstützung der Kinder bei der möglichst selbständigen Bewältigung differenzierter Aufgaben im Rahmen der Freiarbeitszeiten (siehe auch Kapitel Übergänge und Verbindungen zwischen Familie und offener Ganztagsschule schaffen).

Kinder mit besonderem Förderbedarf integrieren

Die Grundschule ist in Deutschland seit der Weimarer Reichsverfassung von 1919 eine gemeinsame Schule für alle Kinder des Volkes. Allerdings waren Kinder mit gravierenden Behinderungen zunächst von der gemeinsamen Grundschule ausgenommen. Das Berliner Schulgesetz hat diesen Zustand erst 1990 korrigiert. Inzwischen ist die

---

15 Siehe Kapitel Den Umgang mit der Zeit gestalten.

gemeinsame Bildung und Erziehung von Kindern mit und ohne Behinderungen in Berlin der Regelfall; Kinder mit Behinderungen können allerdings auch in einer Schule mit einem sonderpädagogischen Förderschwerpunkt aufgenommen werden, wenn das Kind an einer solchen Schule besser gefördert werden kann oder die Eltern dies wünschen.

Kinder mit besonderen Lernpotenzialen und Begabungen haben ebenfalls ein Recht auf ihren Fähigkeiten angepasste Lernangebote – und zwar ebenfalls nicht nur in der Kernzeit des gemeinsamen Unterrichts, sondern über den ganzen Schultag hinweg.

Der Anspruch der gemeinsamen Bildung von Kindern mit und ohne Behinderung sowie solcher mit besonderen Fähigkeiten ist eindeutig: Es geht darum, die Selbstbestimmung und gleichberechtigte Teilhabe aller Kinder am Leben in der Gesellschaft zu fördern und Benachteiligungen zu vermeiden oder ihnen entgegenzuwirken. Insofern reicht es nicht aus, die Kinder mit und ohne sonderpädagogischen Förderbedarf nur räumlich zusammenzufassen. Eine Pädagogik der Inklusion strebt primär und so weit wie eben möglich an, die Kinder auch auf der Sinnebene der im Unterricht verhandelten Inhalte in lernfördernden Diskursen zusammenzuführen und mit und von einander lernen zu lassen, um ihre Teilhabe an allen gesellschaftlichen Errungenschaften so gut wie eben möglich sicherzustellen.

Pädagogische Einrichtungen, die sich auf den Weg zur inklusiven Pädagogik begeben möchten, finden zahlreiche Anregungen in dem Ende der 1990er Jahre in Großbritannien entwickelten »Index für Inklusion« der inzwischen weltweit verwendet wird und von dem es auch eine für deutsche Verhältnisse adaptierte Version gibt. Hier erhalten sie Anleitung und Erfolgskriterien, um inklusive Kulturen zu schaffen, inklusive Strukturen zu etablieren und inklusive Praktiken zu entwickeln.[16]

So, wie für den gemeinsamen Unterricht von Kindern mit und ohne Behinderungen vorgesehen ist, dass dieser – in Abhängigkeit vom jeweiligen Einzelfall – zielgleich oder zieldifferent erfolgen kann, ist eine solche Differenzierung auch für die unterrichtsergänzenden Bildungsangebote in der offenen Ganztagsgrundschule sinnvoll. Es ist nicht zu rechtfertigen, wenn die unterrichtsergänzenden Angebote auf die besonderen Lernpotenziale der schnell

lernenden Kinder oder die besonderen Förderbedarfe von Kindern mit Behinderung überhaupt nicht eingehen und diese dann im schlimmsten Fall irgendwo »abgestellt« oder »irgendwie« beschäftigt werden. Schnell lernende Kinder und solche mit Behinderungen haben – wie alle anderen Kinder – über die gesamte Verweildauer in der Schule hinweg einen Anspruch auf hochwertige Bildungsangebote und eine auf ihre jeweilige Lebens- und Lernsituation abgestimmte professionelle Versorgung. So wird es zumindest im Schulgesetz und in der »Verordnung über die sonderpädagogische Förderung« verlangt.[17]

Erneut wird erkennbar, dass diese Angebote nur im Team geplant werden können. Denn für die Kinder mit Behinderungen haben viele Menschen zugleich Verantwortung: Lehrerinnen, Sonderpädagogen, Erzieherinnen, Schulhelfer, Facherzieherinnen und -erzieher für Integration, Heilpädagogen, Therapeuten, die Eltern und andere Menschen mehr. Wenn diese sich nicht regelmäßig sorgfältig miteinander absprechen, droht das Kind zwischen unterschiedlichen Bezugspersonen mit unterschiedlichsten Normen, Erwartungen und Erziehungsvorstellungen hinund hergerissen zu werden, ohne je ein in sich konsistentes Bildungsangebot zu erfahren. Damit würden sie zusätzlich benachteiligt und in ihrer Entwicklung behindert.[18]

Die individuellen Förderpläne für die einzelnen Kinder müssen mithin den Vor- und den Nachmittag umfassen – was schlechterdings nur im Team planbar ist (vergleiche hierzu im Einzelnen Kapitel Kooperationen gestalten). Wie die Erfahrungen von Schulen, die schon so handeln, zeigen, wirkt sich der Mehraufwand an Planungszeit, der hierfür benötigt wird, in der konkreten Arbeit mit den Schülerinnen und Schülern meist spürbar entlastend aus. Dabei kann die Aufteilung des Kollegiums in weitgehend selbst verantwortliche Kleinteams nach dem sogenannten »Team-Kleingruppenmodell«, wie Erfahrungen aus der Sekundarstufe zeigen, eine solche Zusammenarbeit erheblich vereinfachen (vergleiche auch Kapitel Kooperationen gestalten). Im Team-Kleingruppenmodell ist es auch leichter sicherzustellen, dass sich im Vertretungsfall Kolleginnen oder Kollegen zur Verfügung stellen, die mit den besonderen Bedürfnissen der Kinder mit Behinderungen sowie der besonders begabten Kinder jeweils bereits vertraut und im Umgang mit ihnen geschult sind.[19]

Immer wenn die Schülerinnen und Schüler im Laufe des Tages die Bezugsgruppen oder Bezugspersonen wechseln,

---

16 Vergleiche: http://www.eenet.org.uk/index_inclusion/Index%20German.pdf.
17 Vergleiche § 2 (2) SopädVO vom 19.1.2005 sowie § 4 Abs. 3 Satz 1 im Schulgesetz für Berlin.
18 Siehe als Beispiel einer gelingenden Kooperation den Erfahrungsbericht Auf dem Weg zum gemeinsamen Ziel im Teil B, Dokument 3.
19 Zum Team-Kleingruppenmodell siehe Liebau (1981), Ratzki (1990), Schlömerkemper (1995) und Uflerbäumer (1985).

ist es wichtig, Überschneidungszeiten für die verschiedenen Mitarbeiter vorzusehen, so dass diese sich über die Aktivitäten und Bildungsprozesse der vorangegangenen Stunden kurz austauschen können und die Kinder nicht einfach »weitergereicht«, sondern in Ruhe »übergeben« werden. Mancher kleine Hinweis über die Freuden und Sorgen, die Erkenntnisse und offen gebliebenen Fragen, den aktuellen Zustand und das Wohlbefinden oder Unwohlsein einzelner Kinder von der scheidenden Pädagogin an die Fachkraft der nächsten Phase helfen dieser, die Kinder besser zu verstehen und auf ihre aktuellen Bedürfnisse besser eingehen zu können. Ohne solche Gespräche ist es schwierig, wenn nicht unmöglich, Bildung als ein Kontinuum von zielgerichteten Lernerfahrungen möglich zu machen.

Für manche Kinder mit Behinderungen ist der nach wie vor verbreitete Zeittakt – morgens kontinuierlich obligatorischer Unterricht durch die Lehrerinnen und Lehrer, nachmittags unterrichtsergänzende Bildungsangebote durch Erzieherinnen und sonstige pädagogische Fachkräfte – sehr anstrengend. Für diese Kinder gilt mehr noch als für alle übrigen, dass nur ein rhythmisierter Ganztag jene Balance zwischen Anstrengung im Unterricht und in den unterrichtsergänzenden Bildungsangeboten, freiem Spiel und Erholungsphasen leisten kann, die einen ganztägigen Aufenthalt in der Schule erst erträglich machen. Kinder, die mehr Ruhe brauchen als andere, müssen auch in der Schule mehr Ruhe bekommen können; solche, die besonders viel Bewegung brauchen, müssen genügend Gelegenheiten zur Bewegung erhalten. Hierzu wird weiter unten Näheres ausgeführt (vergleiche Kapitel Den Umgang mit der Zeit gestalten).

Häufig benötigen die Kinder mit besonderem Förderbedarf in der Praxis Unterstützung durch zusätzliches sonderpädagogisches Fachpersonal. Dieses muss derzeit noch in getrennten Antragsverfahren für die schulischen Zeiten (durch Sonderpädagoginnen und Lehrerinnen) einerseits sowie für die ergänzende Förderung und Betreuung vor und nach der Schule (durch Facherzieherinnen für Integration) andererseits bewilligt werden. Die formale Feststellung einer Behinderung zum Zwecke der Ressourcensicherung kann die Eltern und das betroffene Kind aber stark belasten und führt im Einzelfall sogar dazu, dass Eltern manifeste Behinderungen ihrer Kinder bisweilen kaschieren. Denn die Verfahren zur Feststellung eines sonderpädagogischen Förderbedarfs bergen immer die Gefahr einer Etikettierung des Kindes. Etikettierung ist aber, wenn sie statisch zuschreibend verstanden wird, mit Pädagogik prinzipiell nicht vereinbar, sondern steht in einem diametralen Gegensatz zu dieser. Eine zügige und nutzerfreundliche Bearbeitung der beiden Antrags-

verfahren unterstützt mithin Kinder und Eltern, trägt zur Minimierung möglicher emotionaler Belastungen bei und reduziert den Verwaltungsaufwand.

Für all die Kinder, die bereits in der Kindertagesstätte zusätzliches Fachpersonal erhalten haben, empfiehlt sich daher, eine entsprechende Feststellung automatisch mit der Schulanmeldung vorzunehmen. In der Regel sollte hier keine zusätzliche Prüfung mehr notwendig sein. Dabei ist ein festgestellter zusätzlicher Personalbedarf, unabhängig ob im Rahmen von ergänzender Förderung und Betreuung oder im Rahmen von Schulzeiten, grundsätzlich als Indiz für einen Personalmehrbedarf im jeweils anderen Bereich zu werten – und entsprechend automatisch zu prüfen.

Besonders im Hinblick auf die sensiblen Belange der Kinder mit Behinderungen, muss sichergestellt sein, dass das ihnen zustehende sonderpädagogische Fachpersonal bereits mit Eintritt des Kindes in die Schule auch real zur Verfügung steht. Das erfordert eine abschließende Prüfung und Bewertung der Antragsverfahren rechtzeitig vor Schulbeginn. Nur so können sich die Fachkräfte hinreichend auf das jeweilige Kind vorbereiten.

Selbstverständlich erfordert die besondere Lebenssituation von schnell lernenden Kindern und von solchen mit sonderpädagogischem Förderbedarf, dass sich die Pädagoginnen und Pädagogen aller beteiligten Professionen hinreichend auf die spezifischen Bedürfnisse des jeweiligen Kindes vorbereiten können. Da die Lehrerfortbildung inzwischen auf Bezirksebene bereitgestellt wird, sind kurzfristige Angebote im schulnahen Raum durchaus organisierbar. Die Schulen müssen sie nur beizeiten anfordern und den zukünftigen Erstklassenlehrerinnen und -erzieherinnen die gemeinsame Teilnahme an den entsprechenden Veranstaltungen auch ermöglichen. Da immer wieder neue Kinder auf die Schulen zukommen, sollten die regionalen Fortbildungen fortlaufend angeboten werden und flexibel abrufbar sein. Diese Angebote sollten auch die Teamarbeit besonders unterstützen.

Besondere Vorkehrungen sind auch für die Betreuung der Kinder mit Behinderungen in den Schulferien vorzusehen. Sofern hier andere Erzieherinnen oder Erzieher Ferienangebote übernehmen, die die Kinder noch nicht kennen und mit ihrer Behinderung nicht vertraut sind, müssen diese natürlich über die besonderen Bedarfe und Bedürfnisse der Kinder mit Behinderung informiert und ggf. entsprechend qualifiziert werden.

Konkretionen:

- Die in der Schule für das Kind zuständige Pädagogin (Bezugserzieherin, Klassenlehrerin) führt bereits vor der Einschulung Gespräche mit den Eltern, um die individuellen Entwicklungsbesonderheiten des Kindes kennenzulernen. Der hier festgestellte Förderbedarf wird festgehalten. Die Facherzieherin für Integration fungiert als »Brückenbauerin« zwischen den Einrichtungen und dem Elternhaus.

- Besucht das Kind vor der Schule eine Kita, finden Hospitationen und Gespräche in der Kita statt. Das Kind schaut sich in Begleitung vertrauter Erwachsener die Schule an und lernt das Gebäude, den Klassen- und Gruppenraum sowie dort arbeitende Personen kennen.

- Alle zukünftig mit dem Kind arbeitenden Pädagoginnen und Pädagogen informieren sich über die besondere Situation des Kindes und nehmen ggf. einschlägige Fortbildungsangebote wahr, bevor das Kind auf die Schule kommt.

- Alle in der Schule mit dem Kind arbeitenden Pädagoginnen und Pädagogen – Lehrerinnen, sonderpädagogische Fachkräfte und Erzieherinnen – werten die verfügbaren Informationen in gemeinsamen Gesprächen aus und entwickeln gemeinsam ein Unterstützungskonzept für die Kinder mit besonderem Förderbedarf ebenso wie für die Kinder mit besonderen Begabungen.

- Lernmittel werden so ausgewählt, dass sie von allen Kindern möglichst eigenständig verwendet werden können.

- Die Räume werden so ausgestattet, dass Kinder mit besonderem Förderbedarf individuell gefördert werden können, sei es durch Ruhezonen, sei es durch Möglichkeiten für spezielle Therapieangebote, sei es durch eine anregende Lernumgebung, die den Kindern selbstständige Gestaltungsmöglichkeiten bietet.

- Beim Übergang von der Unterrichtszeit in den Ganztagsbereich tauschen sich die Pädagoginnen und Pädagogen über die aktuelle Befindlichkeit des Kindes kurz aus, sofern sich dies nicht schon während der gemeinsamen Kooperationsstunden ergab.

- Die Pädagoginnen und Pädagogen achten darauf, dass sich die Lebenswelten von Kindern mit und ohne Behinderung nicht trennen. Sie unterstützen integrative Spielprozesse. Einzelangebote für Kinder mit Behinderung gibt es nur, wenn sie auch für nicht behinderte Kinder passen.

- Bei Klassenfahrten werden Reiseziele gewählt, die es ermöglichen, alle Kinder der Klasse mitzunehmen und keines zurückzulassen.

- In regelmäßigen Abständen finden Entwicklungsgespräche zwischen den Eltern und den Pädagoginnen und Pädagogen statt. Dabei werden neben der Klassenlehrerin auch die sonderpädagogischen Fachkräfte und die Erzieherinnen bzw. Erzieher einbezogen.

- Ein spezieller Integrationsbrief informiert die übrigen Eltern über die integrative Arbeit im Hort und über die Zusammenarbeit von Lehrerinnen und Erzieherinnen am Vormittag im Unterricht und in der VHG.

- Zweimal im Jahr wird ein »Integrationsgipfel« veranstaltet: Hier werden die konkrete Zusammenarbeit und die Zielrichtung der Zusammenarbeit festgelegt. Teilnehmerinnen und Teilnehmer sind die Schulleitung, die Sonderpädagoginnen der Schule, ein Mitarbeiter des schulpsychologischen Dienstes, die leitende Horterzieherin, die Fachleitung Integration der Ergänzenden Betreuung und die Geschäftsführung der beteiligten Freien Träger.

- Therapeuten kommen für ihre Therapieangebote in die Schule und können die Räume und Materialien der Schule mit nutzen.

- Die Lehrerinnen und Erzieherinnen nehmen – wenn die Erziehungsberechtigten und das Kind einverstanden sind – wenigstens einmal an der Therapiestunde teil, um einen Eindruck von der dort stattfindenden Arbeit zu erhalten. Zu demselben Zweck hospitieren auch die Therapeuten von Zeit zu Zeit im Unterricht und bei den unterrichtsergänzenden Bildungsangeboten.

- Kindern mit besonderen Begabungen wird die Nutzung außerschulischer Lernmöglichkeiten (zum Beispiel Regionale Begabtengruppen, Mathematik-Olympiade, Kinder-Universität u. ä.) im Sinne von Enrichment-Strategien ermöglicht.[20]

Räume gestalten und Material bereitstellen

Räume gestalten

Wenn Kinder sich sechs, acht, zehn oder gar zwölf Stunden pro Tag überwiegend in der Schule aufhalten, dann müssen die Räume sehr unterschiedliche Funktionen erfüllen. Die Altersspanne an Berliner Grundschulen reicht von Fünfjährigen bis Kindern, die zwölf oder 13 Jahre alt sind. Die jüngeren Kinder haben andere Raumbedürfnisse als die älteren, Mädchen oft andere als Jungen. Alle Kinder haben ein Recht darauf, dass die Räume, in denen sie die meiste Zeit ihres Kinderlebens verbringen, ihren Interessen und Bedürfnissen entsprechen und ihnen

---

20 Vergleiche im Einzelnen die Hinweise zur Begabungsförderung sowie insbesondere die »Übersicht über Angebote und Maßnahmen zur Förderung besonders begabter und kognitiv hochbegabter Schülerinnen und Schüler in der Berliner Schule« des Schulsenators vom Dezember 2004, die im Internet unter http://www.berlin.de/sen/bildung/foerderung/begabungsfoerderung/ zu finden ist.

gute Bedingungen für gelingende Bildungsprozesse bieten. Dazu gehören neben geeigneten »Lernräumen« – Unterrichtsräume, Lernwerkstätten, Ateliers, Bibliothek, Mediothek – ausreichende Räume für Bewegung, für Rückzug, Ruhe und Entspannung.[21]

Wenn Kinder sich ganztägig in der Schule aufhalten, dann muss in erhöhtem Maße dem Zustand und der Reinlichkeit der Sanitärräume, denen Kinder dann nicht mehr ausweichen können, Aufmerksamkeit geschenkt werden.

Auch die Pädagoginnen und Pädagogen sind in der offenen Ganztagsgrundschule vielfach bis zu acht oder mehr Stunden pro Tag in der Schule anwesend. Ihr Tätigkeitsspektrum in der Schule wächst, und damit wachsen auch ihre Ansprüche an Räume und Raumgestaltung.

Das Konzept der offenen Ganztagsgrundschule legt Wert auf eine möglichst enge Zusammenarbeit mit den Eltern. Dies schließt ein, dass auch Eltern Raum in der Schule haben, Raum für Einzelgespräche mit den Pädagoginnen und Pädagogen ihres Kindes, Raum für die Kommunikation mit anderen Eltern, mit Kolleginnen und Kollegen des Schulpersonals und für Aktivitäten mit den Kindern.

Jede Schule muss in Abhängigkeit von der baulichen Ausstattung und den Umbaumöglichkeiten ihr eigenes Raumkonzept entwickeln. Das Kollegium aus Lehrerinnen und Lehrern, Erzieherinnen und Erziehern und sonstigen Mitarbeiterinnen und Mitarbeitern sollte sich für die Gestaltung der Räume auf gemeinsame Ziele verständigen. Als Diskussionsgrundlage kann die nachfolgende Auflistung von Konkretionen genutzt werden.

Durchgängige Prinzipien sind:
- Die Beteiligung der Kinder an der Gestaltung der Räume, in denen sie sich über einen längeren Teil des Tages oder regelmäßig aufhalten, hat Priorität.
- Wenn Kinder neu in die Schule kommen oder in einen neuen Bereich innerhalb der Schule wechseln, haben sie einen Anspruch darauf, Räume nach ihren Vorstellungen im Rahmen der bestehenden Möglichkeiten neu zu gestalten.
- Die Gestaltung der Räume spiegelt die kulturelle Vielfalt der Schüler und ihrer Familien und lädt zur Identifikation mit der Schule ein.
- Regeln für die Nutzung der Räume werden mit den Kindern ausgehandelt.

Konkretionen:
- Dezentrale Raumeinheiten für die verschiedenen Altersgruppen unterstützen die Zusammengehörigkeit von Schülergruppen und Personal und fördern die Übernahme von Verantwortung für die Räume.
- Die Individualität der Kinder wird geachtet, indem jedes Kind einen Platz hat, an dem es seine persönlichen Dinge sicher aufbewahren kann.
- Besondere Interessen von Jungen und Mädchen an der Raumgestaltung werden mit ihner analysiert und bei der Gestaltung der Räume berücksichtigt.
- Arbeits- und Spielräume fordern zu eigeninitiativem Experimentieren und forschendem Lernen heraus.
- Es gibt Rückzugsräume für die Kinder, wo diese eine Zeitlang ungestört unter sich sein können: Höhlen, Galerien oder Ähnliches im Innern; Schuppen, Plätze hinter Hecken, Baumhäuser oder Ähnliches im Freien.
- Lernwerkstätten oder »Lerninseln« unterstützen die Herausbildung spezifischer Interessen und regen selbstbestimmtes Lernen an.
- Küche, Fahrrad-, Holz- und Elektrowerkstatt und andere Werkstätten ermöglichen Kindern, Dinge ihres Alltagslebens in Schule oder Hort nach ihren Vorstellungen zu produzieren oder wieder herzurichten.
- Medienräume mit Bibliothek, Computerarbeitsplätzen und anderen technischen Medien sind Informationsort und Werkstatt für alle an der Schule Beteiligten und können von Kindern, Pädagoginnen, anderen Mitarbeitern der Schule und Eltern jederzeit genutzt werden.
- Bewegungsbaustellen in Innen- und Außenräumen fordern zu vielfältigen Bewegungserfahrungen heraus.
- Es existieren wohnlich gestaltete und kommunikationsfördernde Räume, in denen Kinder und Erwachsene ihre Mahlzeiten gemeinsam einnehmen können
- Es gibt vorbildliche Sanitärräume auch für die Versorgung von Kindern mit schweren Behinderungen an jeder Schule.
- Kommunikations- und Planungsräume für die verschiedenen Professionen im Kollegium und die Eltern unterstützen die gemeinsame Entwicklungsarbeit.
- Arbeitsplätze für Pädagoginnen und Pädagogen ermöglichen Vorbereitungs- und Planungsarbeiten sowie administrative Tätigkeiten in der Schule.
- Wohnlich gestaltete Rückzugsräume für Erwachsene und Kinder sichern ungestörte Erholungspausen.
- Gemütliche Ecken, Treffs oder ein kleines Cafe stehen den Pädagoginnen, den Eltern und Besuchern für die Kommunikation zur Verfügung.

---

21 Vgl. Teil B, Dokument 4.

Material bereitstellen

Lern- und Spielmaterialien unterstützen die Bildungsprozesse der Kinder, indem sie zu tätiger Auseinandersetzung anregen. Um den individuell unterschiedlichen Lernstrategien der Kinder gerecht zu werden, sollen die Materialien die unterschiedlichen Sinneserfahrungen stimulieren. Die Lern- und Spielmaterialien repräsentieren zudem die kulturelle Vielfalt der Gesellschaften in dieser Welt. In einer multikulturell zusammengesetzten Schule sollten die Pädagoginnen und Pädagogen darauf achten, dass Kinder unterschiedlicher Herkunft die Möglichkeit haben, ihre Lebenserfahrungen in das Bildungsgeschehen der Schule einzubringen.

Neben den pädagogisch ausgewählten Materialien finden in der Schule Materialien und Dinge aus dem pädagogisch unkontrollierten Leben der Kinder Platz, um die Auseinandersetzung der Kinder mit diesen Materialien auch in der Schule zu ermöglichen. Prinzipiell sollte es jedem Mädchen und jedem Jungen möglich sein, die Dinge, die ihr oder ihm wichtig sind, in die Schule mitzubringen. Nur so können die Kinder untereinander und mit den Erwachsenen darüber kommunizieren, was ihnen warum wichtig ist.

Kinderkultur manifestiert sich in Gegenständen und Ritualen im Umgang mit diesen Gegenständen, deren Sinn und Bedeutung sich den Erwachsenen oftmals verschließt. Hier gilt es sensibel und neugierig zu sein und die Bedeutung, die diese Dinge und Rituale für die Kinder haben, von ihnen zu erfragen oder sich zeigen zu lassen. Schnelle Bedeutungszuweisungen allein aus der eigenen Perspektive führen oft in die Irre.

Gleichzeitig gilt es, die Geheimsphäre der Kinder zu respektieren. Nicht alles, was ein Mädchen oder einen Jungen beschäftigt, darf zum Gegenstand pädagogischer Auseinandersetzung werden. Jeder Mensch, egal ob Kind oder Erwachsener, hat ein Recht auf Geheimnisse.

Achtung der Kinderkultur ist die eine Seite, eigene Standpunkte beziehen die andere. Bringen Kinder zum Beispiel gewaltverherrlichende, sexistische, rassistische Spiele, Materialien oder Symbole mit, dann muss dies Gegenstand der pädagogischen Arbeit im Unterricht und in der außerunterrichtlichen Arbeit werden.

Konkretionen:
- Sprechen und Hören, Sehen, Tasten und bewegungsbetonte Aneignungsstrategien finden in der Auswahl der Materialien Berücksichtigung.
- Vielfältige Medien sind den Kindern auch für eigenständige Erkundungen zugänglich.

- Die Lern- und Spielmaterialien sind in den Räumen sichtbar und für die Kinder frei zugänglich.
- Die Lern- und Spielmaterialien berücksichtigen geschlechtsspezifische Interessen der Mädchen und Jungen.
- Die Lern- und Spielmaterialien repräsentieren die kulturelle und mediale Vielfalt.
- Notwendige Regeln zur Nutzung des Materials werden mit den Kindern ausgehandelt.

Die offene Ganztagsgrundschule als gesunde Schule gestalten

Die aktive und bewusste Förderung der Gesundheit und des Wohlseins von Kindern und Erwachsenen ist zentrale Aufgabe, wenn Kinder und Erwachsene viele Stunden ihres Tages in der Schule verbringen. Im Sinne der Definition der Weltgesundheitsorganisation (WHO) wird Gesundheit hier nicht nur als Abwesenheit von Krankheit, sondern als umfassendes körperliches und seelisches Wohlsein verstanden. Die beste Gesundheitsfürsorge – so die WHO – sei es, Menschen zu ermutigen, für ihr eigenes Wohlergehen zu sorgen und sich für gesunde Lebensbedingungen einzusetzen. Gesundheitserziehung erschöpft sich danach nicht in der Vermittlung und Einhaltung elementarer hygienischer Grundsätze bei der Körperpflege – wie Zähneputzen und Händewaschen – sie betrifft vielmehr die gesamte Tagesgestaltung in der offenen Ganztagsschule wie auch das Curriculum. Gesundheitsförderung wird damit einerseits zu einem durchgängigen Prinzip für das Zusammenleben in der Schule und andererseits zu einem zentralen Inhalt der Bildungsprozesse – sowohl im Unterricht wie in den außerunterrichtlichen Bildungsangeboten.

Ausreichende und vielfältige Bewegung sowie eine ausgewogene Ernährung sind zentrale Faktoren für die Gesundheitsförderung. Kindern hier eine breite Palette an gesundheitsfördernden Aktivitäten anzubieten und ihre Selbstregulation in der Auswahl zu stützen, ist Ziel einer so verstandenen Gesundheitsförderung.

Bewegung

Als Ausgleich zu den Schule nach wie vor prägenden sitzenden Tätigkeiten benötigen Kinder und Erwachsene nicht nur vielfältige Bewegungsmöglichkeiten in den Innen- und Außenräumen, sondern aktive Bewegungsaufforderungen und -anreize. Die im Lehrplan vorgesehenen Sportstunden reichen bei weitem nicht aus, um den objektiven Bewegungsbedarf und die subjektiv unterschiedlichen Bewegungsbedürfnisse zu befriedigen. Sowohl das Raumkonzept (siehe Kapitel Räume gestalten und Material bereitstellen) als auch die Zeiteinteilung (siehe Kapitel Den Umgang mit der Zeit gestalten) müssen diesem Grundgedanken Rechnung tragen. Die Herausforderung sinnlicher Erkenntnistätigkeit, zum Beispiel durch bewegungsbetonte Methoden der Aneignung von Unterrichtsinhalten in Mathematik, Sprachen, Naturwissenschaften, bietet vielfältige Möglichkeiten, Bildung als ganzheitlichen und damit gesundheitsfördernden Prozess erlebbar zu machen.

Im außerunterrichtlichen Angebot sollten die Mädchen und Jungen vielfältige und auf ihre jeweiligen Interessen zugeschnittene Bewegungsmöglichkeiten vorfinden. Neben den üblichen Sportangeboten, können in der Ganztagsgrundschule Anreize geboten werden, die den »Mutproben« früherer Kindheiten entlehnt werden und die Kinder ermutigen, Grenzerfahrungen zu machen. Hier gilt es das Umfeld zu erkunden und herausfordernde Bewegungsanreize zu finden: Ein Graben, den es zu überspringen gilt, ein Sprung in die Tiefe, der gewagt werden will, eine Höhe, die erklommen werden kann …

Ernährung

Das Essen ist sozusagen der »Bauch der Schule« und die Frauen und Männer aus der Küche sind oft diejenigen, bei denen Kinder ihre Seele entlasten. Die Qualität des Essens und die Atmosphäre bei den gemeinsamen Mahlzeiten sind wesentliche Elemente einer nachhaltigen Gesundheitsförderung. Kindern (und damit ihren Eltern) wird oft unterstellt, dass sie gesunde Ernährung zu wenig beachten. Experimente mit Kindern im Kindergartenalter zeigen, dass sie in Selbstregulation zu einer ausgewogenen und gesunden Ernährung greifen, wenn sie ein entsprechendes Angebot zur Verfügung haben. Viele Kinder bevorzugen dabei – in Übereinstimmung mit den Empfehlungen von Ernährungswissenschaftlern – Rohkost vor gekochtem Gemüse. Kinder an der Erstellung des Speiseplanes zu beteiligen, ist eine erfolgversprechende Methode.

Die Kinder sind sehr wohl daran interessiert, mehr darüber zu erfahren, wie sich ihre Ernährung auf ihre körperliche Entwicklung auswirkt. Dieses Interesse der Kinder an ihrem eigenen Körper gilt es zu erhalten und auszubauen. Der Zusammenhang von Ernährung und körperlicher Entwicklung ist sowohl Gegenstand von Unterricht wie von Alltagslernen in der Ganztagsgrundschule.

Lehrerinnen und Erzieherinnen haben hier ein sehr geeignetes gemeinsames Feld in der Arbeit mit den Kindern.

Gemeinsame Mahlzeiten von Pädagoginnen und Kindern sind in diesem Sinne weit mehr als »Beaufsichtigung und Betreuung« – sie sind wesentliche Bildungsgelegenheiten und müssten als solche auch in der Bewertung der Arbeitszeiten von Lehrerinnen anerkannt werden. Das Essen in der Schule darf nicht länger als »notwendiges Übel« gesehen werden, sondern muss als eine zentrale Bildungssituation Anerkennung finden. Bei den gemeinsamen Mahlzeiten ergeben sich auch vielfältige Gelegenheiten, mit einzelnen Kindern ins Gespräch zu kommen und etwas darüber zu erfahren, was sie bewegt. Die gemeinsamen Mahlzeiten sind also nicht nur unter ernährungswissenschaftlichen Gesichtspunkten wertvoll – sie sind exzellente Möglichkeiten der Begegnung zwischen Kindern und Lehrerinnen und Lehrern und bieten auch Möglichkeiten der gezielten Sprachförderung.

Die Mitarbeiterinnen und Mitarbeiter aus der Küche – so es eine eigene Küche gibt – sind vollwertige Mitglieder im Team einer Schule. Ihre Wahrnehmung der Schülerinnen und Schüler sind wichtig für die Diskussionen über die Weiterentwicklung der Qualität der Schule. Auch dann, wenn das Essen extern bereitgestellt wird, muss eine Kommunikation zwischen den Pädagoginnen und Pädagogen der Schule und den Anbietern sicher gestellt werden.

Die Vorstellungen der Erziehungsberechtigten über die Ernährung ihrer Kinder sind in unserer Gesellschaft höchst unterschiedlich und kaum auf einen Nenner zu bringen. Natürlich können Kinder nicht gezwungen werden, am Schulessen teilzunehmen. Es gibt aber auch das Problem, dass in vielen Ganztagsschulen Kinder nur deshalb nicht am Essen teilnehmen, weil ihre Eltern die dafür zu zahlenden Kostenbeiträge nicht bezahlen oder nicht bezahlen können. Hier sind Politik und Verwaltung gefordert, sicherzustellen, dass kein Kind in der Schule ohne gesundes Mittagessen bleibt.

Darüber hinaus muss sichergestellt werden, dass religiös oder weltanschaulich begründete Speisevorschriften durch eine entsprechende Menü-Auswahl berücksichtigt werden. Auch dies ist für professionelle Caterer in der Regel kein Problem.

Konkretionen:
- Die Gestaltung von Innen- und Außenräumen erlaubt vielfältige Bewegungsmöglichkeiten und bietet Kindern ausreichende Bewegungsanreize.
- Die Zeiten für die Einnahme von Mahlzeiten sind so bemessen, dass alle Kinder in Ruhe und ohne Zeitdruck frühstücken, zu Mittag essen und ihren Nachmittagsimbiss einnehmen können.

- Die Räume, in denen die Mahlzeiten eingenommen werden, sind behaglich und so eingerichtet, dass eine entspannte Kommunikation bei Tisch gepflegt werden kann.
- Das Mittagessen muss nicht unbedingt in großen und oft sehr lauten Mensen oder Cafeterien eingenommen werden. Es gibt auch die Möglichkeit, den Kindern vertraute Gruppen- oder Klassenräume hierfür zu nutzen. Dies ermöglicht auch, Kindern, die nicht mitessen – zum Beispiel weil sie später mit ihren Familien essen – an dieser Situation teilnehmen zu lassen.
- Schulleiterinnen und Schulleiter sorgen dafür, dass ausschließlich frische und vollwertige Lebensmittel für die Zubereitung der von der Schule angebotenen Mahlzeiten verwendet werden. Es gibt Caterer, die vollwertige Mahlzeiten zu den in Berlin üblichen Essenspreisen anbieten.
- Die Pädagoginnen und Pädagogen vereinbaren mit den Eltern Grundsätze für die von zu Hause mitzubringenden Zwischenmahlzeiten. Sie erläutern dabei die Bedeutung einer gesunden Ernährung für die Entwicklung der Kinder und geben konkrete Hinweise für die Zusammenstellung von Frühstück und Nachmittagsimbiss.
- Eltern können auch gebeten werden, ein gemeinsames Frühstück für die Kinder ihrer Klassengemeinschaft zuzubereiten.
- Gesundheitsfragen werden immer wieder – im Unterricht wie in den außerunterrichtlichen Bildungsangeboten – zum expliziten Thema gemacht.

Den Umgang mit der Zeit gestalten – Schule und Unterricht rhythmisieren

Der Umgang mit der jeweils verfügbaren Zeit ist ein wesentliches Merkmal bewusst gestalteter Pädagogik. Wiederum ergeben sich aus der besonderen Konstruktion der offenen Ganztagsgrundschule mit ihrem modularisierten Aufbau besondere Herausforderungen und neue Aufgaben für die Pädagoginnen und Pädagogen.

Was damit gemeint ist, wird vielleicht deutlich, wenn man sich zunächst die Zeitstrukturen der traditionellen Halbtagsgrundschule vergegenwärtigt. Normalerweise sollte die Zeitplanung offen und flexibel an die jeweiligen Erfordernisse der Sachen, die gerade angeboten werden, angepasst werden können. Aber da in Deutschland die Lehrerarbeitszeit in »Pflichtstunden« bemessen wird, hat sich über Jahrhunderte hinweg der »Stundenplan« als zentrales Organisationsinstrument schulischer Arbeit so sehr im Bewusstsein der Menschen verankert, dass sich viele eine Schule ohne Stundenplan gar nicht mehr vorstellen können.

Dabei kann sich im schlimmsten Fall das Verhältnis von pädagogischer Zwecksetzung und einer dieser Zwecksetzung dienenden Zeitgestaltung sogar umkehren: Unterricht findet dann nicht mehr in dem Zeitmaß statt, das von der jeweiligen Sache her geboten ist, sondern wird künstlich in ein vorgegebenes Zeitraster eingepasst – egal, ob die Schülerinnen und Schüler die Sache schon verstanden haben oder auch nicht.

Pädagoginnen und Pädagogen, die unter einem solchen, für Schule mancherorts immer noch üblichen »Zeitdiktat« arbeiten, fühlen sich oft gestresst und frühzeitig »ausgebrannt«. Die Situation verschlimmert sich für die Pädagoginnen und Pädagogen noch, wenn sie im Laufe eines voll gedrängten Schultages keine wirklichen Pausen haben, die der Regeneration dienen, sondern vier, fünf oder gar mehr Stunden »am Stück« unterrichten müssen, weil die traditionelle Schule mittags schon zu Ende sein muss oder Lehrerinnen und Lehrer selber schon mittags nach Hause wollen.

Im Unterschied zur traditionellen Halbtagsschule bietet die offene Ganztagsgrundschule Bildungs- und Betreuungsaufgaben über den ganzen Tag hinweg. Hier kann der traditionelle Stundenplan nicht einfach nach vorne und hinten verlängert werden. Vielmehr fordert die unterschiedliche tägliche Verweildauer der Kinder in der Schule völlig neue Zeitkonzepte – auch für den Vormittagsbetrieb. Denn einige Kinder kommen schon vor der Kernunterrichtszeit, andere kommen später an, einige bleiben nur bis zum Ende der Kernzeit, andere verweilen bis nach dem Mittagessen in der Schule, wieder andere bis in den frühen Abend hinein.

Für die Pädagoginnen und Pädagogen stellt sich diese Situation bisweilen als unübersichtlich dar, die unterschiedliche Anwesenheitsdauer der Kinder erschwert eine kontinuierliche Angebotsplanung.

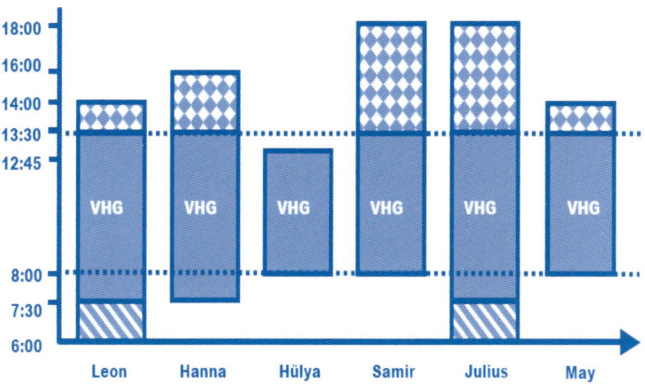

Unterschiedliche Präsenzzeiten der Schülerinnen und Schüler in der offenen Ganztagsgrundschule

Für das einzelne Kind entsteht jedoch in jedem Fall ein ganz spezielles Zeitmuster, das sein Bild von »Schule« prägt. Je nachdem, ob dieses Zeitmuster primär an den Bedürfnissen der Kinder ausgerichtet ist oder eher von äußeren Zwängen, zum Beispiel Vorgaben eines einfachen Personaleinsatzes, fremdbestimmt wird, entsteht ein gutes oder ein eher bedenkliches Zeitmuster. Lässt man die Schlafzeiten in der Nacht einmal außer Acht, verbringen einige Kinder schließlich mehr Stunden in der Schule als in der Familie. Es muss daher sorgfältig bedacht werden, welche Elemente besonders in sozialer Hinsicht eine Ganztagsschule haben muss, um der Funktion gerecht zu werden, ein wichtiger Lebensmittelpunkt des Kindes neben der Familie zu sein.

Für die Pädagoginnen und Pädagogen stellt sich die Herausforderung, trotz der unterschiedlichen Verweildauer der Kinder in der Schule für alle einen guten Tagesrhythmus zu finden. Fast alle bekannten Reformschulen haben dazu den traditionellen 45-Minuten-Takt der Schule des 19. und 20. Jahrhunderts abgeschafft und in vielen Fällen auch die Schulklingel abgestellt. An die Stelle des von Peter Petersen einst abschätzig »Fetzenstundenplan« genannten 45-Minuten-Taktes treten in solchen Schulen »rhythmisierte« Tages- und Wochenpläne.

Mo	Di	Mi	Do	Fr
offene Eingangsphase				
gemeinsamer Morgenkreis				
gemeinsamer Unterricht				
offene Phase (Freiarbeit)				
Projektzeit				
M i t t a g s p a u s e				
offene Phase (Freiarbeit)				
strukturierte Angebote				
Tagesabschluss				

Grundmodell einer Rhythmisierung des Schultages

Für die Berliner Grundschule war eine solche Rhythmisierung schon seit langem möglich; mit dem Rahmenlehrplan von 2004 wurde sie für alle Grundschulen verbindlich.[22] Die gemeinsame Verabredung und Erprobung eines für die jeweilige Schule speziellen Zeitrasters wird im übrigen von den Pädagoginnen und Pädagogen erfahrungsgemäß durchaus als ein Stück Autonomie-Erweiterung

empfunden und trägt somit auch zur Professionalisierung des Kollegiums bei. Die mit solchen Umstellungen verbundene phasenweise Mehrbelastung wird in der Regel durch eine größere Arbeitszufriedenheit kompensiert.

Die zeitliche Grundstruktur der offenen Ganztagsgrundschule mit ihren verschiedenen »Modulen« ist in § 26 der Grundschulverordnung geregelt.[23] Dort findet sich auch der obligatorische »Jahresstundenrahmen für die Grundschule« (Anlage 2 zur Grundschulverordnung). Im Rahmen dieser allgemeinen Vorgaben muss jede Schule in Abhängigkeit von den örtlichen Besonderheiten ihr eigenes Zeitstrukturmodell entwickeln. Dabei gibt es kein überall gleich sinnvolles Zeitraster. Eine etwaige »Rhythmisierung« ist immer eine spezielle Konsequenz aus den allgemeinen Überlegungen der konkreten Schule zur didaktischen Strukturierung des ganzen Tages, wie sie im Schulprogramm von der Schulgemeinde, das heißt den Pädagoginnen und Pädagogen gemeinsam mit den Eltern und den außerschulischen Kooperationspartnern entwickelt wurde und dokumentiert ist.

Die Kernidee von rhythmisierten Zeitplänen ist dabei immer ähnlich: Statt nach Fächern und Gegenständen wird der Tag hier entweder nach Phasen der Anspannung und Entspannung oder aber nach typisierten Arbeitsformen gegliedert, die ein produktiveres Arbeiten durch systematischen Wechsel der Arbeitsformen ermöglichen und der Ermüdung entgegenwirken sollen. Zugleich erhalten die einzelnen Klassenteams dabei mehr Freiraum in der Zeitgestaltung, die nun nicht mehr dem Minutenzeiger der Schuluhr folgen muss.

Hier wird keineswegs ein für alle Kinder an allen Tagen gleich günstiger Lernrhythmus im Sinne vermeintlich »natürlicher« Biorhythmen unterstellt.[24] Die Forschung hat gezeigt, dass es solche für alle Menschen identischen optimalen Zeitrhythmen nicht gibt. Der Vorteil solcher rhythmisierter Tagespläne liegt vielmehr darin, dass die einzelnen Phasen von den Pädagoginnen und Pädagogen in Abhängigkeit von den Erfordernissen des Tages und der aktuellen Befindlichkeit der Kinder durchaus unterschiedlich lang sein können: Wenn die Kinder »gut drauf« sind und produktiv arbeiten, kann die jeweilige Phase durchaus verlängert werden; fühlen sie sich weniger wohl und ist die Atmosphäre unproduktiv, können die Pädagoginnen und Pädagogen nach eigener Entscheidung spontan zur nächsten Phase übergehen, ohne auf ein Klingelzeichen warten zu müssen. Dies gilt insbeson-

---

22 Vergleiche Rahmenlehrplan Grundschule, 1. Teil, Kapitel 1.4., S. 11.
23 Vergleiche Grundschulverordnung vom 19. Januar 2005, zuletzt geändert durch die Verordnung vom 11. Dezember 2007.
24 Zur Kritik an einem biologistischen Verständnis von »Rhythmisierung« vergleiche Kolbe u. a. (2006), S. 7f und 38.

dere dann, wenn auch die Pausenregelung individuell vorgenommen werden kann und jede Klasse oder Lerngruppe dann Pause macht, wenn sie eine Pause braucht.

Es wird allerdings – bei aller Freiheit der Klassenteams in der Tagesgestaltung – doch einige Fixpunkte im Tagesablauf geben müssen, damit Schule organisierbar bleibt. Hierbei ist vor allem zu berücksichtigen, dass in mehrfach genutzten Räumen (zum Beispiel Werkstätten, Fachräumen für Musik und Tanz, Sporthalle) die vorgesehenen Mehrfachnutzungen möglich bleiben, dass Pädagoginnen und Pädagogen, die zeitweise für verschiedene Klassen Verantwortung übernehmen müssen, terminlich vereinbarte Wechsel einhalten können und auch andere organisatorische Zeitfestlegungen (zum Beispiel die Ausgabe des Mittagessens, Abfahrt des Busses zur Schwimmhalle u. ä. m.) eingehalten werden müssen. Kinder mit Behinderungen brauchen bisweilen besonders dringlich eine ausreichende Ruhephase in der Mittagszeit. Auch dies muss bedacht werden.[25]

Zeitstrukturen haben immer auch Auswirkungen auf die didaktischen Möglichkeiten. Ein flexiblerer Umgang mit der Zeit ermöglicht nicht nur eine flexiblere didaktische Strukturierung der Bildungsangebote, er ist geradezu eine Voraussetzung dafür: Große Blöcke mit Freiarbeit ermöglichen erst die Arbeit nach individuellen Wochenarbeitsplänen sowie die Durchführung von individuellen Einzel- und Gruppenarbeiten im Rahmen größerer Projekte. Sie bieten zugleich vermehrte Gelegenheiten für eine individuelle Förderung im gemeinsamen Klassenverband – mithin für Binnendifferenzierung.

Wichtig ist, dass die Pädagoginnen und Pädagogen immer zweierlei im Blick haben: Zum einen bedeutet das Abstellen der Schulglocke nicht, dass jetzt ganz beliebige Zeitmuster Raum greifen könnten. Vielmehr ist es für das Wohlbefinden der Kinder und der Erwachsenen durchaus wichtig, dass sich ein »verlässliches« Zeitraster einprägt – eben ein »Rhythmus« – und nicht jeden Tag neue Pläne erfunden werden müssen. Ritualisierte Zeitraster, wie sie die Kinder aus dem Kindergarten kennen, erleichtern auch die Orientierung in der Schule.[26]

Wenn für einen größeren Teil der Schülerinnen und Schüler die Schule mit der Kernzeit vor dem Mittagessen noch lange nicht vorbei ist, sondern der Schultag und damit die Bildungsangebote für die Kinder in der offenen Ganztagsgrundschule nach der Essenszeit weiter gehen, ist es für die Qualität dieser Angebote entscheidend, dass

die vormittäglichen und nachmittäglichen Aktivitäten aufeinander abgestimmt werden und auch zeitlich bewusst geplant werden.

Das hat bedeutsame Konsequenzen für die Unterrichtsvorbereitung: Hier können die Lehrerinnen und Lehrer nicht mehr allein »am heimischen Schreibtisch« einzelne Fachstunden für den kommenden Tag vorbereiten; vielmehr findet ein Teil der Unterrichtsvorbereitung jetzt im Team in der wöchentlichen Team- oder Klassenkonferenz statt, wobei Lehrerinnen und Lehrer, Erzieherinnen und Erzieher und bisweilen auch die Elternvertreter sich gemeinsam überlegen und absprechen müssen: Welche Bildungsangebote stehen in der kommenden Woche an, was ist am Vormittag geplant, was am Nachmittag, welche Aktivitäten eignen sich für die Freiarbeitszeiten, welche empfehlen sich eher für die gelenkte Arbeit im geschlossenen Klassenverband, was geht alle Kinder an, was trifft nur für einzelne zu und welche Pädagogin, welcher Pädagoge ist für die jeweilige Phase verantwortlich? Auch hier zeigt sich wieder: Die offene Ganztagsgrundschule ist nur als Teamschule denkbar.

Bei solchen Umstellungen der zeitlichen Grundmuster, nach denen die Schule operiert, muss durchaus mit Ängsten von Mitarbeiterinnen und Mitarbeitern gerechnet werden, von denen einige die über Jahre bewährten Routinen ungern aufgeben, andere vielleicht unendlichen Sitzungsaufwand befürchten und Dritte die Notwendigkeit solcher Absprachen gar nicht einsehen, weil sie selber – im Gegensatz zu den Kindern – niemals den ganzen Tag in der Schule verbringen.

Ebenso könnten Eltern bei einer für sie nicht durchschaubaren Zeitregelung befürchten, dass ihr Kind zu wenig »richtigen« Unterricht erhält. Hier helfen nur die Einbeziehung der Eltern in die Gesamtplanung, konsequente Aufklärung und das Angebot, jederzeit einen Tag mit den Kindern in der Schule verbringen zu dürfen, um den Tagesrhythmus selber erleben und mitvollziehen zu können.

Mit Rücksicht auf die genannten Ängste, kann es an einzelnen Standorten sinnvoll sein, sich den neuen Zeitstrukturen schrittweise zu nähern und erst einmal eine »kleine Rhythmisierung« im Vormittagsbereich zu realisieren und die Nachmittagsangebote den Erzieherinnen und Erziehern zu überlassen.

---

25 Authentische Zeitpläne von rhythmisierten Grundschulen finden Sie im Teil B, Dokumente 5, 6 und 7.
26 Aus diesem Grund halten wir trotz der berechtigten Kritik von Kolbe u. a. an dem Begriff Rhythmisierung fest.

Zwischenschritte auf dem Weg zur rhythmisierten Ganztagsgrundschule

Als Zwischenschritt auf dem Weg zum »integrierten Ganztag« haben einige Grundschulen vormittags die »90-Minuten-Freiheit« eingeführt. Hier wird zunächst noch an den traditionellen gemeinsamen Pausenzeiten für die ganze Schule festgehalten, und zwischen dem »Vormittagsbetrieb« und dem »Nachmittagsbetrieb« wird eine deutliche Zäsur gewahrt. Die verlässliche Halbtagsgrundschule und die unterrichtsergänzenden Bildungsangebote des Nachmittags sind an der »Trennlinie« um 13.30 Uhr deutlich voneinander zu unterscheiden. Bei diesem Modell erhalten die Klassenteams allerdings die Freiheit, die Bildungsangebote nach eigener Entscheidung auf 90-Minuten-Blöcke aufzuteilen. Die Zeitblöcke werden von den Lehrerinnen und Lehrern gemeinsam mit den Erzieherinnen und Erziehern über den ganzen Tag hinweg geplant, wobei durchaus Erzieherinnen mal einzelne Vormittagsblöcke übernehmen, wie auch Lehrerinnen und Lehrer einzelne Nachmittagsblöcke abdecken können.[27]

Die Grafiken im Teil B (Dokumente 5 und 7) zeigen, wie im rhythmisierten Tagesplan Unterricht und unterrichtsergänzende Bildungsangebote über den ganzen Tag gestaffelt werden, wobei der »modulare« Aufbau der offenen Ganztagsgrundschule durch die verstärkten Linien zwischen den Modulen angezeigt wird. Dabei können sowohl Erzieherinnen und Erzieher im Vormittagsbetrieb als auch Lehrerinnen und Lehrer im Nachmittagsbetrieb eingesetzt werden. Diverse »Einzelstunden«, zum Beispiel für Sport oder Religion, die in diesen Zeitrhythmus eingefügt werden müssen, weil äußere Faktoren (beschränkte Hallenbelegungszeiten, Religionslehrer, die nur stundenweise an der Schule tätig sind u. a. m.) dies erforderlich machen, stören das Grundraster in der Wahrnehmung der Betroffenen erfahrungsgemäß weniger als Außenstehende zunächst befürchten. Zahlreiche Konkretisierungen der Möglichkeiten, die einzelnen Zeitblöcke auszufüllen, finden sich im übrigen sowohl im »Leitbild für die offene Ganztagsgrundschule«[28] als auch in der pädagogischen Fachliteratur.[29]

Konkretionen:

- Viele Pädagoginnen und Pädagogen beklagen, dass die nachmittäglichen Bildungsangebote häufig durch sich verabschiedende Kinder unterbrochen werden, die zu jeder beliebigen Zeit die Schule verlassen. Eine kontinuierliche Arbeit am Nachmittag ist dann kaum mehr möglich. Hier empfiehlt es sich, mit den Eltern klar definierte Zeiten auszuhandeln, zu denen die Kinder die Schule verlassen bzw. abgeholt werden können.
- Manche Schulen trennen den Tagesplan noch nach »Kernzeit« und »Freizeit«. In der Sonnenblumen-Grundschule wird dabei zwischen verschiedenen Arten von »Freizeit« unterschieden:
  - der klassengebundenen Freizeit, welche die jeweiligen Schüler in ihrer auch aus dem Unterricht gewohnten Gruppenstruktur gemeinsam mit der Erzieherin oder auch der Klassenlehrerin verbringen,
  - der kursgebundenen Freizeit, in der sie sich für einen definierten Zeitraum (beispielsweise ein Jahresquartal) für einen inhaltlich festgelegten klassen- und jahrgangsübergreifender Kurs (zum Beispiel Theaterspielen, Radfahrtraining, Keramik) entscheiden,
  - und der ungebundenen Freizeit, die die Schülerinnen und Schüler spontan an verschiedenen Orten (zum Beispiel Bibliothek, PC-Werkstatt, Entspannungsraum) selbstbestimmt gestalten können.
- Mehrere Teams aus Einrichtungen berichten, dass die Kinder von der verlässlichen Halbtagsschule gleitend in den Nachmittagsbetrieb wechseln, allerdings spätestens um 13.00 Uhr, damit eine angemessene Mittagspause zur Verfügung steht. Dies ist insbesondere dort notwendig, wo wegen Platzmangels im Speisesaal in mehreren Schichten gegessen werden muss. In diesen Fällen müssten dann allerdings die Verträge mit externen Anbietern der Nachmittagsbetreuung auch schon um 13.00 Uhr beginnen und nicht erst – wie meistens üblich – um 13.30 Uhr.
- Es hat sich in der Praxis bewährt, einen Wochenabschluss explizit auszuweisen, da diese Zusammenkunft für das Gemeinschaftserleben wichtig ist und sich auch günstig mit einer »Bilanz« verbinden lässt. Allerdings sollten hier nicht primär Leistungen abgefragt werden, sondern vor allem das Wohlbefinden der Kinder. Ein musisch gestalteter Wochenabschluss am Freitag, eine Geschichte oder ein anderes, von Zeit zu Zeit wechselndes Abschiedsritual bieten sich an.

---

27 Ein Muster eines solchen Zeitplanes mit 90-Minutenblöcken finden Sie im Teil B, Dokumente 5 und 6.

28 Ein Leitbild für die offene Ganztagsgrundschule. Abgeordnetenhaus Berlin, 15. Wahlperiode, Drucksache 15/4125 vom 6.7.2005. Berlin: Kulturbuch-Verlag, S. 49-53. Im Internet finden Sie das Leitbild unter: http://www.berlin.de/imperia/md/content/sen-bildung/berlin_macht_ganztags_schule/leitbild_offene_ganztagsgrundschule.pdf

29 Vergleiche vor allem Appel (2004), S. 140-160. Ferner Burk (1998); Burk, Mangelsdorf, Schoeller (1998); Hanke (2002); Christiani (2004); Ramseger et al. (2004).

Allemal zeigt es sich, dass eine pädagogisch begründete Zeitgestaltung immer wieder dort an Grenzen stößt, wo Lehrerinnen und Lehrer aus Tradition oder Gewohnheit an einem überwiegend vormittäglichen Personaleinsatz festhalten wollen und nachmittägliche Bildungsangebote strikt ablehnen. Hierdurch wird auch ein sinnvoller Personaleinsatz der Erzieherinnen und anderen pädagogischen Fachkräfte sehr erschwert, deren Arbeitszeit (bei voller Stelle) nicht auf den Nachmittag beschränkt werden kann und deren Zahl an den Schulen meist auch nicht ausreicht, um die Nachmittagsangebote alleine sicherstellen zu können. Die Einführung der verlässlichen Halbtagsgrundschule und der offenen Ganztagsgrundschule macht offenkundig, dass Lehrerarbeit prinzipiell eine Ganztagstätigkeit ist. Wo sich Lehrer und Erzieher wechselseitig helfen und im Krankheitsfall nicht nur Erzieherinnen Lehrer vertreten, sondern auch umgekehrt Lehrer einspringen, wenn mal bei den Erzieherinnen Personal ersetzt werden muss, ist nicht nur das Betriebsklima in der Regel besser, sondern es lernen auch beide Berufsgruppen die Schülerinnen und Schüler in vielfältigeren Aktivitäten kennen. Sie können ihnen dann spezifischere Angebote machen, die auf die individuellen Bedürfnisse und Interessen der Kinder noch besser abgestimmt sind.

Teamzeiten

Eine besondere Herausforderung besteht in der offenen Ganztagsgrundschule darin, gemeinsame Zeiten für die regelmäßig erforderlichen Teambesprechungen zu finden. Diese Teamzeiten können nicht stattfinden, solange noch Kinder vom Stammpersonal betreut werden müssen. Die meisten gebundenen Ganztagsschulen in Deutschland haben daher an einem Nachmittag pro Woche geschlossen. Das heißt, Nachmittagsangebote finden dort nur an vier Wochentagen statt[30], damit alle Pädagoginnen und Pädagogen sich an einem gemeinsamen obligatorischen Konferenznachmittag zusammenfinden können. Viele Eltern schaffen es, für einen Nachmittag pro Woche eine individuelle Betreuungslösung für ihre Kinder zu finden. Für die wenigen Kinder, die wirklich jeden Tag auf eine organisierte Betreuung angewiesen sind, kann eine solche dann ggf. mit Honorarkräften oder außerschulischen Dienstleistern gesichert werden.

Einer solche Regelung steht jedoch in Berlin die vom Land mit der offenen Ganztagsgrundschule angebotene Vollzeitversorgung der Kinder durch hauptamtliche Betreuer an fünf Wochentagen im Wege. Solange an dieser Vollzeitversorgung festgehalten werden soll, bieten sich Selbsthilfeverfahren zwischen den Einrichtungen an.

Konkretionen:
- Einige Berliner Grundschulen haben mit benachbarten Schulen einen »Tauschhandel« eröffnet: An einem Nachmittag in der Woche werden möglichst viele Kinder in außerschulischen Kursangeboten »untergebracht«. Sodann übernimmt die Schule A die verbleibenden »Betreuungskinder« der Schule B, damit die Schule B an diesem Tag ihren Teamtag haben kann; an einem anderen Wochentag wird dann umgekehrt verfahren. Die Grundschulverordnung lässt eine solche Vorgehensweise ausdrücklich zu (vergleiche § 26 (4) GsVO vom 19.1.2005, geändert am 11.12.2007).
- Einige Schulen nehmen auch einen Personaltausch zwischen benachbarten Klassenteams vor: Montags hat Team A von 16.00 bis 18.00 Uhr Klassenteambesprechung. In dieser Zeit übernimmt das Team der Klasse B auch die Kinder der Klasse A. Am folgenden Tag wird dann genau andersrum verfahren.[31]
- Einige Schulen nutzen den Freitagnachmittag, wenn erfahrungsgemäß weniger Kinder auf eine nachmittägliche Betreuung angewiesen sind, als Konferenztag und übergeben die Aufsicht über die verbleibenden Kinder in dieser Zeit Honorarkräften. Wie aus diesen Schulen berichtet wird, verlaufen diese Konferenzen am Ende der Woche besonders entspannt und produktiv.
- Wo Schulen mit Freien Trägern der Jugendhilfe oder anderen Organisationen zusammenarbeiten, haben diese oftmals auch die Möglichkeit, stundenweise pädagogisches Fachpersonal zwischen verschiedenen Einrichtungen auszutauschen, damit regelmäßige wöchentliche Teamzeiten möglich werden.

Neue Arbeitszeitmodelle

Die Bemühungen von reformorientierten Grundschulen, ein intensiviertes, über den ganzen Tag verteiltes Bildungsangebot in multiprofessionellen Pädagogenteams zu organisieren, stoßen immer wieder an Grenzen, die durch die herkömmlichen Berechnungsstandards für die Lehrerarbeitszeit gesetzt werden. Solange die Lehrerarbeitszeit nicht – wie bei den Erzieherinnen und in jedem anderen Beruf – über Präsenzzeiten am Arbeitsplatz berechnet wird, sondern nur die Unterrichtszeit als Zeitmaß für die gesamte Lehrerarbeit herangezogen wird, läuft das ganze System Gefahr, die Lehrerrolle auch auf das Erteilen von Unterricht zu verkürzen und an Zeitrastern

---

30 Dies entspricht auch der Definition von Ganztagsschulen der Kultusministerkonferenz.
31 Vergleiche auch den Bericht der Grundschule im Panketal im Teil B, Dokument 8.

festzuhalten, die aus pädagogisch-didaktischer Sicht völlig überholt sind.

Die »Stundenschule«, in der Lehrerinnen und Lehrer von Stunde zu Stunde und Klasse zu Klasse hetzen, möglichst keine »Springstunden« haben und diese somit selbst geschaffene Stresssituation dann so früh wie möglich durch Flucht an den heimischen Arbeitsplatz verlassen wollen, ist nicht nur pädagogisch unsinnig, sondern für die Lehrerinnen und Lehrer auch gesundheitsgefährdend. Wesentliche, für die Weiterentwicklung der Schule unerlässliche Arbeitsbereiche wie zum Beispiel Planungszeiten, Teambesprechungen, Kontaktpflege zu außerschulischen Unterstützungssystemen und vieles andere mehr, was für eine nachhaltige Erziehung der Kinder in einer Ganztagseinrichtung unerlässlich ist, wird dann bisweilen von Lehrerinnen und Lehrer nur noch als »Mehrarbeit« begriffen, die sie auf der Basis des traditionellen »Stundendenkens« weder hinreichend geachtet noch angemessen entlohnt sehen.

Rhythmisierte Tagespläne machen es aber unabdingbar, die vorhandenen Personalkapazitäten in Eigenverantwortung der Schule über den ganzen Tag hinweg verteilen zu können und bei Bedarf auch Angehörigen derselben Statusgruppe unterschiedliche Zeitanteile für die Arbeit mit den Kindern zuzuweisen: Wer sich drei Stunden pro Woche in der zentralen Schulentwicklungsgruppe engagiert, muss dafür eine angemessene Entlastung bei der Unterrichtsverpflichtung erhalten können, wer weniger an der Weiterentwicklung der Schule mitwirkt, kann dafür mehr unterrichten. Wiederum kann die Verteilung der realen Aufgaben und Belastungen vermutlich kaum überregional verordnet, sondern pädagogisch vernünftig nur im Schulleitungsteam vor Ort festgelegt werden. Hierzu fehlt es derzeit jedoch in den meisten Fällen an den entsprechenden Kompetenzen für die Einzelschulen. Das Korsett der amtlichen Vorschriften für den Personaleinsatz einschließlich des dahinter stehenden Personalrechtes im öffentlichen Dienst ist im Schulbereich besonders eng gezurrt.

Für Schulen, die die pädagogischen Beschränkungen überwinden wollen, die mit den bislang üblichen Arbeitszeitmodellen verbunden sind, bietet es sich zunächst an,

Präsenzzeitregelungen auf der Basis kollegiumsinterner Vereinbarungen einfach selber zu erproben. Keine Schule wird daran gehindert, solche Verabredungen zu treffen. Hierbei kann auf die langjährigen Erfahrungen im internationalen Raum ebenso zurückgegriffen werden wie auf viel versprechende Versuche in anderen Bundesländern.[32] Langfristig wären Schulversuche mit und danach der Übergang zu völlig neuen Arbeitszeitberechnungsmodellen wünschenswert. Diese neuen Modelle gehen in der Regel alle davon aus, dass die Tätigkeit von Pädagoginnen und Pädagogen immer wenigstens drei Aufgabenfelder umfasst, die auch transparent gemacht und fair bewertet werden müssen:

- die Arbeit mit den Kindern,
- angemessene Vor- und Nachbereitungszeiten
- und »Systemzeit« für Planungsaufgaben, Schulentwicklung, Kooperationen, Teambesprechungen, Elternkontakte u. a. m.

Gerade das zuletzt genannte Aufgabenfeld wird von den traditionellen Verfahren der Lehrerarbeitszeitberechnung routinemäßig ignoriert.

Aufsicht als Erziehung zur Selbstständigkeit praktizieren

Grundsätze der Aufsichtsführung

Aufsichtsführung ist gemäß den amtlichen Ausführungsvorschriften über die Wahrnehmung der Aufsichtspflicht (AV Aufsicht)[33] Bestandteil des Bildungs- und Erziehungsauftrags der Schule und soll dazu beitragen, die Selbstständigkeit und Verantwortung der Schülerinnen und Schüler altersangemessen zu fördern.[34]

Art und Umfang der Aufsicht richten sich demgemäß nach Alter und Entwicklungsstand, nach der Anzahl der Schülerinnen und Schüler, nach der Gruppenzusammensetzung und nach dem jeweiligen Kontext, in dem die zu beaufsichtigenden Kinder handeln.[35]

Aufsicht soll der Gefahrenabwehr für die Schülerinnen und Schüler und für andere Personen dienen. Sie soll kontinuierlich, aktiv und präventiv ausgeführt werden. »Die Schülerinnen und Schüler müssen sich jederzeit be-

---

32 Vergleiche auch das »Leitbild für die offene Ganztagsgrundschule«, a. a. O., S. 36f.

33 Vergleiche Senatsverwaltung für Bildung, Jugend und Sport: Ausführungsvorschriften über die Wahrnehmung der Aufsichtspflicht im schulischen Bereich und die Verkehrssicherungspflicht sowie die Haftung (AV Aufsicht) vom 25. April 2006. Die AV Aufsicht gilt nicht für Privatschulen und sie gilt auch nicht automatisch für die Freien Träger. Die Freien Träger der Jugendhilfe werden aber gemäß Abschnitt 2, Abs. 1 AV Aufsicht bei Kooperation mit einer Schule, die der AV Aufsicht unterliegt, mit der Aufsichtspflicht in der Schule entsprechend der AV Aufsicht betraut.

34 Vergleiche AV Aufsicht 3 (1).

35 Vergleiche AV Aufsicht 3 (3).

aufsichtigt fühlen, auch wenn die Aufsichtsperson nicht jede einzelne Schülerin oder jeden einzelnen Schüler unmittelbar im Blickfeld haben muss«[36].

Diese Grundsätze enthalten wichtige Implikationen für die Wahl der angemessenen Methoden der Aufsichtsführung. Der Gesetzgeber kann angesichts der Vielgestaltigkeit möglicher Sachverhalte keine allgemeinverbindlichen detaillierten Vorgaben über die Art der Aufsichtsführung machen. Es bleibt also in der Freiheit und Verantwortung der jeweiligen Schule und der jeweiligen Pädagoginnen und Pädagogen, wie sie im Rahmen der Vorgaben der aufsichtsrechtlichen Bestimmungen die Aufsichtsführung im konkreten Fall ausfüllen.

Oberster Grundsatz ist die Erziehung zu Selbstständigkeit und Verantwortung. Das heißt, jede Maßnahme der Aufsichtsführung wird sich auch daran messen lassen müssen, dass sie diesem Ziel dient. Anders ausgedrückt: Alles was die Schülerinnen und Schüler selbständig tun und verantwortlich für sich und andere entscheiden können, sollen sie selbständig tun und verantworten. Diese Lesart wird auch gefordert durch die Anforderung, die Aufsicht solle präventiv wirken. Präventiv heißt in diesem Sinne auch: Schülerinnen und Schüler sollen auf mögliche Gefahren hingewiesen werden und es sollen mit ihnen Verhaltensnormen und Regeln vereinbart werden, die sie selbst und andere in ihrem Recht auf körperliche und seelische Unversehrtheit und in ihren Eigentumsrechten schützen. Aktive Aufsichtsführung beinhaltet dabei, dass die Kinder sukzessive mit im Alltag vorhandenen Gefahren vertraut gemacht werden, mögliche Gefahren von den Erwachsenen als Bildungs- und Erziehungssituationen begriffen und mit den Kindern besprochen werden.

Die Aussage der AV Aufsicht, dass die Kinder sich jederzeit beaufsichtigt fühlen müssen, kann für sich allein genommen sehr verschieden ausgelegt werden. Je nach pädagogischer Grundhaltung kann daraus geschlossen werden, dass die Kinder sich kontrolliert fühlen sollen – es kann, egal, wo ich bin und egal, was ich tue, jederzeit ein Erwachsener kommen, der mich »erwischt«. Eine andere Auslegung wäre: Jedes Kind soll sich sicher fühlen, dass ein Erwachsener zur Stelle ist, wenn es ihn braucht.

Stellen wir die Aussage in den Gesamtzusammenhang der bereits beschriebenen Grundsätze der AV Aufsicht, dann wird klar, dass die Sicherheit der Kinder und nicht die Kontrollgewalt der Erwachsenen Priorität haben soll.

Hier gilt es, zwischen allen am Schulgeschehen Beteiligten eine Verständigung herbeizuführen, die im Einzelfall schwierig werden kann, weil verschiedene Interessen zusammen kommen.

Pädagoginnen und Pädagogen haben mindestens drei Perspektiven in Einklang zu bringen:

- Die Perspektive der Kinder: Wie sichert die Schule ihr Recht auf Eigenständigkeit und Selbstbestimmung einerseits, Sicherheit und Unversehrtheit andererseits?
- Die eigene Perspektive als Pädagogin: Wie schütze ich mich vor möglichen Vorwürfen oder gar Klagen von Eltern, wenn etwas passiert? Und: Wie schütze ich mich vor eventuellen Disziplinarstrafen oder Regressforderungen des Staates?
- Die Perspektive der Eltern: Wie gewährleistet die Schule, dass ihrem Kind nichts Gravierendes passiert?

Häufig werden diese Perspektiven bei Entscheidungen um die angemessene Art der Aufsichtsführung nicht sorgfältig genug voneinander getrennt. Aus nachvollziehbaren Gründen gerät die Perspektive »Wie schütze ich mich am besten vor unangenehmen Folgen?« dann unbewusst vor die Perspektive »Wie schütze ich die Kinder am besten vor Gefahren?«.

Diskussionen um die Aufsichtspflicht sind deshalb immer auch Diskussionen um pädagogische Kernfragen, nicht nur um Rechtsfragen, sie sind Kernfragen zur Zusammenarbeit im Team und zur Zusammenarbeit mit Eltern. Bei intensiverem Nachdenken entpuppen sie sich fast immer als Diskussion um die Frage: Was traue ich den Kindern zu? Das betrifft die Vertrauensfrage und die Frage nach dem angemessenen Verhältnis von Vertrauen und Kontrolle. In einem Schulentwicklungsprozess sollten deshalb Fragen der Aufsichtsführung ausreichend Raum haben.

Geteilte Aufsichtspflicht

In offenen Ganztagsschulen gelten die gleichen Prinzipien für alle am Schulgeschehen Beteiligten, wie sie in den oben diskutierten Grundsätzen beschrieben sind.[37] Für Lehrerinnen und Lehrer, Erzieherinnen und Erzieher gibt es in der Art der Aufsichtsführung keinen Unterschied. Beide Berufsgruppen teilen sich den Erziehungs- und Bildungsauftrag zur Förderung von Selbstständigkeit und Verantwortung, beide Berufsgruppen müssen aktiv,

---

36 AV Aufsicht 3 (4).
37 Vergleiche AV Aufsicht 2.

kontinuierlich und präventiv für die Rechte der Kinder auf körperliche und seelische Unversehrtheit eintreten.

Auch andere geeignete Personen, insbesondere etwa Erziehungsberechtigte, können mit der Wahrnehmung der Aufsichtspflicht beauftragt werden. Die Beauftragung erfolgt in der Regel schriftlich durch die Schule.[38] Hierbei ist zu prüfen, ob die betreffenden Personen auch in der Lage sind, die ihnen übertragenen Aufgaben gemäß den Grundsätzen der AV Aufsicht zu übernehmen. In Ausnahmefällen kann die verantwortliche Lehrkraft auch geeignete Schülerinnen und Schüler weiterführender Schulen mit der Wahrnehmung der Aufsichtspflicht beauftragen, wenn deren Erziehungsberechtigte dem vorher schriftlich zugestimmt haben.[39]

Eine klare Absage gibt die AV Aufsicht allen Konzepten, die eine Trennung von Bildungs- und Erziehungsauftrag einerseits und Aufsicht andererseits versuchen. Die Aufsichtsfunktion kann nicht vom Bildungs- und Erziehungsauftrag abgekoppelt werden. Es verbietet sich deshalb, die Aufsichtsführung innerhalb der Schule einer Berufsgruppe allein zu übertragen.

Haftung bei Verletzung der Aufsichtspflicht

Für alle im Schuldienst stehenden Mitarbeiterinnen gilt die Amtshaftung laut § 839 BGB. Prinzipiell haftet der Staat bzw. die gesetzliche Unfallversicherung. Nur bei Vorsatz und grober Fahrlässigkeit kann der Staat bzw. die Versicherung Regress bei dem betreffenden Mitarbeiter bzw. der Mitarbeiterin nehmen.

Es wird im Einzelfall geprüft, ob die Aufsichtsführung angemessen war oder ob die Mitarbeiterin bzw. der Mitarbeiter grob fahrlässig oder mit Vorsatz gehandelt hat. Dabei werden die oben diskutierten Grundsätze als Richtlinie gewertet. Umfangreiche Informationen liefert hierzu das »Rechtshandbuch für Erzieherinnen«.[40]

Aufsichtspflicht bei Aktivitäten außerhalb des Schulgeländes

Die AV Aufsicht gibt sehr detaillierte Anweisungen, was bei den Wegen von der Familie zur Schule, zu Aktivitäten außerhalb des Schulgeländes bzw. des Geländes der kooperierenden Horte zu beachten ist. Hier wird viel Wert gelegt auf die Information der Eltern und auf ihr Einverständnis zu außerschulischen Aktivitäten. Die Einzelheiten können der AV Aufsicht entnommen werden.

Konkretionen:

- Zu beachten ist zunächst, dass im jeweiligen Einzelfall zu prüfen ist, welchen Kindern bzw. Kindergruppen unter welchen Bedingungen welche Freiräume zugestanden werden können.
- Kinder können Räume innen und außen zeitweise auch ohne unmittelbare Anwesenheit eines Pädagogen oder einer Pädagogin nutzen, wenn zuvor Verhaltensregeln vereinbart wurden und die Pädagogen sich davon überzeugt haben, dass diese Kinder bereit und in der Lage sind, sich an die Regeln zu halten.
- Kinder können auch geeignete Materialien, Werkzeuge und Sportgeräte bzw. Bewegungsmöglichkeiten im Außengelände der Schule selbständig nutzen, wenn sie zuvor mit möglichen Gefahrenquellen ausreichend vertraut gemacht wurden und nach ihrem Entwicklungsstand in der Lage sind, mögliche Gefahren einzuschätzen. Voraussetzung in beiden Fällen ist, dass eine Aufsichtsperson bereitsteht, um etwaig eintretende Gefahrensituationen abzuwenden.
- Kindern ab Jahrgangsstufe 5 kann das Verlassen des Schulgeländes unter Beachtung der Grundsätze der Aufsichtsführung auch ohne Begleitung eines Pädagogen bzw. einer Pädagogin zu einem vereinbarten Zweck und für einen vereinbarten Zeitraum (Freistunden, Pausen) gestattet werden, wenn zuvor Verhaltensregeln vereinbart wurden und die Pädagogen sich davon überzeugt haben, dass diese Kinder bereit und in der Lage sind, sich an die Regeln zu halten. Voraussetzung ist, dass die Schulkonferenz einen entsprechenden Grundsatz-Beschluss herbeigeführt hat und das schriftliche Einverständnis der Erziehungsberechtigten vorliegt.

---

38 Vergleiche AV Aufsicht 2 (3). Für Exkursionen und Wandertage siehe auch die Ausführungsvorschriften zu Veranstaltungen der Schule vom 25.10.2007.

39 Vergleiche AV Aufsicht 2 (4).

40 Prott, Roger (2002): Rechtshandbuch für Erzieherinnen. Berlin: Cornelsen skriptor.

Kooperationen gestalten

Wenn sich offene Ganztagsschulen als Häuser des Lebens und Lernens verstehen, dann braucht es zur Erfüllung dieses Anspruchs neben guten materiellen Rahmenbedingungen insbesondere die Leistung der hier tätigen Mitarbeiterinnen und Mitarbeiter sowie die institutionelle Absicherung dieser Arbeit. Mehr noch als bei einer traditionellen Halbtagsschule hängt der Erfolg einer Ganztagseinrichtung unmittelbar von der Identifikation, der Qualifikation und dem Engagement der beteiligten Erwachsenen ab. Dabei verlangt die Komplexität der Gesamtaufgabe die Überwindung des üblichen »Einzelkämpfertums« auf personaler und institutioneller Ebene und die Entwicklung von Teamgeist, Kooperation und Vernetzung.

Für diesen Prozess braucht es nicht nur die Einsicht in Notwendigkeiten der Weiterentwicklung. Es braucht vielmehr eine überzeugende Aussicht auf Gewinn, die Vision einer besseren Schule und möglichst bald den Genuss erster (kleiner) Erfolge. Die Erfahrung zeigt, dass in der Regel die Pädagoginnen und Pädagogen reformierter Schulen trotz der Komplexitätssteigerung ihres beruflichen Alltags die Entwicklung auf keinen Fall zurückdrehen wollen. Dabei werden zwei Faktoren oft genannt: Die Erstellung von individuellen Curricula eröffnet eine Sicht auf die Schüler als Individuen, die einen intensiveren Kontakt entstehen lässt. Und die Nutzung der Kompetenzen von sozialpädagogischen Fachkräften unterstützt die Lehrkräfte in ihrer Aufgabe, ein reichhaltigeres Lernarrangement zu schaffen.

Eine gute Ganztagsgrundschule ist angewiesen auf eine Vielzahl kooperativer Beziehungen:

* innerhalb der offenen Ganztagsschule:
  * zwischen Lehrerinnen und Lehrern,
  * zwischen den sozialpädagogischen und sonderpädagogischen Fachkräften,
  * zwischen Lehrerinnen und sozialpädagogischen sowie sonderpädagogischen Fachkräften,
  * zwischen pädagogischem und nicht-pädagogischem Personal (Verwaltungskräften, technischen Mitarbeiterinnen etc.),
  * zwischen dem professionellen Personal und den Eltern,
  * zwischen dem professionellen Personal und weiteren Mitwirkenden wie zum Beispiel Ehrenamtlichen oder Honorarkräften (siehe dazu Kapitel Zusammenarbeit mit Eltern)

* und in den Außenbeziehungen:
  * zwischen Schule und Kindergarten,
  * zwischen Schule und Trägern anderer Angebote (zum Beispiel sozialpädagogische, medienpädagogische, sozial-kulturelle, Beratungs-Angebote),
  * zwischen Schule und psycho-sozialen Einrichtungen,
  * zwischen Schule und anderen öffentlichen Diensten.

Der Bedarf an Kooperation resultiert dabei nicht nur aus pragmatischen Erwägungen. Er entspricht auch dem Leitbild eines offenen und vernetzten Lernortes, wie ihn das »Forum Bildung«[41] in der Empfehlung XI skizziert: »Bildungseinrichtungen müssen zu ›Häusern des Lernens‹ werden, in denen nicht nur die Lernenden, sondern auch die Lehrenden lernen ... Eltern ... sind stärker bei der Verwirklichung einer neuen Lern- und Lehrkultur ... zu beteiligen. Lernprozesse in der Lebens- und Arbeitswelt sind stärker einzubeziehen ... Das Wahrnehmen von Verantwortung über das eigene Fach, die Klasse, die Vorlesung oder den Kurs hinaus ist eine wichtige Voraussetzung für die Entwicklung der Bildungseinrichtung zur lernenden Organisation. Dafür ist es erforderlich, dass das Team der Lehrenden gemeinsam lernt und gemeinsam Inhalte und Lernverfahren definiert ...«[42]

Widersprüche und Stolpersteine der Zusammenarbeit

Gerade dort, wo mit Engagement gearbeitet wird und dem Willen, etwas Neues zu schaffen, sollten mögliche Widersprüche und Stolpersteine berücksichtigt werden, um demotivierende Enttäuschungen zu vermeiden. In einem offenen Ganztagsangebot wird es darauf ankommen, die im Folgenden benannten Probleme auszuhalten und produktiv zu wenden.

Grundschule und Jugendhilfe stehen vor der Aufgabe, gemeinsam ein sinnvolles und verlässliches Halbtagsan-

---

41 Arbeitsstab Forum Bildung (2001).
42 A. a. O., S. 35.

gebot für alle Schülerinnen und Schüler und für einen Teil der Schülerschaft ein Ganztagsangebot zu schaffen. Gleichzeitig müssen Aufbau und Entwicklung der Schulanfangsphase geleistet werden – und dies alles unter dem Dach und der Verantwortung der Schule. Den meisten Grundschulen wächst damit eine Fülle neuer Aufgaben zu, die sie nur in Kooperation mit erfahrenen Kräften aus der Jugendhilfe bewältigen können. Es wird entscheidend darauf ankommen, dass die Handlungs- und Entscheidungsträger der Schule unter Wahrung und Wahrnehmung ihrer Gesamt-Verantwortung zu einer guten Zusammenarbeit mit den Akteuren der Jugendhilfe und Eltern finden.

Zwischen Jugendhilfe und Schule besteht dabei ein unaufhebbarer Unterschied: Während der Lehrer für den Lehr-Lernprozess Verantwortung übernehmen muss (u. a. durch die Bewertung), steht die sozialpädagogische Tätigkeit dazu in einer freieren Beziehung. Lehrerinnen und Erzieherinnen haben bisher in getrennten Institutionen sehr unterschiedliche pädagogische Berufsprofile herausgebildet. In der offenen Ganztagsschule wirken nun beide Berufsgruppen zusammen – sie stehen vor der Aufgabe, aufeinander zuzugehen und ihre Zuständigkeiten und Aktivitäten aufeinander abzustimmen. Hierfür müssen sie eine gemeinsame Sprache entwickeln und die Bereitschaft, möglicherweise vorhandene wechselseitige Vorurteile kritisch zu hinterfragen. Für manche Beteiligte ergibt sich zum ersten Mal eine Situation, in der sie ihre Ziele, Arbeitsweisen und Ergebnisse öffentlich machen müssen. Der damit verbundene Legitimationsdruck kann Unsicherheit zur Folge haben.

Der für viele auffälligste Widerspruch besteht in der derzeitigen ersten Entwicklungsphase vieler offener Ganztagsgrundschulen in dem traditionellen Umgang mit den Hausaufgaben (vergleiche Kapitel Schulaufgaben als Beitrag zur Selbstständigkeitsförderung der Kinder organisieren). Mit einer mangelhaften Abstimmung zwischen Vormittagsunterricht und Nachmittagsprogramm droht die sozialpädagogische Kompetenz der Erzieherinnen und Erzieher zu verpuffen, wenn diese sich auf eine Funktion reduziert sehen, die im Kern »Aufsicht bei der Hausaufgabenerledigung« bedeutet. Dies steht dem sozialpädagogischen Anspruch und Auftrag diametral entgegen und verschleudert fachliche Kompetenz, was der Motivation der Erzieherinnen und Erzieher abträglich ist.

Stolpersteine, aber zugleich auch Anknüpfungspunkte für die Zusammenarbeit ergeben sich aus dem neuen, deutlich ausgeweiteten Aufgabenprofil der Lehrerinnen und

Lehrer, auf die die Ausbildung bisher kaum vorbereitet hat. Zu einem Katalog erforderlicher Fähigkeiten für den Ganztagsbetrieb, die nach Meinung von Pädagoginnen und Pädagogen in der Praxis oft noch nicht überall genügend ausgebildet seien, gehören u. a.

• die Fähigkeit, anregende und anspruchsvolle Angebote in Projekt- und AG-Form zu realisieren;
• die Kompetenz für die Gestaltung schicht- und altersübergreifender Kontakte;
• die Flexibilität hinsichtlich von Ideen und Umsetzungsschritten zur qualitativen Erweiterung der Inhaltsdimensionen (zum Beispiel musische Elemente, offene Aktivitäten etc.);
• die Methodenvielfalt bezüglich der eigenständigen Erarbeitung von Lerninhalten mit der Zielrichtung des Abbaus von Hausaufgaben;
• das Wissen um ganztagsschulspezifische Grundlagen, um andere Konzeptionsformen und Praxismodelle;
• eine Unbeschwertheit, um im Freizeitbereich gelassen mitzuwirken und die Lehrerautorität zu überwinden.[43]

Aber auch die Erzieherinnen und Erzieher stehen in einer neuen Arbeitssituation und deshalb vor der Aufgabe, ihr bisheriges Aufgabenprofil zu überdenken. Mit Blick auf die tendenziell längere Verweildauer der Kinder in der offenen Ganztagsgrundschule wird es zunehmend wichtiger, die Schülerinnen und Schüler individuell zu begleiten und in ihrer geistigen, körperlichen und emotionalen Entwicklung zu unterstützen.

Als unabdingbare Voraussetzung, die bisher freilich kaum gewährleistet ist, benötigen die Pädagoginnen und Pädagogen ausreichende Kooperationszeiten. Im Klartext: In der Arbeitszeitplanung aller Pädagoginnen und Pädagogen müssen solche Zeitkontingente für gemeinsame Planung und wechselseitige Beratung der pädagogischen Angebote vorgesehen werden.

Bedingungen für eine gelingende Kooperation

Im Folgenden werden sechs allgemeine Bedingungen benannt, die uns für eine gelingende Kooperation notwendig erscheinen. Wenn auch jede Einrichtung bzw. jedes offene Ganztagsangebot (verstanden als Kooperationsleistung mehrerer Beteiligter) einen eigenen Entwicklungsweg finden wird, so sind positive Antworten auf die genannten Aspekte doch Voraussetzung für eine gute Zusammenarbeit. An der Zusammenarbeit der Erwachsenen ist für die Kinder dann erlebbar, unter welchen Bedingungen sich Zusammenarbeit als gelebte

---

43 Vergleiche Appel, Stefan; Rutz, Georg (2003), S. 174 f.

soziale Kompetenz entwickelt und wohin sie führen kann.

Respekt und Achtung entwickeln

Respekt und Achtung sind in zwei Richtungen gefordert, zum einen als unaufgeregtes Selbstbewusstsein für die eigene Bedeutung und Leistung, zum anderen als wertschätzende Haltung dem Kooperationspartner gegenüber. Sozialpädagogische Einrichtungen definieren sich oft als Anti-Schule, und das ist eine schlechte Ausgangsbasis für Kooperation. Schule blickt manchmal auf sozialpädagogische Einrichtungen als Betreuungseinrichtungen herunter, die in Deutschland allgemein in ihrer Bedeutung und ihrer Leistung unterschätzt werden. Bei allen Beteiligten ist ein Selbstbewusstsein der eigenen Einrichtung und Aufgabe gegenüber notwendig. Es gibt Lehrer, die ihre Schule für unreformierbar halten; es gibt Erzieherinnen, die schon bei der Frage »Warum machen Sie das?« nervös werden. Es tut der gemeinsamen Schulentwicklung gut, wenn selbstbewusste Akteure freundlich miteinander umgehen.

Sich wechselseitig informieren und miteinander kommunizieren

Die Schule hat sich über lange Zeit als relativ abgeschlossener Lernort verstanden; Schule und Sozialpädagogik haben sich in Deutschland als getrennte Bildungsbereiche entwickelt. Die gegenseitige Anerkennung des Expertentums kann deshalb nur über verstärkte Information gelingen. – Gegenseitige Hospitationen (innerhalb und außerhalb der offenen Ganztagsgrundschule) sind eine Möglichkeit, mehr voneinander zu erfahren. Andere Möglichkeiten sind regelmäßige Kooperationssitzungen oder ein »Runder Tisch«, beispielsweise zur Präventionsarbeit. Oft kann eine einfache Frage erkenntnisleitend sein: »Was wissen wir übereinander?«

Gemeinsame Ziele verfolgen

Manche Projekte scheitern, weil man nur vermeintlich das gleiche Ziel hat, in Wirklichkeit aber ganz unterschiedliche Prioritäten setzt oder sogar widersprüchliche Ziele

verfolgt. – Deshalb ist es wichtig, gemeinsam eine Situationsanalyse vorzunehmen, weil sich Zielentscheidungen darauf beziehen. Rahmenvereinbarungen und die kooperative Entwicklung eines Leitbildes sind weitere Elemente einer gemeinsamen Zielsetzung. Gemeinsamer Fokus sollten die Fragen sein: »Was braucht das Kind – was brauchen die Kinder?« und »Wer von uns kann dafür was tun?« Geeignete Orte für solche Entwicklungen sind gemeinsame Studientage und gemeinsame Fortbildungen.

Gemeinsame Handlungsfelder schaffen

Geteilte Ziele allein begründen noch keine stabile Kooperation; sie konkretisieren sich erst im gemeinsamen Handeln, das ein gemeinsames Handlungsfeld herausfordert. Dies wird durch den detaillierten Katalog der Aufgaben für die Arbeit der Erzieherinnen in der offenen Ganztagsgrundschule, der mit dem »Leitbild für die offene Ganztagsgrundschule« veröffentlicht wurde, bereits nahegelegt.[44] Das offene Ganztagsangebot bietet die Möglichkeit der Zusammenarbeit unterschiedlicher Professionen, zum Beispiel durch die gemeinsame Entwicklung eines Beobachtungsbogens zur Beschreibung individueller Kompetenzen des Kindes. Es sollte vermieden werden, die Verantwortung der einzelnen Gruppen aufzuspalten und trennscharf voneinander abzudichten, obwohl die Tradition dies bisher nahelegte. Lebensweltorientierung ist nicht durch eine Trennung in ein Vormittags- und Nachmittagsleben zu erreichen. Zusammenarbeit kann entlasten!

Gemeinsames Handeln kann sich sowohl im Alltag (zum Beispiel in der Beteiligung von Lehrerinnen und Lehrern am Mittagstisch-Angebot) als auch in besonderen Projekten entwickeln. Grundsätzlich sollte wechselseitige Unterstützung möglich sein. Wenn außergewöhnlicher Vertretungsbedarf entsteht, sollten alle Pädagoginnen und Pädagogen bereit sein, füreinander einzuspringen.

Geeignete Strukturen und Ressourcen sichern

Hohe Qualität in der offenen Ganztagsgrundschule gibt es nicht zum Nulltarif. Die größte Motivation erschöpft sich auf die Dauer, wenn keine geeigneten Strukturen und Ressourcen für die Kooperation geschaffen werden.

---

44 Vergleiche »Leitbild für die offene Ganztagsgrundschule«, Drucksache 15/4125 des Abgeordnetenhauses Berlin vom 26.7.2005, Kapitel 6.1.3, S. 26-28. Eine vergleichbar detaillierte, auf Kooperation zwischen den Berufsgruppen abzielende, offizielle Arbeitsplatzbeschreibung für die Lehrerinnen und Lehrer in der Ganztagsgrundschule gibt es bisher nicht. Sie könnte und müsste im Kontext eines neuer Arbeitszeitmodells für die Lehrerinnen und Lehrer definiert werden, das für die Arbeit in der Ganztagsgrundschule ohnedies erforderlich ist. Das »Leitbild für die offene Ganztagsgrundschule« verpflichtet im Übrigen schon heute alle Berufsgruppen zur engen Kooperation – auch die Lehrerinnen und Lehrer.

Zu den fundamentalen Voraussetzungen einer gelingenden Kooperation gehört ein angemessenes Zeitbudget für gemeinsame Handlungen, Planungen und Reflexionen. Dazu ist zu klären, wie ein »grenzüberschreitendes« Engagement (von Lehrkräften am Nachmittag, von sozialpädagogischen Fachkräften am Unterricht) zu ermöglichen ist, wie es bereits das Berliner »Leitbild für die offene Ganztagsgrundschule« beschreibt.[45] Eine Bedingung dafür ist eine Bestimmung von Arbeits- und Anwesenheitszeiten für Lehrerinnen und Lehrer, die über die Pflichtstundenzahl hinausgeht. In der Personalbemessung aller Berufsgruppen müssen Zeiten für Kooperationsbedarf berücksichtigt werden; auch ist die oft großflächige Verteilung der unterschiedlichen Spiel- und Lernorte zu berücksichtigen.

Da ein gelingendes Ganztagsangebot ganz wesentlich vom Engagement der Beteiligten abhängt, ist es tendenziell notwendig, die Situation der »Zufallsgemeinschaft« eines Schulkollegiums durch eine höhere Verantwortung in der Personalauswahl zu verändern.

Für bestimmte Projekte, zum Beispiel im medienpädagogischen Bereich, werden die internen Ressourcen (personell, finanziell, räumlich, technisch) nicht immer ausreichen. Hier wird es darauf ankommen, verlässliche Kooperationsbeziehungen zu Partnern herzustellen, die über die entsprechenden Möglichkeiten verfügen.

Gewinn für alle Seiten anstreben

Altruismus allein ist keine tragfähige Grundlage für eine langfristige Zusammenarbeit. Der Gewinn einer guten Kooperation in der offenen Ganztagsschule besteht darin, dass Geben und Nehmen in einem ausgewogenen Verhältnis zueinander stehen können. Die Schule kann gewinnen durch mehr Lebensnähe, durch die Strukturierung von Lernprozessen in Unsicherheit statt in Parametern vermeintlicher Lebenssicherheit. Sozialpädagogik kann gewinnen durch die Notwendigkeit, auch außerhalb der »Szene« zu agieren und damit andere Erwachsene einzubeziehen. Außerschulische Beteiligte wie Eltern können gewinnen durch mehr Einsicht in schulische Prozesse und ein Handlungsfeld für ihre Kompetenzen.

Alle Beteiligten gewinnen dadurch, dass andere ihre Leistung, die nun nicht mehr in der »Black Box« verschwindet, zur Kenntnis nehmen können.

Konkretisierungen für die Entwicklung von Kooperation

Sich als Organisation verstehen

Organisationen sind Systeme, die einerseits geprägt sind durch die Menschen, die sie tragen. Andererseits sind sie bestimmt durch Strukturmerkmale und Leitideen, die in einer bestimmten Phase der Entwicklung entstanden sind, die aber der ständigen Weiterentwicklung bedürfen. In der Wirklichkeit solcher Systeme verpuffen jedoch viele Reformbemühungen, die zum Beispiel von einzelnen Personen ausgehen, aber nicht die Teamebene erreichen.[46] Wenn Widerstände gegen Weiterentwicklungen überwunden werden müssen, ist eine systemische Sichtweise notwendig.

Systemisches Denken sieht die unterschiedlichen Verknüpfungen innerhalb von Organisationen, aber auch zwischen ihnen und ihrer Umwelt. Für diese Verknüpfungen hat die Systemtheorie zahlreiche Gesetze, oft in Bildern formuliert, die hilfreich sein können. Eines dieser Bilder ist das von der Selbstähnlichkeit: Danach sind Organisationen Netzwerke, die ihre Komponenten, aus denen sie bestehen, selbst produzieren. Diese Komponenten ähneln also immer der Gesamtstruktur. Eine Schule funktioniert – als Teil der Verwaltung – oft auch in wichtigen Teilbereichen nach der Logik des Verwaltungshandelns, was zu vielen Frustrationen führen kann. So erscheint immanent logisch, was von außen betrachtet völlig unlogisch erscheinen mag.

Ein anderes Gesetz, die Verbindung mit der Außenwelt betreffend, sagt aus, dass Systeme Einiges sehen und Anderes nicht sehen; dass sie aber nicht sehen können, dass sie etwas nicht sehen. Das Unvermögen, das eigene Handeln in Frage zu stellen, behindert Entwicklung und bringt Organisationen und ihre Mitglieder in Gefahr, sich entweder immer wieder selbst zu bestätigen oder aber sich zu erschöpfen. Eine Außenperspektive führt

---

45 Drucksache des Abgeordnetenhauses von Berlin Nr. 15/2905, S. 36.
46 In Georg Orwells Fabel »Farm der Tiere« reagiert das Pferd Boxer, einst einer der Anführer der Revolution, auf die zunehmend auftretenden Probleme mit dem einen, immer gleichen Satz: »Ich will und werde noch härter arbeiten«. Am Anfang scheint diese Strategie auch aufzugehen: Boxers Leistungswille und seine Stärke spornen (fast) alle anderen Tiere an, mit ihm für das Wohl der Farm zu ackern. Doch allmählich kehrt sich dieser Einsatz gegen seine Träger. Je mehr sie leisten, desto mehr wird ihnen abverlangt. Und am Ende ist Boxer ausgezehrt … Die Fabel erzählt von Versuchen, Probleme zu lösen. Die Beteiligten können sich nicht vorwerfen lassen, zu wenig Ausdauer und Energie zu zeigen. Ganz im Gegenteil. Es fehlt ihnen jedoch eine Betrachtungsweise und entsprechende Handlungen, die mit dem Begriff »systemisches Denken« benannt werden. So entgehen ihnen die Machenschaften der Schweine.

dagegen neue, ungewohnte Beobachtungs- und Diagnoseformen ein und ermöglicht damit einen neuen Blick auf die Situation sowie die Beschreibung neuer Möglichkeiten als Voraussetzung für neue Entscheidungen.

Organisationen neigen von sich aus eher zu konservativen Lösungen nach dem Muster »Mehr desselben«. Wer längere Zeit im Beruf ist, hat das meist am eigenen Leib erfahren. Mit der einzelnen Kollegin kann man noch ganz gut reden. Aber spätestens jenseits der Teamgrenze funktioniert die Institution nach scheinbar irrationalen Regeln.

Die Entwicklung zur Ganztagsgrundschule erfordert Schritte systemisch verstandener Organisationsentwicklung. Dazu gehören u. a.
• die Analyse von Stärken und Entwicklungsbedarfen,
• eine Etablierung interner Transparenz,
• die Verbesserung der Kommunikation und
• die Ausbalancierung von steuernden und inhaltlichen Arbeiten.

Verbindliche Strukturen schaffen

Einer miteinander geteilten Verantwortung für die Gestaltung eines stimmigen Ganztagsangebotes entspricht

eine transparente und verlässliche Organisations- und Kooperationskultur. Auf allen Ebenen bilden verbindlich vereinbarte und regelmäßige Teambesprechungen und Studientage einen Rahmen für die Entwicklung der gemeinsamen Aufgabenwahrnehmung. Nach überschaubaren Zeiträumen wird geprüft, ob die gewählte Planungs-Infrastruktur noch geeignet ist. Damit Kooperationsleistungen und bestimmte Zuständigkeiten (beispielweise die Beauftragung zur Kooperation mit Jugendhilfeeinrichtungen in der Nachbarschaft) nicht abhängen von der Zusatzmotivation der Beteiligten, werden sie in der Dienstplanung und damit in der Aufgabenbeschreibung (Unterrichtsverpflichtung) berücksichtigt. Gegenwärtig ist dies noch sehr unzureichend möglich. Auch aus diesem Grund haben wir in Kapitel Räume gestalten und Material bereitstellen auf die Notwendigkeit neuer Arbeitszeitmodelle hingewiesen.

Das Schulprogramm weiterentwickeln

Ein Schulprogramm formuliert die zentralen Leitlinien und Entwicklungsrichtungen des Ganztagsangebots. Es macht die gemeinsame Bildungsarbeit transparent und gibt Orientierung nach innen und außen. Bei der Entwicklung des Schulprogramms werden alle Beteiligten einbezogen. Bei aller Verbindlichkeit ist es grundsätzlich

offen für Weiterentwicklung und die Beiträge neuer Kooperationspartner.[47]

Interdisziplinäre Teams bilden

Um eine Aufspaltung in Lehr- und Freizeitaktivitäten zu verhindern und eine gemeinsame Verantwortung zu ermöglichen, werden interdisziplinäre Teams gebildet, die den (ganzen) Tag als pädagogisch zu gestaltende Lernsituation begreifen und deshalb konzeptionell und programmatisch für eine bestimmte Schülerinnen-Gruppe zusammenarbeiten.[48] Dies ist auch ein Beitrag zur Vermeidung von Bezugspersonenwechseln im Tagesablauf.

Zu bestimmten Zeiten werden die unterschiedlichen Mitglieder dieser Teams auch gemeinsam tätig (»Doppelbesetzung«), um sich im Umgang mit den Kindern wechselseitig zu erleben, zu helfen und für die Schüler als Menschen sichtbar zu sein, die gut miteinander kooperieren. Es gibt deshalb auch gemeinsam verantwortete bzw. begleitete Elternversammlungen. Leitendes Prinzip für die Zusammenarbeit ist dabei die Verpflichtung zur unteilbaren pädagogischen Verantwortung, da der Bildungsauftrag der offenen Ganztagsgrundschule über ihren Unterrichtsauftrag hinausreicht. Das bedeutet auch, dass die unterschiedlichen Gruppen nicht gegenseitig ihre je eigene Verantwortung in Zweifel ziehen.[49]

---

47 Die Senatsverwaltung hat Ausführungsvorschriften zur Erstellung der Schulprogramme erlassen; sie sind im Internet einzusehen unter http://www.berlin.de/sen/bildung/schulqualitaet/.

48 Siehe hierzu auch die Dokumente 3 und 8 sowie die Reportage Eine Sache – zwei Institutionen im Teil B.

49 Zu den Chancen gelingender Kooperation siehe auch die Reportage Kooperation zwischen Lehrerinnen, Sozialarbeiterinnen und Erziehern im Teil B.

Der Erfolg von interdisziplinären Teams bemisst sich u. a. daran,

- was die Beteiligten über das Lernen am Vor- und am Nachmittag wissen (vergleiche Kapitel Formelle, informelle und halbformelle Bildungssituationen aufeinander abstimmen),
- ob es eine gemeinsame Auffassung über den Stellenwert und den Umgang mit Haus- und Schulaufgaben gibt (vergleiche Kapitel Schulaufgaben als Beitrag zur Selbstständigkeitsförderung der Kinder organisieren),
- ob es Zeiten für gemeinsame Teamsitzungen gibt, so dass alle beteiligten Gruppen ohne Vernachlässigung ihrer Aufgaben teilnehmen können (vergleiche Kapitel Räume gestalten und Material bereitstellen),
- ob auch sozialpädagogische Fachkräfte durch Lehrkräfte vertreten werden und nicht nur Lehrkräfte durch sozialpädagogische Fachkräfte,
- wer mit den Eltern über die Entwicklung der Kinder spricht.

Partizipation sichern

Ein Ganztagsangebot »lebt« von der Mitwirkung möglichst aller Beteiligten und versucht, Rückzüge aufgrund des Erlebens passiver Anpassung zu vermeiden. Auch und gerade in der Berliner Situation, die das offene Ganztagsangebot in die Verantwortung der Schule stellt (im Gegensatz zu Bundesländern, die ein Kooperationsmodell vorsehen), ist die Sicherung von Partizipation zur Erreichung einer hohen Qualität des Ganztagsangebots notwendig: Ohne Partizipation gehen Kompetenzen verloren, die ein Ganztagsangebot dringend braucht. Das Partizipationsgebot gilt dabei für Kinder, Eltern, die Zusammenarbeit der Pädagoginnen und Pädagogen sowie für die Zusammenarbeit mit Freien Trägern. Eine wichtige Bedingung dafür ist, dass die Mitarbeiterinnen und Mitarbeiter der Freien Träger in den Gremien der Schule und der Schulleitung verantwortlich vertreten sind.

Kooperationsverträge mit Freien Trägern der Jugendhilfe

Längerfristige Kooperationen zwischen eigenständigen Trägern benötigen neben dem Willen zum gemeinsamen Erfolg eine formale Basis. Der Wert einer entsprechenden, schriftlich fixierten Vereinbarung liegt zum einen in der Planungs- und Handlungssicherheit der Beteiligten. Zum anderen unterstützt die Formulierung eines Kooperationsvertrages die Entwicklung einer verbindlichen

Haltung und eines gemeinsamen Verständnisses über Ziele, Voraussetzungen und die jeweiligen Kompetenzen, die in die Zusammenarbeit eingebracht werden. Da es inzwischen eine Reihe von Erfahrungen mit solchen Verträgen gibt, empfiehlt sich die prüfende Übernahme solcher Vereinbarungen.

Konkretionen:

- Einen Mustervertrag hat die Berliner Bildungsverwaltung unter http://www.berlin.de/imperia/mc/content/bacharlottenburg-wilmersdorf/verwaltung/jugend/schulen/kooperationsvereinbarung_1.pdf oder kurz: http://tinyurl.com/kooperationsvereinbarung veröffentlicht. Weitere Materialien findet man auch unter der Brandenburger Adresse http://www.kobranet.de. Eine konkrete Kooperationsvereinbarung zwischen der Kreuzberger Jens-Nydahl-Grundschule sowie der Wilhelm-Liebknecht-Bücherei findet sich auf der Website der Jens-Nydahl-Grundschule: http://www.jng.cidsnet.de/archiv/bibliotheksvertrag/Kooperationsvereinbarung.pdf oder kurz: http://tinyurl.com/kooperationsvereinbarung2 .
- Eine allgemein verwendbare Vorlage für Kooperationsverträge zwischen Grundschulen und außerschulischen Trägern findet sich unter http://www.bjsinfo.verwalt-berlin.de/DokLoader.aspx?DokID=1008
- Hilfestellung bei der Vermittlung von medienpädagogischen Kontakten können die »Landesarbeitsgemeinschaft Medien«[50] sowie die bezirklichen Medienkompetenzzentren leisten.

---

50 Kontaktadresse: Günter Thiele, GMK-Projektbüro, Hohenzollerndamm 2, 10717 Berlin, E-Mail: thiele@medienpaed.de.

Zusammenarbeit mit Eltern

Die Eltern[51] einer Schule repräsentieren die Gesellschaft im Einzugsbereich und damit eine Spanne der gesellschaftlichen Erziehungs- und Bildungspraxis, eine Spanne der Erwartungen an die institutionelle Förderung der Kinder sowie eine Spanne von beruflichen und außerberuflichen Kompetenzen. Damit sind sie die nächsten Kooperationspartner für ein Ganztagsangebot, das sich als offener Lernort versteht und das sich für sozial-kulturelle Belange des Umfeldes interessiert. Eltern haben ein Recht auf Partizipation, denn ohne die Mitwirkung von Eltern kann Schule ihre Ziele nicht für alle Kinder erreichen. In der Zusammenarbeit liegen demgegenüber Chancen, die aus einer gemeinsamen Verantwortung erwachsen und entscheidend zu dem Reichtum guter Schulen beitragen.[52]

Diese Nähe hat einen durchaus ambivalenten Charakter; zu den Risiken gehört sowohl die lautstarke Vertretung eines phantasie- und kritiklosen »Weiter so!« als auch die Durchsetzung von Partikularinteressen durch einflussreiche Minderheiten. Es gehört deshalb zur ständigen Aufgabe einer Schule, die Risiken in Chancen umzuwandeln. Eltern sind Kooperationspartner der Schule! Daran ist festzuhalten trotz der speziellen Situation von offenen Ganztagsschulen: Diese ist gekennzeichnet durch die unterschiedliche Betroffenheit der Familien, denn nur ein Teil der Kinder wird für den Ganztag angemeldet. Es gibt nun Ganztags- und Halbtagseltern – ihre Interessen, Bedürfnisse und Ansprüche sind nicht identisch.

Von Seiten der Bildungspolitik wird ein verstärktes Engagement der pädagogischen Mitarbeiter und Mitarbeiterinnen sowie der Eltern gefordert: »Eltern sollen sich ihrer Verantwortung im Erziehungs- und Lernprozess bewusst sein und sind stärker bei der Verwirklichung einer neuen Lern- und Lehrkultur in Kindertageseinrichtungen und Schulen zu beteiligen«[53]. Dass dies als Empfehlung formuliert ist, weist darauf hin, dass es zu den Zukunftsaufgaben der Schulgestaltung gehört.

Mehr noch als im Bereich der Elementarerziehung lag bisher in der Schule die Verantwortung ganz überwiegend bei den Lehrkräften. Einen deutlichen Fortschritt hin zu mehr Partizipation markiert das aktuelle Schulgesetz Berlins. Einerseits sind Eltern Adressaten der Schulpflicht; zu ihren grundgesetzlichen Aufgaben gehört die Sicherstellung des Schulbesuchs ihrer Kinder. Andererseits sind sie Träger eigener Rechte, die in Gesetzen (Grundgesetz, BGB, Berliner Schulgesetz) verankert sind.[54] Es wird in der Praxis der einzelnen Einrichtung entscheidend darauf ankommen, die oben zitierten Forderungen als Einladungen zu formulieren.

Mit der Ganztagsgrundschule stellt sich die Frage nach der pädagogischen Verantwortung in verstärktem Maße, halten sich doch hier viele Kinder über einen wesentlich längeren Teil des Tages auf als in der Halbtagsschule. Dass die Pädagoginnen und Pädagogen mit dieser Verantwortung nicht alleingelassen werden dürfen, markieren – freilich in einem negativen Zusammenhang – die Klagen von Lehrkräften, dass sie sich mit der Erziehung überfordert und von manchen Eltern alleingelassen sehen. So sehr dies im einzelnen Fall gerechtfertigt erscheint, so leistet es doch aus systemischer Sichtweise einem Erziehungsmodell Vorschub, das die Wechselseitigkeit dieses Zusammenhangs ausblendet. »Denn die erzieherische Verantwortung lässt sich nicht zwischen Familie und Staat aufteilen ... Die Schule muss sich angesichts der schwierigen Lebensbedingungen heutiger Kinder und Jugendlicher eher zu einer Einrichtung weiterentwickeln, die die Erziehungskraft der (Rest-)Familie stärkt, indem sie vermehrte Kontakte zwischen Schule und Elternhaus stiftet«[55]. Diese Haltung und die entsprechenden Handlungen könnte man mit dem Begriff eines Empowerments für Eltern belegen.

Ganztagsschulen werden, wie der Bundeselternrat es in seiner Resolution von 2002 feststellt, »von Familien im Interesse ihrer Kinder mehr und mehr nachgefragt«[56].

---

51 Der Begriff Eltern umfasst hier sowohl die leiblichen Eltern als auch andere Sorgeberechtigte. Familie meint jede Lebensgemeinschaft, in der mindestens ein Erwachsener mit einem Kind zusammenlebt; vergleiche dazu das »Berliner Bildungsprogramm für Kindertageseinrichtungen«. – Darüber hinaus sind mit diesem Kapitel alle dem Kind nahestehenden interessierten Personen angesprochen.

52 Siehe hierzu auch die Reportage Nicht ohne die Eltern! Oder: Wie ein spendabler Verein undeine kreative Aushandlungsgruppe die Schule bereichern im Teil B.

53 Forum Bildung, a. a. O., S. 35.

54 Vergleiche im Berliner Schulgesetz vor allem §§ 88 ff.

55 Neumann Ursula; Ramseger, Jörg (1991), S. 23.

56 Bundeselternrat (2002), S. 249.

Analog zu der entsprechenden Empfehlung des Forums Bildung fordert der Bundeselternrat, dass die einzelne Ganztagsschule ihr Angebot unter Beteiligung aller Beteiligten entwickeln solle.

Dies wird manchen zu der Einlassung provozieren, dass schon in der Halbtagsschule eine angemessene Elternbeteiligung schwer zu erreichen sei, wobei sich gerade gut entwickelte Schulen zumeist auch einem starken Elternengagement verdanken. Doch Eltern konnten in der Geschichte der Schule bis heute selten lernen, wie und wo man sich nachhaltig, respektvoll und zugleich kritisch einbringen kann. Viele Eltern empfinden Angst vor dem System und dem Personal der Schule und fürchten im Widerspruchsfall negative Konsequenzen für ihr Kind und sich selbst. Aufgabe der Schule ist es demgegenüber, Eltern diese Angst zu nehmen. Auch machen Eltern nicht selten die Erfahrung, dass Aspekte ihrer Familienwelt (wie zum Beispiel ihre Mediengewohnheiten) von der Schule kritisiert und abgewertet werden.

Umgekehrt ist es möglich, dass auch Lehrkräfte Angst vor Eltern haben, vor ihren vielfältigen und manchmal auch sich widersprechenden Erwartungen und Anforderungen, vor ihrer Überzahl und evtl. drohenden Anschuldigungen.

Das bisherige Defizit im Aushandeln solch unterschiedlicher Perspektiven fällt in die Verantwortung des Systems und damit auch in die der Pädagoginnen und Pädagogen. Demgegenüber kann darauf verwiesen werden, dass die gemeinsame Gestaltung des Lern- und Lebensraumes Schule die Verbundenheit von Schülern, Eltern und Lehrern stärkt und zu einer höheren Zufriedenheit aller Beteiligten führen kann, wie es die Reportage Nicht ohne die Eltern! Oder: Wie ein spendabler Verein und eine kreative Aushandlungsgruppe die Schule bereichern im Teil B beschreibt.

Aufgaben für eine gelingende Zusammenarbeit mit Eltern

Auch für die Zusammenarbeit mit Eltern gelten die im vorangegangenen Kapitel beschriebenen Bedingungen für gute Kooperationen:
- Respekt und Achtung voreinander entwickeln,
- voneinander informieren und miteinander kommunizieren,
- gemeinsame Ziele verfolgen,
- gemeinsame Handlungsfelder schaffen,
- geeignete Strukturen und Ressourcen suchen,
- Gewinn für alle Seiten anstreben.

Mit Blick auf die Situation von Eltern und Familien sind dabei mehrere Aufgaben besonders zu beachten, die sich in den Erscheinungsformen teilweise überschneiden.

Übergänge und Verbindungen zwischen Familie und offener Ganztagsschule schaffen

Die offene Ganztagsgrundschule schafft vielfältige Übergangsmöglichkeiten und Verbindungen. Diese unterstützen nicht nur den Eintritt des Kindes in das formale Bildungssystem, sondern schaffen auch im weiteren Verlauf der Bildungsbiographie Räume für Kommunikation und Kooperation. Die Bewältigung von Übergängen ist nicht die Aufgabe der Kinder alleine, sondern auch diejenige von Familie, Schule und Jugendhilfe. Befragungen zeigen, dass es zu den größten Bedenken von Eltern gehört, ob ihr Kind in der Schule »zurechtkommt«. Übergänge sollten deshalb so gestaltet werden, dass sie vor allem den praktischen und emotionalen Bedürfnissen des Kindes gerecht zu werden versuchen und damit zu einer Kindfähigkeit der Institutionen (statt der Institutionenfähigkeit des Kindes) beitragen.

Ein in der traditionellen Schule nahezu tägliches Diskussionsthema ist das der Hausaufgaben. In der Ganztagsgrundschule, in der sich viele Kinder bis zum späten Nachmittag aufhalten, kann es – wie oben ausgeführt – keine Hausaufgaben im üblichen Sinn mehr geben (vergleiche Kapitel Schulaufgaben als Beitrag zur Selbstständigkeitsförderung der Kinder organisieren). Der bisherige Umgang mit Hausaufgaben in den Familien zeigt ein ambivalentes Bild: Einerseits werden solche Pflichtaufgaben von nicht wenigen Familien als Belastung des familialen Alltags wahrgenommen, insbesondere dann, wenn sich die Kinder auf Unterstützung durch die Erwachsenen angewiesen zeigen. Andererseits sind Schulaufgaben ein »Fenster«, durch das Eltern Einblick in das schulische Geschehen erhalten. Für Eltern sind Schulaufgaben Informationen über Themen und Anforderungen, mit denen ihr Kind konfrontiert ist. (Für Horterzieherinnen gilt dies im übertragenen Sinn). Manche Eltern fordern deshalb mangels Alternativen die Erteilung von Hausaufgaben.

Wenn die Erledigung von Schulaufgaben aber überwiegend im Zeitraum der offenen Ganztagsgrundschule geschieht, brauchen Eltern andere Angebote, die Einblick in das schulische Geschehen und die Lernfortschritte der Kinder vermitteln und sich zeitnah zu den laufenden Prozessen verhalten. Auf allgemeiner Informationsebene könnten dies regelmäßige Mitteilungen sein (»Ranzenpost«). Die individuelle Lerngeschichte ihres Kindes könnten Eltern über Medien wie ein Lerntagebuch oder ein Portfolio verfolgen; dies sind Dokumente, die zugleich einen intensiven Dialog zwischen Kindern, Eltern und pädagogischen Fachkräften stiften können.

Konkretionen:

- Vor Schuljahresanfang stellen sich alle Pädagoginnen und Pädagogen in einem Brief an jedes Kind vor und ermuntern die Kinder, ihnen ihrerseits zu schreiben. Dazu kann ein kleiner Vordruck angefertigt werden, der die Kinder orientiert (zum Beispiel: Was ist Dein Lieblingsspiel? Welche Freunde oder Freundinnen von Dir kommen auch in unsere Klasse?) und der einen Platzhalter für ein Foto des Kindes enthält.
- Kennenlerntage ermöglichen Kindern (und Eltern), schon vor der Einschulung die Atmosphäre der Grundschule kennenzulernen.
- Die Kinder werden zum Schuljahresanfang eingeladen, ein Lieblingsspielzeug mitzubringen.
- An einer Pinwand oder in einem speziellen Kasten werden Displays mit Familienfotos der Kinder gesammelt; die Herkunftsfamilien sind dadurch in der Schule optisch immer präsent.
- Die Eltern können jederzeit Kontakt mit der Schule aufnehmen. Das Schultelefon ist jederzeit besetzt. Die Eltern erhalten eine Telefonnummer und die E-Mail-Adresse der Pädagoginnen und Pädagogen ihrer Kinder; die Pädagoginnen und Pädagogen haben Anrufbeantworter, um auf Gesprächswünsche der Eltern jederzeit reagieren zu können, ohne sich durch Anrufe daheim gestört fühlen zu müssen.[57]
- Hospitationen verschaffen Eltern Möglichkeiten, am schulischen Leben ihrer Kinder teilzuhaben.
- Über das Geschehen in der Lerngruppe, Klasse und/oder Schule wird regelmäßig schriftlich informiert (»Ranzenpost«). Mitteilungen und Kommunikation können auch über das Internet geleistet werden, sofern damit nicht einzelne Familien ausgegrenzt werden.

Eltern als Experten der Lebenssituation ihrer Kinder ernstnehmen

Eltern sind die ersten Experten für die Lebenssituation des Kindes. Sie sind zumeist die wichtigsten Bindungspersonen für das Kind und damit in einer kaum zu überschätzenden Verantwortung und Bedeutung für die Entwicklung des Selbst- und Weltbildes des Kindes. Aufgrund dieser Überzeugung werden in englischen

Childhood Centres auch bildungsferne Eltern in einen intensiven Bildungs- und Erziehungsdialog mit den Pädagoginnen und Pädagogen einbezogen. Sie erfahren dort nicht nur eine Anerkennung, sondern auch eine Stärkung ihrer Persönlichkeit – als Vater, Mutter ebenso wie als menschliches Wesen mit einer individuellen Biographie.

- Das Kind erlebt in der gegenseitigen Respektierung eine positive Spiegelung seiner Welt(en). Wenn die Pädagoginnen und Pädagogen im Einführungsgespräch einen wertschätzenden Blick auf die Lebenswelt des Kindes vor und außerhalb der Schule richten, kann die Bereitschaft auf Seiten der Eltern und des Kindes steigen, sich ihrerseits dem institutionellen Angebot erwartungsfroh zu nähern.
- Experten sind Eltern jedoch auch dort, wo sie hilfe- und ratbedürftig sind. Auch die Aspekte eines weniger gelungenen Familienlebens sollten in einer Schule angstfrei thematisiert werden können. Mit Angaben aus dem familialen Alltag muss dabei natürlich sensibel und unter Wahrung des Datenschutzes umgegangen werden.

Konkretionen:

- In den (ersten) Elterngesprächen fragen die Pädagoginnen und Pädagogen nach den Vorlieben des Kindes und häuslichen Gewohnheiten.
- Die Eltern werden gefragt, was sie sich für ihr Kind wünschen und woran sie merken könnten, wenn ihr Kind gerne zur Schule geht.
- Die Pädagoginnen und Pädagogen schaffen durch eine wertschätzende Haltung einen Raum für den Austausch über Bedingungen und Formen familialen Lebens.

Den Blick auf die Situation der Familie erweitern

Die offene Ganztagsgrundschule ist ein Beitrag zur Vereinbarkeit von Familie und Beruf, (dem freilich ein entsprechendes Angebot für die ersten Lebensjahre vorausgehen muss). Damit hat die Schule über ihre bildungspolitische eine große sozialpolitische Funktion hinzugewonnen. Zur Familiensituation gehören noch andere Faktoren, zum Beispiel der konkrete Umfang und Charakter der Arbeitstätigkeit der Eltern, der Grad der Eingebundenheit in größere Zusammenhänge wie Verwandtschaft oder Nachbarschaft, die Geschwisteranzahl und die Situation des Schulkindes in der Geschwisterfolge,

---

57 Um den berechtigten Schutz der Privatsphäre und privater Zeiten der Pädagoginnen und Pädagogen zu gewährleisten, sind viele von ihren bereits dazu übergegangen, sich daheim eine zusätzliche Telefonnummer mit Anrufbeantworter für dienstliche Belange zu beschaffen sowie ein dienstliches E-Mail-Konto, das von dem privaten getrennt geführt und dennoch jeden Tag abgefragt werden kann.

die Wohnsituation der Familie und ihr verfügbares Einkommen. Grundlegende wie einzelne Entscheidungen in der Schule sollten diese Faktoren berücksichtigen und einbeziehen. Grundlegend ist dabei eine spürbare Anerkennung und Akzeptanz der Familien.

Konkretionen:
- Entscheidungsprozesse über Klassenfahrten oder andere Vorhaben, die einen zusätzlichen finanziellen Beitrag der Eltern erfordern, werden mit Fingerspitzengefühl für die unterschiedliche Belastungsfähigkeit der Familien geführt.
- Besprechungstermine werden nach Rücksprache und mit Rücksicht auf die Lebenssituation festgelegt.
- Schule und Eltern überprüfen beständig, auf welchen Wegen Kommunikation ermöglicht bzw. erleichtert wird, zum Beispiel durch das Angebot einer Kinderbetreuung während der Besprechungen oder gemeinsamer Aktivitäten.

Konkretionen:
- Zusammen mit den Eltern wird ein Fragebogen entwickelt, mit dem jährlich die Zufriedenheit der Eltern erhoben wird. Die Ergebnisse werden gemeinsam ausgewertet; Ergebnisse und Stellungnahmen werden schulintern veröffentlicht.[58]
- Neben der von den Eltern durchgeführten Elternversammlung als Möglichkeit der Meinungsbildung und Basis der Interessensvertretung durch die Elternsprecherinnen und Elternsprecher regen die Pädagoginnen und Pädagogen informelle Treffen an (zum Beispiel ein Familienpicknick oder einen Elternstammtisch).
- Die Schule schafft räumlich und inhaltlich Plätze für die Bildung einer Elternöffentlichkeit, zum Beispiel durch ein Elterncafe, eine Schulzeitung, eine Internet-Webseite mit Diskussionsforum.
- Entscheidungen durch Schul-, Schulaufsichts- und Schulträgerseite werden auf ihre Begründung und mögliche Alternativen hin transparent kommuniziert.

Interessensvertretung ermöglichen und fördern

Mit dem aktuellen Berliner Schulgesetz ist ein erweiterter Rahmen der Interessenvertretung der Eltern gesteckt worden (zum Beispiel über die Stärkung der Mitverantwortung in der Schulkonferenz), der noch ausgefüllt werden muss. Die Schule hat bis heute keine »Kultur der Mitverantwortung« flächendeckend entwickelt, die entsprechenden »Leuchttürme« stehen unverbunden in der Landschaft. Allzu oft beschränkt sich die Einbindung der Eltern auf die formalen Mitwirkungspflichten in den dafür vorgesehenen Gremien. Dabei zeigen alle Erfahrungen, dass sich Menschen stärker für das einsetzen, woran sie aktiv beteiligt sind.

Zu den Grundvoraussetzungen einer wirklichen Interessenvertretung zählt die Klärung des schulpolitischen Selbstverständnisses der zu wählenden bzw. gewählten Elternvertreterinnen. Zu den internen Entwicklungsnotwendigkeiten einer Elternvertretung gehört die Rückbindung an einen erklärten Elternwillen, der wiederum eine engagierte Darstellung und Kenntnisnahme von (externen) Alternativen, Weiterentwicklungen und Erfahrungen voraussetzt. Als hilfreich dafür hat sich die Moderation von Entscheidungsprozessen gezeigt, wie sie u. a. im BLK-Projekt »Demokratie leben und lernen« unterstützt sowie von der »Werkstatt ›Schule wird Lebenswelt‹« angeboten wird (siehe die Reportage Nicht ohne die Eltern! Oder: Wie ein spendabler Verein undeine kreative Aushandlungsgruppe die Schule bereichern im Teil B).

Kompetenzen der Eltern erkennen und nutzen

Eltern repräsentieren je nach dem Standort der Schule ein bestimmtes Spektrum an beruflichen und außerberuflichen Kompetenzen, das mit den üblichen Beteiligungs- bzw. Unterstützungsangeboten wie der Gestaltung von Buffets oder der Renovierung von Innenräumen in qualitativer Hinsicht bei weitem nicht hinreichend ausgeschöpft wird. Dabei legen einschlägige Befragungen nahe, dass viel mehr Eltern – auch Väter – zu einem Engagement bereit wären, wenn sie in ihren wirklichen Kompetenzen angefragt würden. Ein Beispiel ist die alleinerziehende Mutter aus der IT-Branche, die an kaum einer abendlichen Elternversammlung teilnehmen kann, aber vom PC aus eine wichtige Zuarbeit zur Schulzeitung leisten kann und möchte. Voraussetzung für ein verstärktes bürgerschaftliches Engagement ist in den meisten Fällen jedoch eine echte Beteiligungskultur (s. o.); ohne sie wird ein nachhaltiges Engagement der Eltern nicht zu bekommen sein. Die Einforderung von Mitarbeit ohne Beteiligung wird von kritischen Eltern als Ausbeutung verstanden.

Konkretionen:
- Eltern werden regelmäßig gefragt, welche speziellen Kenntnisse und Fertigkeiten sie in der Schule einbringen können und wollen.
- Im Zusammenhang mit Unterrichts- oder Projektthemen werden Eltern eingeladen, ihre beruflichen und außerberuflichen Kompetenzen einzubringen (zum Beispiel Polizist, Feuerwehrmann, Apothekerin, Tier-

---

58 Ein Beispiel für einen Elternfragebogen finden Sie im Teil B, Dokument 9.

ärztin, Kaufmann/-frau, Schreiner; Hobbyimkerin, ehrenamtliche Sporttrainer, »Lesemütter«, Computerexperten ...).

- Lesepatenschaften u. ä. Angebote unterstreichen die Kompetenz der Eltern für Bildungsprozesse.

Ehrenamtliche und institutionelle Angebote kombinieren

Die offene Ganztagsgrundschule ist aufgerufen, ein breites Spektrum an Möglichkeiten des Lernens, Spielens und der Erholung anzubieten. Die Basis dafür wird von den Lehrkräften, den sozialpädagogischen Fachkräften und den anderen Mitarbeiterinnen und Mitarbeitern gelegt und verantwortet. Über das ganze Jahr betrachtet, wird es jedoch viele Gelegenheiten geben, an denen Eltern und andere Erwachsene ehrenamtliche bzw. freiwillige Beiträge leisten können und wollen, die sich auf das professionelle Angebot als Basis stützen. Sie sind Ausdruck des individuellen wie kollektiven bürgerschaftlichen Interesses an einem reichhaltigen Ganztagsangebot und damit guter Entwicklungsmöglichkeiten der nachfolgenden Generation. Es wird in dieser Hinsicht darauf ankommen, die richtige Mischung aus hilfreichen und deshalb motivierenden Vorarbeiten einerseits und den Mitgestaltungsmöglichkeiten der ehrenamtlichen Helfer andererseits zu finden.

Konkretionen:
- Elemente einer erweiterten Schulkultur (zum Beispiel Schulchor oder -combo) werden von den Pädagoginnen und Pädagogen initiiert, die Eltern werden zur Teilnahme eingeladen.
- Jährlich findet ein Fest für alle Mitarbeiter und Elternvertreter statt, das diese nicht selbst organisieren müssen.
- Eltern werden gefragt, welchen Gewinn sie sich von der Zusammenarbeit versprechen bzw. unter welchen Bedingungen sie gerne mitwirken würden.
- In einem »Mensa-Beirat« wirken die Eltern an einem qualitätsvollen Schulessen mit.
- Eltern werden in Medienprojekte aller Art eingebunden (zum Beispiel Internetauftritt der Schule, Videoprojekte mit Künstlern, Zeitungs- und Radioproduktionen).
- Fördervereine entwickeln ein eigenständiges Aufgaben- und Leistungsprofil und entscheiden über die Verwendung der Gelder (vergleiche Reportage Nicht ohne die Eltern! Oder: Wie ein spendabler Verein und eine kreative Aushandlungsgruppe die Schule bereichern in Teil B).

Qualitätsentwicklung planen, Schulkultur gestalten, Schulqualität sichern

Die Berliner Grundschule ist seit der Veröffentlichung der ersten PISA-Studie im Jahr 2001 und der IGLU-Studie 2003 einem extremen Innovationsdruck ausgesetzt. Viele Vorhaben wurden in den vergangenen Jahren in kurzer Zeit neu eingeführt, und von den Pädagoginnen und Pädagogen wurden enorme Veränderungen erwartet, ohne dass in jedem Einzelfall zusätzliche Unterstützung bereitgestellt werden konnte. Manche Pädagogin, mancher Pädagoge mag bisweilen gedacht haben: »Jetzt ist es genug!«

Aber es wäre unrealistisch, zu unterstellen, dass die Erwartungen an die Qualität der öffentlichen Erziehung in den kommenden Jahren zurückgehen werden. Es gibt keinen gesellschaftlichen Bereich mehr, der sich dem ständigen Innovationsdruck in der globalisierten Welt entziehen kann. Innovation und Mitwirkung bei der permanenten Neugestaltung des eigenen Arbeitsfeldes ist zu einer Daueraufgabe jedes Arbeitnehmers in jedem Beruf geworden. Man kann das bedauern, aber man kann es vermutlich nicht ändern.

Auch für die Zukunft wird weiter gelten: Alle Berliner Schulen müssen ihre Grundsätze für den Unterricht, die Erziehung und das Schulleben im Rahmen der staatlichen Verantwortung und der geltenden Rechts- und Verwaltungsvorschriften selber bestimmen und immer wieder neu mit Leben erfüllen.[59] Sie sind daher aufgrund des Schulgesetzes (§ 8) gehalten, ein Standort-spezifisches Schulprogramm zu entwerfen und die eigene Arbeit ständig zu evaluieren. Jede Schule muss dazu »Leitideen« definieren, »Entwicklungsziele« beschließen und »Evaluationsbeauftragte« benennen. Auch sind die offenen Ganztagsgrundschulen – wie alle anderen Berliner Schulen – in ein staatliches Qualitätssicherungssystem eingebunden, das die Einhaltung der Bildungsstandards im Unterricht gewährleisten soll. Die dafür vorgesehenen Regelungen und Verfahren sind bekannt und werden daher hier nicht wiederholt.[60] Die Schulentwicklungsforschung hat vielfach nachgewiesen, dass der Schullei-

tung im Innovationsprozess eine zentrale Rolle zukommt: Starke Schulen haben starke Schulleitungen. Schulleitungen können Innovationsbemühungen im Kollegium ermutigen, unterstützen und mit zusätzlichen Ressourcen versehen; sie können aber die Reformbemühungen einzelner Pädagoginnen und Pädagogen auch schon im Keime ersticken. Die kontinuierliche und professionelle Entwicklung der Schulqualität gehört aber zu den Kernaufgaben von Schulleitung. In der offenen Ganztagsschule muss diese Funktion gemeinsam mit den leitenden Erzieherinnen wahrgenommen werden.

Aufgabenfelder

Wie schon in den vorherigen Abschnitten ausgeführt, ergeben sich für die offene Ganztagsgrundschule besondere Gestaltungsaufgaben, die aus der sehr unterschiedlichen und für die meisten Kinder längeren Verweildauer am Schultag, aus dem erweiterten Auftrag der Schule und aus der multiprofessionellen Zusammensetzung des Kollegiums resultieren:

Anregungsreichtum und Rückzugsmöglichkeiten sicherstellen

Wenn einzelne Schülerinnen und Schüler acht, zehn oder gar zwölf Stunden am Tag in der Schule verbringen, ist diese nicht mehr bloß eine Unterrichtseinrichtung. Sie ist ein primärer Lebensort des Kindes, der mit der gleichen Sorgfalt gestaltet werden muss wie die familiale Lebenswelt eines Kindes – nur in diesem Fall für viele Dutzend oder gar mehrere Hundert Kinder. Eine bedeutsame Entwicklungsaufgabe besteht mithin darin, eine sozial und intellektuell hinreichend anregende Lernumwelt bereitzustellen, in der über das übliche Unterrichtsangebot hinaus vielfältige Interessen geweckt und gepflegt werden können. Genauso wichtig ist es aber auch, Rückzugsmöglichkeiten sicherzustellen, wo die Kinder dem

---

59 Vergleiche Schulgesetz für das Land Berlin vom 26. Januar 2004, § 7 (2). Ein Konkretisierungsbeispiel finden Sie in der Reportage Klare Steuerung und Raum für kreative Ideen im Teil B.

60 Vergleiche die Ausführungsvorschriften zur Erstellung des Schulprogramms – AV Schulprogramm – vom 11. Juni 2008, im Internet unter http://www.berlin.de/imperia/md/content/sen-bildung/schulqualitaet/av_schulprogramm_01._juli_2008.pdf sowie die Erläuterungen zur AV Schulprogramm, im Internet unter http://www.berlin.de/imperia/md/content/sen-bildung/schulqualitaet/av_schulprogramm_erlaeuterung.pdf. Ferner die weiteren Ankündigungen und Programmschriften der Senatsbildungsverwaltung unter http://www.berlin.de/sen/bildung/schulqualitaet/index.html

ständigen Einblick der Erwachsenen entzogen sind und auch mal »unter sich« sein können. Nur wenn Kinder über einen erheblichen Teil ihrer Zeit selbst verfügen können, können sie jene Selbstständigkeit, jene Kreativität und jenen Unternehmergeist entwickeln, über die sie später als Erwachsene in einer konkurrenz- und leistungsorientierten Gesellschaftsordnung werden verfügen müssen, um erfolgreich zu sein. Die richtige Kombination aus Verbindlichkeit und Freiheit, individuellem und gemeinsamem Handeln herzustellen ist somit eine tägliche Gestaltungsaufgabe aller Pädagoginnen und Pädagogen in der offenen Ganztagsgrundschule.

Schule als Lebensort gestalten

Wenn die Schule aufgrund der längeren Verweildauer der Kinder mehr und mehr Verantwortung für die physische und psychische Entwicklung sowie den Schulerfolg der Kinder erhält, muss sie dieser Verantwortung auch durch entsprechende Überlegungen und Routinen Rechnung tragen. Hierbei geht es primär nicht um irgendwelche »Maßnahmen« und »Bildungsangebote«, sondern zu allererst um die Beheimatung der Kinder, insbesondere der kleinen Kinder, in der Schule: um die Sicherstellung von Geborgenheit in überschaubaren Gruppen mit vertrauten Personen in eigenen Räumen. Jeder Form von »Verwahranstalt« und »pädagogischem Verschiebebahnhof« ist konsequent vorzubeugen.

Die Kinder beteiligen

Zu diesem Zweck müssen die einzelnen Lerngemeinschaften, also die Kinder und die ihnen zugewiesenen Pädagoginnen und Pädagogen ggf. zusammen mit den jeweils benachbarten Lerngruppen in erster Linie ihre Umgangsformen im gemeinsamen Dialog miteinander aushandeln, einige unerlässliche Regeln verabreden, erproben und ggf. revidieren und das Miteinanderleben in der großen »Familie« der verschiedenen schulischen Lerngruppen sozial verträglich gestalten lernen. Bei der Regelung der gemeinsamen Angelegenheiten im wöchentlichen Klassenrat sowie im Schulparlament, das idealerweise von den gewählten Schülervertretern geleitet wird, können schon die kleinen Kinder Demokratie als Form der gesitteten und auch die Bedürfnisse von Minderheiten berücksichtigenden Interessendurchsetzung authentisch erfahren und leben lernen. So können auch die Kinder – ganz im Sinne der Kinderrechtskonvention der

Vereinten Nationen – schon an der Gestaltung der Schule mitwirken.[61]

Die Teamstrukturen gestalten

Wenn Menschen unterschiedlichster Ausbildung und Profession diese Aufgaben gemeinsam wahrnehmen, müssen sie ihre Beziehungen zu einander sehr bewusst gestalten: in systematisierten Formen der Kooperation, im wechselseitigen Respekt vor der speziellen Fachkenntnis des jeweils Anderen und im Vertrauen auf das Wohlwollen und die unabdingbare Verlässlichkeit aller Teampartner (vergleiche Kapitel Kooperationen gestalten).

Eltern beteiligen

Ganztagsschulen haben nicht die Aufgabe, die Eltern von ihren Erziehungspflichten zu entlasten. Vielmehr sollen und können sie gerade berufstätigen Eltern vermehrte Mitwirkungsmöglichkeiten an der Entwicklung der Schule ihrer Kinder bieten und die spezifischen Kompetenzen der Eltern in besonderem Maße für die Qualitätsentwicklung nutzen (vergleiche Kapitel Zusammenarbeit mit Eltern).

Keines dieser Aufgabenfelder erledigt sich von alleine, alle erfordern eine systematische Bearbeitung, schulöffentliche Debatte und Abstimmung in den zuständigen Gremien sowie die konsequente Umsetzung in der pädagogischen Praxis. Qualitätsentwicklung wird damit zur permanenten Aufgabe aller an Schule beteiligten Gruppen und Personen – einschließlich der Eltern und außerschulischen Kooperationspartner.

Leitideen

Für alle Schulen in unserem Land gilt die allgemeine Zielformel, dass sie die Persönlichkeitsentwicklung der Schülerinnen und Schüler optimal unterstützen, alle guten Anlagen fördern, Schulerfolg sicherstellen und die Kinder und Jugendlichen im Geiste der Demokratie erziehen sollen. In der offenen wie in der gebundenen Ganztagsgrundschule muss jedoch verschiedenen Punkten besondere Aufmerksamkeit geschenkt werden:

- der Beheimatung der Kinder in der Schule und ihrem Wohlbefinden als Voraussetzung erfolgreichen Lernens und gesunder Entwicklung,

---

61 Gelungene Beispiele finden sich in »Demokratie macht Schule – Schule macht Demokratie«. Bezugsadressen: Stiftung SPI, Voltairestr. 3, 10179 Berlin, E-Mail: drehscheibe@stiftung-spi.de.

- der gelingenden Rhythmisierung mit Phasen von Anspannung und Entspannung,
- der Bereitstellung anspruchsvoller unterrichtsergänzender Bildungsangebote über den ganzen Tag hinweg
- sowie der fruchtbaren Kooperation der verschiedenen »Bildungsarbeiter« in der Schule – Erzieherinnen und Erzieher, Lehrerinnen und Lehrer, Eltern und ehrenamtliche Mitwirkende.

Diese Zielstellungen sollten sich auch im Leitbild der Schule in angemessenen Formulierungen wiederfinden. »Musterformulierungen« werden hier absichtlich nicht gegeben, weil es wichtig ist, dass sich jede Schulgemeinde selbst über die ihr besonders wichtigen Ideen Klarheit verschafft und diese auch selber einmal ausformuliert, damit sie Überzeugungskraft und Glaubwürdigkeit gewinnen können. Natürlich findet man tausend Anregungen in den Schulprogrammen von entwickelten Schulen, die ja im Internet leicht aufzufinden sind.[62] Der entscheidende Prozess ihrer Wirksamwerdung liegt jedoch in den Diskursen, in denen in der jeweiligen Einzelschule über die gerade für diese Schule Geltung beanspruchenden Formulierungen gerungen und gestritten wird. Von daher beginnt jede systematische Qualitätsentwicklung mit Stärken-Schwächen-Analysen, Zielfindungsdebatten und der Formulierung von Leitideen für die jeweilige pädagogische Institution.

Instrumente der Qualitätsentwicklung

Systematische Qualitätsentwicklung als alltäglicher Prozess in einer ständig weiterlernenden Institution kann auf eine Vielzahl bewährter Instrumente zurückgreifen. Zu ihnen gehören Zielfindungsdebatten, runde Tische, Steuergruppen, Schulentwicklungsgruppen, Zielvereinbarungen, Befragungen, Bilanzrunden und Ähnliches mehr. Auch die Instrumente der externen Schulevaluation wie Vergleichsarbeiten und die Berichte der Schulinspektion liefern wichtige Daten für die schulinterne Diskussion.

Das Instrumentarium ist im Rahmen der diversen Projekte zur erhöhten Selbstständigkeit von Schulen und

Kindergärten in Deutschland erprobt und steht jedermann zur Verfügung.[63]

Schulentwicklungsgruppen

Wichtig scheint uns, dass alle Pädagoginnen und Pädagogen der Schule in die Schulentwicklungsarbeit einbezogen sind. Dies erfolgt am besten dadurch, dass die vielfältigen Aufgaben, die bei der Einrichtung und beim Betrieb einer (offenen) Ganztagsschule anfallen, in kleine überschaubare »Pakete« unterteilt und von ziel- und terminorientiert arbeitenden Kleingruppen bearbeitet werden.

Solche Schulentwicklungsgruppen können unterschiedlich lang bestehen, manche arbeiten nur einige Wochen und haben dann ihr Ziel erreicht (zum Beispiel wenn die Entrümpelung und Neugestaltung eines Fachraumes ansteht), andere werden vielleicht dauerhaft über Jahre hinweg geführt und organisieren oder begleiten systematische Prozesse (zum Beispiel die Selbstevaluation der Schule) über längere Zeitspannen. Viele Gruppen bestehen für die Dauer eines Schuljahres.

Alle diese Gruppen treffen keine eigenen Entscheidungen, sondern dienen dazu, den gesetzlich vorgesehenen Entscheidungsgremien der Schule, insbesondere der Schulkonferenz und der Konferenz der Lehrkräfte zuzuarbeiten. In all diesen Gruppen sollten Lehrerinnen und Erzieherinnen zusammen arbeiten und möglichst auch Eltern mitwirken. Damit die Qualitätsentwicklung als gemeinsame Aufgabe aller begriffen wird, sollte jeder Pädagoge und jede Pädagogin einer Schule in wenigstens einer Schulentwicklungsgruppe mitwirken. Je nach behandeltem Gegenstand bietet es sich an, außerschulische Kooperationspartner ebenfalls in die jeweilige Schulentwicklungsgruppe einzubeziehen.

Die Steuergruppe

Damit die Vielzahl der an der Qualitätsentwicklung arbeitenden Gruppen immer weiß, was die anderen tun, und Doppelungen vermieden werden, empfiehlt es sich,

---

62 Vergleiche u. a. die Schulprofile der Berliner Grundschulen im Schulenverzeichnis der Senatsverwaltung für Bildung, Wissenschaft und Forschung Berlin: http://www.berlin.de/sen/bildung/schulverzeichnis_und_portraets/, beispielhaft auch: http://www.cidsnet, http://www.ganztaegig-lernen.org, http://www.muenster.org/Wartburg-Grundschule/ u. v. a. m.

63 Vergleiche in erster Linie die Internetseiten der Senatsverwaltung für Bildung, Wissenschaft und Forschung Berlin zum Menüpunkt »Schulqualität«. Hilfreiche Handreichungen in Buchform finden sich bei Altrichter, Herbert; Schley, Wilfried; Schratz, Michael (1998); Klippert, Heinz (2000); Rolff, Hans-Günter; Buhren, Claus G. (2000). Siehe ferner die Veröffentlichungen der Projekte »QuiGS – Qualitätssicherung in Grund- und Sonderschulen«, »Schulprogrammentwicklung und Evaluation« und »MES – Modellvorhaben eigenverantwortliche Schule« sowie die Materialien zur Schulentwicklung: »Schulqualität in Berlin. Themenheft 1: Schulprogramm und Evaluation«, Berlin 2000, jeweils herausgegeben von der Senatsverwaltung für Bildung, Jugend und Sport Berlin. Speziell auf die Situation von Ganztagseinrichtungen zugeschnitten ist der sehr gute »Methodenkoffer« von Gabriele Nordt (2005).

eine Gruppe für die Steuerung des Gesamtprozesses einzusetzen. Die Aufgaben dieser Steuergruppe sind:

- den Informationsstrom zu organisieren,
- die Schulentwicklungsgruppen zu betreuen,
- die Arbeitsgruppen zeitlich zu koordinieren,
- die abgegebenen Ergebnisse der Schulentwicklungsgruppen zu sammeln, zu bearbeiten und die Vorschläge in die zuständigen Entscheidungsgremien einzuspeisen
- sowie Mitarbeitertreffen und Auswertungstreffen zu organisieren.

Die Steuergruppe, die in der Regel vierzehntägig oder einmal monatlich tagt, sollte sich aus je ein bis zwei gewählten Repräsentanten der Lehrerinnen und Lehrer, der Erzieherinnen und Erzieher sowie der Eltern der Schule zusammensetzen; daneben sind die Schulleitung und stellvertretende Schulleitung sowie die leitende Erzieherin »geborene Mitglieder« der Steuergruppe.

Um die Mitwirkungsmotivation und die Autorität des Gremiums gegenüber dem restlichen Kollegium zu erhöhen und zugleich Rollenkonfusionen zu vermeiden, sollte die Leitung der Steuergruppe nicht bei der Schulleitung, sondern bei einem der gewählten Mitglieder liegen: einer Erzieherin, einer Lehrerin oder einer Mutter, einem Vater.

Zielvereinbarungen

Wo so viele Menschen in so komplexe Prozesse miteinander verwoben sind, sind gewisse Formalismen hilfreich, die die Komplexität reduzieren oder zumindest überschaubar machen. Hierzu gehört vor allem das Instrument der Zielvereinbarung.

In einer Zielvereinbarung fassen die Mitglieder einer Arbeitsgruppe, zum Beispiel einer Schulentwicklungsgruppe, schriftlich in Stichworten zusammen, was sie vorhaben, was sie bis wann erreichen wollen und woran sie erkennen können, dass sie ihr Ziel erreicht haben. Daneben werden gleich Termine und Verantwortlichkeiten festgelegt, so dass die gemeinsame Arbeit ein hohes Maß an Verbindlichkeit erhält und auch für Außenstehende, zum Beispiel die Steuergruppe transparent wird, was die jeweilige Gruppe eigentlich tut.

Zielvereinbarungen enthalten in der Regel möglichst präzise Aussagen zu folgenden Stichpunkten:

- Worum geht es?
- Wer macht mit?
- Was ist das Ziel?
- Welche Teilschritte sind erforderlich?
- Was ist das erwartete Produkt?
- Wann soll das Ziel erreicht sein?
- Wer ist wofür verantwortlich und macht wann was?
- Wann und wo trifft sich die Gruppe?

Die Schulleitung und die Steuergruppe erhalten je eine Kopie der Zielformulierungen; sie können zusätzlich auch an einer Infowand im Schulhaus ausgehängt werden, so dass Transparenz entsteht und jeder – auch Eltern! – Ideen einbringen und die Mitglieder der einzelnen Schulentwicklungsgruppen mit Wünschen oder Vorschlägen ansprechen kann.

Die Zielformulierungen sollten den sogenannten »SMART«-Kriterien entsprechen. SMART steht für »spezifisch – messbar – aktiv beeinflussbar – realistisch – terminiert«.[64] Die Kooperationsverträge mit Freien Trägern enthalten nicht nur formale Vereinbarungen, sondern vorgängig auch eine Beschreibung der gemeinsamen Ziele und Interessen im Sinne von Zielvereinbarungen. Das bedeutet, dass die Zielformulierungen operationalisiert werden sollten: Man muss an irgendeinem objektiven Kriterium sehen können, ob und wann das Ziel erreicht wurde oder nicht.[65]

Zielvereinbarungen machen aber nur Sinn, wenn sie regelmäßig auf ihre Umsetzung hin überprüft werden. Das ist eine genuine Aufgabe der Steuergruppe.

Evaluation und Qualitätssicherung

Evaluation ist ein Mittel zur kontinuierlichen und systematischen Weiterentwicklung und Sicherung der Qualität in der offenen Ganztagsschule und schließt die ihr angeschlossenen Kooperationseinrichtungen der Jugendhilfe ein. Die im nachfolgenden Kapitel benannten Entwicklungsziele kennzeichnen die spezifische Qualität der offenen Ganztagsschule. Sie sind damit Grundlage für die interne wie die externe Evaluation.

Interne Evaluation – Selbsteinschätzung durch alle in der Schule wirkenden Personengruppen – und externe Evaluation – Fremdeinschätzung durch unabhängige Experten – ergänzen sich wechselseitig.

---

64 Vergleiche Nordt, Gabriele (2005).
65 Ein Beispiel für eine Zielvereinbarung finden Sie in Teil B, Dokument 10.

In einem ersten Schritt dient interne Evaluation dazu, sich der erreichten Qualität zu vergewissern und sich die eigenen Stärken und Ressourcen in einem gemeinsamen Prozess aller Beteiligten bewusst zu machen. In einem zweiten Schritt geht es darum, entlang der gemeinsamen Ziele Entwicklungsnotwendigkeiten zu identifizieren, um im dritten Schritt zu vereinbaren, welche konkreten Entwicklungsvorhaben unter den je gegebenen Rahmenbedingungen umgesetzt werden können. Hierzu wird ein Handlungsplan erarbeitet, der bestimmt, wer mit wem bis wann welche konkreten Schritte der Weiterentwicklung der Qualität einleitet und durchführt.

Die Maßstäbe, mit denen sich die Pädagoginnen und Pädagogen der erreichten Qualität vergewissern und die Entwicklungsnotwendigkeiten identifizieren, sind die in diesem Programm benannten Entwicklungsziele (vergleiche Kapite Entwicklungsziele). Sie müssen aber noch im Kontext der jeweiligen Einrichtung konkretisiert werden.

Externe Evaluation geschieht zum einen durch regelmäßige Schulinspektionen, die sich auf das gesamte Schulgeschehen einschließlich ihrer Kooperationsbezüge beziehen, und zum anderen durch die im Berliner Schulgesetz geregelten Vergleichsarbeiten, die die erzielten Unterrichtsleistungen der Schülerinnen und Schüler erheben. Die Ergebnisse der externen Evaluation können wichtige Orientierung für die interne Evaluation geben. Umgekehrt geben Ergebnisse der internen Evaluation den externen Evaluatoren wichtige Informationen und Hinweise zum Prozess der Qualitätsentwicklung an der jeweiligen Schule.

Evaluation als kontinuierliches und systematisches Verfahren der Qualitätsentwicklung und -sicherung benötigt – neben der systematischen Verwendung geeigneter Evaluationsinstrumente (zum Beispiel offene oder standardisierte Fragebögen) – gemeinsame Reflexionszeiten in Kleinteams und im Gesamtteam einer Schule sowie Reflexionszeiten mit den Schülerinnen und Schülern, mit deren Eltern und mit den außerschulischen Kooperationspartnern. Diese Zeiten müssen bei der Personalbemessung und der Dienstplangestaltung berücksichtigt werden.

Bei den internen Evaluationen zum Berliner Bildungsprogramm für die Kindertageseinrichtungen[66] hat sich herausgestellt ist, dass es günstig ist, für diesen Prozess Teamtage zu reservieren. An einem schulinternen Fortbildungstag (Studientag) können sich Lehrer und Lehre-

rinnen, Erzieherinnen und Erzieher mit einem der n Kapitel Entwicklungsziele benannten Zielkomplexe intensiv auseinandersetzen und zu Entwicklungsvereinbarungen kommen. Vorarbeiten der Schulentwicklungsgruppen und der Steuergruppe und evtl. bereits erarbeitete Zielvereinbarungen werden hier mit Blick auf den ausgewählten Zielkomplex miteinander verbunden. Die Ergebnisse des jeweiligen Abschnitts einer internen Evaluation sollten in der Steuergruppe dann wieder auf Konsequenzen für die Fortschreibung des Schulprogramms geprüft werden.

Angesichts der Fülle und der Komplexität der Entwicklungsziele ist es notwendig, sich bei der Planung des Evaluationsprozesses darauf zu verständigen, wie bei den je vorhandenen Zeitressourcen eine Balance zwischen Tiefe und Breite hergestellt werden kann. Es wird zumindest zu Beginn eines Evaluationsprozesses nicht möglich sein, mehr als einen Zielkomplex an einem Studientag mit der angemessenen Gründlichkeit zu bearbeiten. Im Laufe der Zeit und mit wachsender Erfahrung kann sich der Prozess beschleunigen, weil sich das Team auf bereits gemeinsam erarbeitete Ergebnisse beziehen kann.

Damit sich alle Beteiligten gleichermaßen auf den Prozess der Selbsteinschätzung einlassen können, ist es sinnvoll, diesen Prozess von einem Evaluationsberater oder einer Evaluationsberaterin begleiten zu lassen. Aufgabe der Evaluationsberater ist es, den Evaluationsprozess methodisch anzuleiten und zu moderieren. Er oder sie schlägt die Verwendung geeigneter Instrumente vor (Interviews, Diskussion, Reflexion, Vergleichsarbeiten, Fragebögen usw.). Ferner muss er oder sie darauf achten, dass die Perspektiven aller Beteiligten angemessen berücksichtigt werden, und sicherzustellen, dass die interne Evaluation auch in konkrete Vorhaben der Qualitätsüberprüfung und in entsprechende Zielvereinbarungen und Handlungspläne mündet.

Evaluationen – sowohl die interne wie die externe – machen auch deutlich, zu welchen Themen bzw. Prozessfragen Fortbildungsbedarf besteht. Evaluation ist so auch ein Mittel zur Entwicklung einer schulinternen Fortbildungskonzeption.

Im Teil B (Dokument 11) wird beispielhaft ausgeführt, wie die Übersetzungsprozesse und -prozeduren von der Ebene der Entwicklungsziele bis zum konkreten innovatorischen Handeln in der Praxis aussehen könnten. Dabei werden die Entwicklungsziele in Leitziele, Mittlerziele und Handlungsziele im Sinne einer fortschreitenden Konkre-

---

66 Für die interne Evaluation zum Berliner Bildungsprogramm in den Kindertageseinrichtungen liegen Instrumente und Verfahren vor, die einen systematischen Evaluationsprozess unterstützen: http://www.ina-fu.org/.

tisierung aufgeteilt. Selbstverständlich kann die Zuordnung von Handlungs- zu Mittlerzielen an anderen Orten und unter anderen Umständen ganz anders aussehen. Es kommt gerade darauf an, diesen Übersetzungsprozess im spezifischen Kontext der jeweiligen Schule gemeinsam zu gestalten.

Entwicklungsziele

Leitideen sind Orientierungshilfen im Alltag, die die Philosophie einer Einrichtung widerspiegeln und ihr spezielles Ethos charakterisieren. Sie dienen der Selbstvergewisserung in Zeiten der Reflexion auf das eigene Handeln und sind notwendigerweise allgemein gehalten und nicht

unmittelbar handlungsleitend gemeint. Für das konkrete Handeln im Alltag werden spezifischere Zielsetzungen benötigt, eindeutige Wegmarken, die das große Leitziel konkretisieren und auf einen speziellen Anwendungsfall hin durchdenken und beschreiben. In der Organisationsentwicklung werden dazu häufig Zielhierarchien oder Entwicklungsschritte unterschiedlicher Reichweite benannt (zum Beispiel »Leitziele ➪ Mittlerziele ➪ Handlungsziele« nach Gabriele Nordt)[67], die die großen Ideale bis auf die Ebene des Alltagshandelns »herunterbrechen«, was im Anschluss an dieses Kapitel einmal exemplarisch ausgeführt wird. Wir fassen Mittlerziele und Handlungsziele zusammen, wenn wir im Folgenden typische Entwicklungsziele von offenen Ganztagsgrundschulen zusammenstellen.

---

67 Vergleiche Gabriele Nordt (2005).

Listen wie die nachfolgenden lösen bei Pädagoginnen und Pädagogen in der Praxis oft Gefühle der Überforderung aus, die bisweilen in Abwehr umschlagen: »Wie sollen wir das denn auch noch alles schaffen? Haben wir nicht genug damit zu tun, den Unterricht ordentlich vor- und nachzubereiten? Woher sollen wir eigentlich die Zeit nehmen, all diese Ansprüche Wirklichkeit werden zu lassen? Und wer hilft uns denn dabei? Und müsste nicht zuerst die Schulverwaltung die erforderlichen Voraussetzungen schaffen und vor allem mehr Geld und Personal bereitstellen?«

So verständlich solche Einwände auf den ersten Blick erscheinen mögen, halten sie doch in der Regel einer genaueren Nachfrage nicht stand: Denn einerseits realisieren viele Schulen ja viele der genannten Ziele längst, zeigen also, dass sie im Prinzip alle realisierbar sind. Andererseits weist schon der Terminus »Entwicklungsziele« darauf hin, dass sie nicht alle sofort und nicht alle gleichzeitig realisiert werden müssen. Sie sollten als Zielmarken für das Ende eines Entwicklungsprozesses begriffen werden, der allerdings systematisch betrieben werden muss und realistischerweise niemals aufhört. Wie für jede einzelne Unterrichtsstunde gilt auch für die Schule als Ganze der bekannte Satz von Robert Mager: »Wer nicht weiß, wohin er will, braucht sich nicht zu wundern, wenn er ganz woanders ankommt.«[68] Und wie für jede andere Institution gilt auch für die Schule, dass eine Einrichtung, die sich nicht kontinuierlich weiter entwickelt, eine sterbende Einrichtung ist.

Dabei lassen sich alle nachfolgenden Entwicklungsziele zugleich als Qualitätskriterien für die Selbstevaluation der Schule lesen. Allerdings gilt es, die einzelnen Ziele für die Qualitätssicherung zuvor zu gewichten. Es ist offenkundig, dass nicht alle aufgezählten Ziele gleichwertig sind. Selbstverständlich sind Ziele, die sich auf das physische und psychische Wohl der Kinder oder auf ihre Selbstständigkeitsförderung beziehen, bedeutsamer als solche, die sich mit Raum- oder Zeitgestaltung befassen.

Im Übrigen nimmt sich die Senatsverwaltung für Bildung, Wissenschaft und Forschung als Mitherausgeber dieses Bildungsprogramms mit seiner Veröffentlichung genauso selbst in die Pflicht wie die übrigen Mitherausgeber: Sie weiß, dass auch strukturelle Veränderungen im Schulwesen immer wieder gefordert sind, um die angestrebten Ziele langfristig erreichen zu können, und ist permanent bemüht, solche Veränderungen auf den Weg zu bringen. Natürlich ist sie dabei aber immer an die gesetzlichen Vorgaben und die Möglichkeiten der jeweils aktuellen Haushaltslage gebunden, die der Souverän, also das Abgeordnetenhaus von Berlin, vorgibt. Die Tatsache, dass es für manche der genannten Entwicklungsziele derzeit noch keine Haushaltsmittel gibt, bedeutet aber nicht, dass die Ziele irrelevant oder gar illegitim sind, sondern dass für die Bereitstellung der erforderlichen Mittel im politischen Raum noch gestritten und Unterstützung gesucht werden muss.

---

68 Mager, Robert F. (1971).

Entwicklungsziele mit Bezug auf das physische und psychische Wohl der Kinder

	Entwicklungsziel	verantwortlich für die Realisierung				
		Pädagoginnen und Pädagogen	Senatsverwaltung	Schulträger	Träger der Jugendhilfe	Eltern
1	Jedes Kind hat in der Schule eine Anlaufstelle, wo es in besonderen Belastungssituationen Rat und Hilfe bekommt und jederzeit einen verlässlichen, ihm persönlich vertrauten erwachsenen Ansprechpartner findet.	●				
2	Für die Kommunikation mit Migranteneltern und Migrantenkindern, die der deutschen Sprache nicht hinreichend mächtig sind, stehen Helfer bereit, die übersetzen können.	●	●	●	●	●
3	Jedes Kind hat jeden Tag Zeit und Raum für selbstbestimmtes Tun und ungestörte Aktivitäten.	●				
4	Jedes Kind hat die Möglichkeit, sich seine Spielpartner selbst auszuwählen.	●				●
5	Es gibt eine entwickelte Praxis der Konfliktregulierung unter den Schülerinnen und Schülern.	●				
6	Es gibt tägliche Bewegungszeiten in der Schule.	●				
7	Jedes Kind hat jederzeit Zugang zu frischem Obst und kostenlosen Getränken (Wasser, Saftschorle, Tee).	●	●	●	●	●
8	Kinder, die die Frühbetreuung vor Unterrichtsbeginn wahrnehmen, bekommen dort ein gesundes Frühstück. Für das Pausenfrühstück am späteren Vormittag wird eine spezielle Frühstückszeit reserviert, damit alle Kinder in Ruhe essen können.	●	●	●	●	●
9	Das Mittagessen wird gemeinsam mit den Lehrerinnen und Lehrern und/oder Erzieherinnen und Erziehern in einer besonders gepflegten Atmosphäre eingenommen. Jede Form der Massenspeisung ist zu vermeiden.	●		●	●	●
10	Es gibt auch am Nachmittag einen Imbiss für den »kleinen Hunger zwischendurch«.	●	●	●	●	●

Entwicklungsziele mit Bezug auf die Förderung der Selbstständigkeit und Mitwirkungskompetenzen der Kinder

	Entwicklungsziel	verantwortlich für die Realisierung				
		Pädagoginnen und Pädagogen	Senatsverwaltung	Schulträger	Träger der Jugendhilfe	Eltern
1	Kinder planen mit, welche Aktivitäten zu welchen Zeiten des Tages an welchen Orten in der Schule möglich sind.	●				
2	Die Schülerinnen und Schüler wirken an der Ausgestaltung ihres individuellen Wochenarbeitsplans mit.	●				
3	Kinder handeln mit den Lehrerinnen und Lehrern sowie Erzieherinnen und Erziehern Prinzipien für ein gelingendes Zusammenwirken in der Schule aus und leiten daraus gemeinsam für alle geltende Regeln ab.	●				
4	Die Schule überprüft ihre Grundsätze der Aufsichtsführung im Hinblick auf die Förderung der Selbständigkeitsentwicklung der Kinder.	●			●	
5	Es gibt in jeder Klasse einen Klassenrat zur Beratung der gemeinsamen Fragen und Alltagsprobleme in der Lerngemeinschaft. Der Klassenrat wird von den Schülerinnen und Schülern geleitet.	●				
6	Es gibt ein Schulparlament, in dem Kinder, Eltern, Pädagoginnen und Pädagogen und die außerschulischer Kooperationspartner zusammenwirken und den Schulalltag gemeinsam beraten. Das Schulparlament wird von den Kindern geleitet.[69]	●			●	●

---

69 Klassenrat und Schulparlament sind in erster Linie pädagogische Beratungsgremien, in denen die Kinder ihre Interessen vertreten und an der Regelung eines friedfertigen Zusammenlebens in der Schule mitwirken lernen sollen. Sie können und sollen die gesetzlich definierten Kompetenzen der diversen Mitwirkungsgremien in der Schule natürlich nicht in Frage stellen oder diese gar außer Kraft setzen. Wohl aber können sie diesen Gremien zuarbeiten.

Entwicklungsziele mit Bezug auf die Integration von Kindern mit besonderen Begabungen und mit besonderem Förderbedarf

	Entwicklungsziel	verantwortlich für die Realisierung				
		Pädagoginnen und Pädagogen	Senatsverwaltung	Schulträger	Träger der Jugendhilfe	Eltern
1	Alle Kinder, die in die Schule aufgenommen wurden, werden in ihrer Einzigartigkeit anerkannt, erfahren Wertschätzung und Zuwendung und werden, so weit es jeweils geht, in möglichst alle Bildungsangebote einbezogen.	●	●	●	●	●
2	Für Kinder, die besonders leicht oder besonders schnell lernen, werden anspruchsvolle Bildungsangebote vorgesehen, die ihren besonderen Fähigkeiten angemessen sind.	●	●	●	●	
3	Für Kinder mit Behinderungen oder solche, die einer besonderen Pflege oder Versorgung bedürfen, stehen ganztägig Pädagoginnen und Pädagogen bereit, die im Umgang mit diesen Kindern geschult sind.	●	●	●	●	
4	Für Kinder mit Behinderungen, die eine längere Ruhephase in der Mittagszeit benötigen, wird eine solche sichergestellt. Kinder, die besonders viel Bewegung brauchen, erhalten hierzu hinreichend Möglichkeiten.	●			●	
5	Wenn ein Kind mit einer Behinderung neu in die Schule aufgenommen wird, erhält das gesamte Pädagogenteam, das mit diesem Kind zu tun haben wird, eine spezielle Fortbildung und Einweisung in den richtigen Umgang mit diesem Kind.	●	●	●	●	
6	Die Erzieherinnen und die Anbieter von unterrichtsergänzenden Bildungsangeboten werden in die Aufstellung der Förderpläne einbezogen. Die Förderpläne beziehen sich nicht nur auf die vormittäglichen, sondern auch auf die unterrichtsergänzenden Angebote am Nachmittag.	●	●	●	●	
7	In den Personaleinsatzplänen werden Überschneidungszeiten eingesetzt, die eine ruhige »Übergabe« der Kinder von einer Bezugsperson an die nächste und eine Kurzbesprechung zwischen den Pädagoginnen und Pädagogen ermöglichen.	●			●	
8	Die beiden Antragsverfahren für die Zuweisung von sonderpädagogischem Zusatzpersonal für den Unterricht (Sonderpädagogen) und für die unterrichtsergänzenden Angebote vor und nach dem Unterricht (Facherzieher für Integration) werden gemeinsam und so frühzeitig durchgeführt, dass das erforderliche Fachpersonal zum Datum der Einschulung des Kindes auch in den Einrichtungen verfügbar ist.		●	●	●	

Entwicklungsziele mit Bezug auf die Raumgestaltung[70]

	Entwicklungsziel	verantwortlich für die Realisierung				
		Pädagoginnen und Pädagogen	Senatsverwaltung	Schulträger	Träger der Jugendhilfe	Eltern
1	Die Kinder planen mit, wie die Räume in der Schule gestaltet bzw. verändert werden können, so dass jedes Mädchen und jeder Junge einen Ort findet, an dem sie oder er sich wohl fühlt.	●				
2	Es gibt Räume für informelles Tun, die von den Kindern permanent verändert und umgestaltet werden können.	●		●	●	
3	Es gibt Rückzugs- und Ruheräume, in die sich Kinder jederzeit zurückziehen und »für sich sein« können.	●		●	●	
4	Es gibt ausreichend Innen- und Außenräume für Sport und Bewegung.	●		●	●	
5	Es gibt unterschiedliche Werkstätten, in denen formelle, halb-formelle und informelle Produktionen möglich sind.	●		●	●	
6	Alle Räume der Schule bzw. der externen Träger sind ansprechend, behaglich und von hoher ästhetischer Qualität.	●		●	●	
7	Gepflegte und saubere Waschräume und Toiletten regen zur täglichen Körperpflege an. Es gibt auch warmes Wasser zum Händewaschen. Toiletten und Hygieneräume werden mindestens zweimal täglich gereinigt.	●		●	●	
8	Alle Räume sind frei von Giften aller Art, insbesondere von Baugiften.			●	●	
9	Alle Räume verfügen über hochwertige Schallschluckvorkehrungen, so dass der Lärmpegel in der Schule gering bleibt.			●	●	
10	Für Kinder mit schweren Behinderungen gibt es Treppenlifte oder Aufzüge sowie hochwertig ausgestattete Hygieneräume, die die hygienische Versorgung dieser Kinder in e nem würdigen Rahmen erlaubt.			●	●	

70 Es ist unter Berücksichtigung der jeweils gegebenen räumlichen Bedingungen zu prüfen, wie diese Entwicklungsziele umgesetzt werden können.

Entwicklungsziele mit Bezug auf den Umgang mit der Zeit

	Entwicklungsziel	Pädagoginnen und Pädagogen	Senatsverwaltung	Schulträger	Träger der Jugendhilfe	Eltern
	verantwortlich für die Realisierung					
1	Der Tag in der Schule beginnt und endet mit gemeinsamen Aktivitäten (zum Beispiel Morgenkreis und Tagesschlussritual).	●				
2	Der Schultag ist rhythmisiert. Es gibt keine 45-Minuten-Stunden mehr.	●				
3	Für das Mittagessen wird genügend Zeit eingeplant.	●			●	
4	Der Tagesplan sieht Zeiten von Anspannung und Entspannung in angemessenem Wechsel vor.	●			●	
5	Alle an der pädagogischen Arbeit beteiligten pädagogischen Fachkräfte strukturieren den Wochenplan gemeinsam und beteiligen dabei die Kinder.	●			●	
6	Die Kinder verfügen über angemessene Zeiträume, die sie in eigener Entscheidung ausfüllen können.	●				
7	Kinder, die im Laufe des Tages die Bezugsgruppe wechseln müssen, werden nach Möglichkeit persönlich an das nächste Team »übergeben«.	●			●	
8	Es gibt verbindliche Präsenzzeiten in der Schule für die Lehrerinnen und Lehrer genauso wie für die Erzieherinnen und Erzieher.	●	●	●	●	

Entwicklungsziele mit Bezug auf die Kooperation im Team und mit den außerschulischen Partnern

	Entwicklungsziel	verantwortlich für die Realisierung				
		Pädagoginnen und Pädagogen	Senatsverwaltung	Schulträger	Träger der Jugendhilfe	Eltern
1	An jeder Grundschule gibt es eine »Übergangsbeauftragte«, also eine verantwortliche Ansprechpartnerin oder einen Ansprechpartner für den Übergang vom Kindergarten zur Schule und die Kooperation mit den Kindergärten.	●				
2	Die Erzieherinnen und Erzieher, die in der offenen Ganztagsgrundschule tätig sind, sind speziellen Klassen zugeordnet, so dass sie mit den Lehrerinnen und Lehrern Klassenteams bilden können, die sich die Bildungsarbeit teilen und die Schülerinnen und Schüler »ihrer« Klasse intensiv kennenlernen können.[71] Die Mitglieder des Klassenteams stehen den Kindern und den Eltern gleichberechtigt als Kontaktpartner zur Verfügung.	●			●	
3	Das Kollegium ist in Kleinteams unterteilt (»Team-Kleingruppen-Modell«), die als räumliche und personelle Einheiten nur für eine begrenzte Zahl von Lerngruppen und Kindern zuständig sind und ihre Arbeitszeit möglichst ausschließlich in und mit diesen Einheiten verbringen. Diese Kleinteams regeln alle Belange der Unterrichts- und Bildungsorganisation autonom, die nicht die Schule als ganze tangieren. Zu diesen Teams zählen nicht nur die Lehrerinnen und Lehrer, sondern auch die Erzieherinnen, Sonderpädagoginnen, Facherzieherinnen, Schulhelfer und sonstiges pädagogisches Personal.	●	●			
4	Es gibt wöchentliche Besprechungszeiten für diese Kleinteams, die im Wochenarbeitsplan der Lehrerinnen und Lehrer ebenso verbindlich verankert sind wie bei den Erzieherinnen und Erziehern.	●				
5	Lehrerinnen, Sonderpädagoginnen und Erzieherinnen besuchen Fortbildungsveranstaltungen gemeinsam.	●	●	●	●	
6	Die individuellen Zeiten für die Herstellung und Pflege von Kooperationsbeziehungen sind im Dienstplan berücksichtigt.	●			●	
7	Es gibt regelmäßige gemeinsame Planungssitzungen mit den außerschulischen Kooperationspartnern.	●		●	●	
8	Es gibt Kooperationsverträge mit außerschulischen Partnern.	●		●	●	

71 Die Bildungsarbeit teilen bedeutet, dass Lehrer und Erzieher die Bildungsangebote der ganzen Woche gemeinsam planen und absprechen und sich wechselseitig mit ihren je spezifischen Kompetenzen aushelfen. Damit wird die spezielle Verantwortung der Lehrerinnen und Lehrer für die Unterrichtsgestaltung und den Unterrichtserfolg nicht angetastet.

Entwicklungsziele mit Bezug auf die Zusammenarbeit mit den Eltern

	Entwicklungsziel	verantwortlich für die Realisierung				
		Pädagoginnen und Pädagogen	Senatsverwaltung	Schulträger	Träger der Jugendhilfe	Eltern
1	Es gibt ein »Einführungskonzept« für neue Familien und Kinder, das Aussagen macht zum Übergang in die Ganztagsgrundschule.	●				●
2	Es gibt ein Konzept, das die Eltern zur Teilnahme am Schulalltag, an Projekten, Arbeitsgemeinschaften und anderen Angeboten einlädt.	●				●
3	Über Portfolios, Lerntagebücher oder Ähnliches erhalten Eltern die Möglichkeit, regelmäßig und zeitnah an der Entwicklung ihres Kindes teilzuhaben. Sie werden zu Hospitationen und Entwicklungsgesprächen eingeladen.	●				●
4	Die Mitwirkung der Eltern in Gremien und darüber hinaus wird aktiv gefördert.	●			●	●
5	Eltern werden regelmäßig als Kooperationspartner angesprochen. Hierbei werden kulturelle und Bildungsunterschiede berücksichtigt, um möglichst allen Eltern eine angemessene Beteiligung zu ermöglichen.	●				●
6	Es wird darauf geachtet, dass alle kulturellen Milieus in der Elternschaft durch geeignete Methoden der Mitwirkung angesprochen werden.	●				●
7	Es gibt einladende und der Situation angepasste Aufenthalts- und Treffmöglichkeiten für die Eltern.	●		●	●	●
8	Es gibt regelmäßige und systematische schriftliche Befragungen zur elterlichen Zufriedenheit sowie deren Motivation und Möglichkeiten für Engagement und aktive Beiträge zum Schulleben. Die Fragebögen werden auch in den Herkunftssprachen der Eltern zur Verfügung gestellt.	●		●	●	
9	Die Schule und der externe Träger sind während der gesamten Öffnungszeit der Einrichtung am Vor- und Nachmittag durchgehend telefonisch erreichbar (zum Beispiel durch Einführung schnurloser Telefone).	●		●	●	
10	Die Pädagoginnen und Pädagogen geben den Eltern bekannt, wann und unter welcher Nummer sie für pädagogische Gespräche erreichbar sind.	●				
11	Es gibt ein Beschwerdemanagement-System, so dass Reklamationen in einem sicheren Rahmen geäußert und bearbeitet werden können.	●			●	
12	Die Pädagoginnen und Pädagogen planen wöchentliche Zeiten zur Kontaktpflege mit den Eltern ein und nehmen dabei auch Rücksicht auf die Lebenssituation und die Möglichkeiten der Eltern.	●				
13	Eltern, die Unterstützung und Beratung in Bildungs- und Erziehungsfragen benötigen, finden in der Schule Ansprechpartner und Angebote.	●				

72 Siehe Beispiel Elternfragebogen im Teil B, Dokument 9. Die Beteiligung der Eltern an solchen Befragungen muss natürlich freiwillig bleiben.

Entwicklungsziele mit Bezug auf Qualitätsentwicklung und Qualitätssicherung

	Entwicklungsziel	verantwortlich für die Realisierung				
		Pädagoginnen und Pädagogen	Senatsverwaltung	Schulträger	Träger der Jugendhilfe	Eltern
1	Die Schule betreibt eine systematische und organisierte Qualitätsentwicklung.	●			●	●
2	Es gibt fest etablierte Schulentwicklungsgruppen und eine Steuergruppe für die Schulprogrammarbeit und den Qualitätsentwicklungsprozess. Alle Pädagoginnen und Pädagogen arbeiten regelmäßig in wenigstens einer Schulentwicklungsgruppe mit.	●			●	●
3	Die Schülerinnen und Schüler, die Eltern und die außerschulischen Kooperationspartner sind in die Qualitätsentwicklung eingebunden.	●			●	●
4	Die Schule evaluiert wenigstens einmal jährlich ihre pädagogische Arbeit gemeinsam mit ihren Kooperationspartnern der Jugendhilfe.	●	●		●	●
5	Die Schule nutzt die Ergebnisse von externen Evaluationen für ihre internen Evaluationsprozesse. Sie stellt externen Evaluatoren Informationen zum internen Evaluationsprozess zur Verfügung.	●	●		●	●
6	Die Schule schreibt ihr Schulprogramm auf der Grundlage der Evaluationsergebnisse kontinuierlich fort.	●			●	●
7	Es gibt ausgebildete Evaluationsberater an der Schule. Die Erzieherinnen und Erzieher werden ebenso in den Techniken der internen Evaluation geschult wie die Lehrerinnen und Lehrer.	●	●	●		
8	Es gibt regelmäßige und systematische schriftliche Befragungen zur elterlichen Zufriedenheit sowie deren Motivation und Möglichkeiten für Engagement und aktive Beiträge zum Schulleben. Die Fragebögen werden auch in den Herkunftssprachen der Eltern zur Verfügung gestellt.		●	●	●	
9	Es gibt Supervisionsmöglichkeiten für die Klassenteams und/oder ein »Coaching« des Qualitätsentwicklungsprozesses durch externe Experten oder »kritische Freunde« der Schule.		●	●	●	

Literatur

Altrichter, Herbert; Schley, Wilfried; Schratz, Michael (Hrsg.) (1998): Handbuch zur Schulentwicklung. Innsbruck: Studienverlag.

Appel, Stefan; Rutz, Georg (2003): Handbuch Ganztagsschule. Konzeption, Einrichtung und Organisation. Schwalbach: Wochenschau Verlag, 3. Aufl.

Appel, Stefan (2004): Handbuch Ganztagsschule. Praxis, Konzepte, Handreichungen. Schwalbach: Wochenschau Verlag, 4. Aufl.

Arbeitsstab Forum Bildung in der Geschäftsstelle der Bund-Länder-Kommission für Bildungsplanung und Forschungsförderung (Hrsg.) (2001): Empfehlungen des Forums Bildung. Bonn.

Bundeselternrat (2002): Ganztagsschulen – eine gesellschaftliche Notwendigkeit in Deutschland. Resolution der Herbstplenartagung des Bundeselternrates vom 14.-17.11.2002. In: Appel, Stefan u. a. (Hrsg.) (2003): Jahrbuch Ganztagsschule 2004. Neue Chancen für die Bildung. Schwalbach: Wochenschau Verlag, S. 249/250.

Bundesjugendkuratorium (2001): Zukunftsfähigkeit sichern! – Für ein neues Verhältnis von Bildung und Jugendhilfe. Stellungnahme des Bundesjugendkuratoriums Berlin. Im Internet unter: http://preview.tinyurl.com/BJK-Streitschrift

Burk, Karlheinz; Mangelsdorf, Marei; Schoeller, Udo (1998): Die neue Schuleingangsstufe. Lernen und Lehren in entwicklungsheterogenen Gruppen. Weinheim und Basel: Beltz.

Burk, Karlheinz u. a. (1998): Grundschule mit festen Öffnungszeiten. Rhythmisierter Schulvormittag und veränderte Arbeitszeiten. Weinheim: Beltz.

Christiani, Reinhold (Hrsg.) (2004): Schuleingangsphase: neu gestalten. Berlin: Cornelsen.

Hanke, Petra (2002): Anfangsunterricht – Grundschule. Leben und lernen in der Schuleingangsphase. (Studientexte für das Lehramt Bd. 12), Neuwied: Luchterhand

Hausaufgaben-Kindersache. Die Grundschulzeitschrift. Ausgabe 18 (2004) 179, S. 6-31.

Internationale Akademie (Hrsg.) (2006): Materialien für die interne Evaluation zur Umsetzung des Berliner Bildungsprogramms für Kinder in Tageseinrichtungen. http://www.ina-fu.org.

Klippert, Heinz (2000): Pädagogische Schulentwicklung. Planungs- und Arbeitshilfen zur Förderung einer neuen Lernkultur. Weinheim: Beltz.

Kolbe, Fritz-Ulrich; Rabenstein, Kerstin; Reh, Sabine (2006): Rhythmisierung. Hinweise für die Planung von Fortbildungsmodulen. Expertise. Typoskript der Johannes-Gutenberg Universität Mainz und Technische Universität Berlin.

Liebau, Eckart (1981): Das Team-Kleingruppen-Modell der pädagogischen Organisation. – Aus: Modelle schulischer Differenzierung. München u.a.: Urban u. Schwarzenberg, S. 135-150.

Lipowsky, Frank (2004): Dauerbrenner Hausaufgaben – Befunde der Forschung und Konsequenzen für den Unterricht: In: Pädagogik. Ausgabe 12 (2004) S. 40-45.

Mager, Robert Frank (1965): Lernziele und programmierter Unterricht. Weinheim: Beltz, 1. Auflage.

Neumann, Ursula; Ramseger, Jörg (1991): Ganztägige Erziehung in der Schule. Eine Problemskizze. Seelze: Friedrich Verlag, 3. Auflage. Im Internet: http://www.pedocs.de/volltexte/2008/39/pdf/ganztaegige_erziehung_in_der_schule.pdf.

Nordt, Gabriele (2005): Methodenkoffer zur Qualitätsentwicklung in Tageseinrichtungen für Schul- und Vorschulkinder. Weinheim: Beltz.

Prott, Roger (2002): Rechtshandbuch für Erzieherinnen. Berlin: Cornelsen Verlag Scriptor, 7. Auflage.

Ramseger, Jörg et al. (2004): Grundschulen entwickeln sich. Ergebnisse des Berliner Schulversuchs verlässliche Halbtagsgrundschule. Münster: Waxmann Verlag.

Ratzki, Anne: Team-Kleingruppen-Modell – was ist das? – In: Erziehung und Wissenschaft. Ausgabe 42 (1990) 4, S. 18, 23.

Rolff, Hans-Günter; Buhren, Claus G. et al. (2000): Manual Schulentwicklung. Weinheim: Beltz, 3. Auflage.

Schlömmerkemper, Jörg (1995): Lernen zwischen Dissens und Konsens. Zur Verbindlichkeit des Lehrens und Lernens in Team-Modellen. – Aus: Entwicklung von Schulkultur. Neuwied: Luchterhand, S. 102-112.

Senatsverwaltung für Bildung, Jugend und Sport (Hrsg.) (2004): Berliner Bildungsprogramm für die Bildung, Erziehung und Betreuung von Kindern in Tageseinrichtungen bis zu ihrem Schuleintritt. Weimar, Berlin: Verlag das netz.

Uflerbaeumer, Karl-Heinz: Das Team-Kleingruppen-Modell. – In: Westermanns pädagogische Beiträge. Ausgabe 37 (1985) 1, S. 14-17.

Teil B:
Dokumente und Reportagen

Gemeinsame Bildungsziele von Kindergarten und Grundschule in Form von Kompetenzbeschreibungen

Berliner Bildungsprogramm für die Bildung, Erziehung und Betreuung von Kindern in Tageseinrichtungen bis zu ihrem Schuleintritt	Rahmenlehrplan Grundschule, Berlin 2004
Ich-Kompetenz meint, sich seiner selbst bewusst sein; den eigenen Kräften vertrauen; für sich selbst verantwortlich handeln; Unabhängigkeit und Eigeninitiative entwickelt haben.	**Personale Kompetenz** gründet auf Selbstvertrauen und Selbstwertgefühl, auf wachsende emotionale Unabhängigkeit und Zutrauen in die eigenen Stärken. Zunehmend können Schülerinnen und Schüler eigene Stärken und Schwächen erkennen, eigene Erfolge wahrnehmen und genießen, aber auch Misserfolge verkraften und mit Ängsten umgehen. Es gelingt ihnen immer besser, einen Perspektivwechsel vorzunehmen und je nach Situation der Jüngere oder der Ältere, der Stärkere oder der Schwächere zu sein. Die Schülerinnen und Schüler arbeiten selbstständig, planen eigene Handlungen und prüfen sie kritisch. Sie fällen Entscheidungen, begründen und verantworten sie und übernehmen Verantwortung für die eigene Gesundheit.
Soziale Kompetenz meint, soziale Beziehungen aufnehmen und so zu gestalten, dass sie von gegenseitiger Anerkennung und Wertschätzung geprägt sind; soziale und gesellschaftliche Sachverhalte erfassen; im Umgang mit anderen verantwortlich handeln; unterschiedliche Interessen aushandeln.	**Soziale Kompetenz** zeigt sich in der Fähigkeit des Einzelnen, in wechselnden sozialen Situationen Ziele erfolgreich im Einklang mit sich und anderen zu verfolgen. Zunehmend können sich Schülerinnen und Schüler in andere einfühlen, auf Argumente eingehen und Konflikte lösen. Sie vereinbaren Regeln, halten sich daran und tragen so Verantwortung für die gemeinsame Sache.
Sachkompetenz meint, sich die Welt aneignen, die sachlichen Lebensbereiche erschließen, sich theoretisches und praktisches Wissen und Können (Fähigkeiten und Fertigkeiten) aneignen und dabei urteils- und handlungsfähig werden, Wahrnehmungs- und Ausdrucksfähigkeit entwickeln.	**Sachkompetenz** entwickeln die Schülerinnen und Schüler in der Auseinandersetzung mit Inhalten, Aufgaben und Problemen. Kenntnisse, Fähigkeiten und Fertigkeiten werden systematisch aufgebaut und in vielfältigen Handlungszusammenhängen erweitert. Schülerinnen und Schüler verstehen zunehmend Inhalte und erkennen Ordnungen bzw. Strukturen in den verschiedenen Wissensbereichen. Dabei lernen sie, sich Informationen zu erschließen und Wichtiges von Nebensächlichem zu unterscheiden. Sie beschreiben Sachverhalte und Phänomene mit fachlichen Begriffen, nehmen sie zur Grundlage weiterer Auseinandersetzung und stellen Zusammenhänge her. Dazu gehört auch, dass sie Fragen stellen und eigene Lösungsansätze finden, Kritik an der Sache formulieren und vortragen.
Lernmethodische Kompetenz meint ein Grundverständnis davon, dass man lernt, was man lernt und wie man lernt; die Fähigkeit, sich selbst Wissen und Können anzueignen, Wichtiges von Unwichtigem unterscheiden; die Bereitschaft, von anderen zu lernen.	**Methodenkompetenz** schließt ein, fachbezogene und fachübergreifende Lernstrategien, Verfahrensweisen und Arbeitstechniken anwenden zu können. Die Schülerinnen und Schüler lernen, Zusammenhänge herauszufinden und herzustellen. Sie können zunehmend mit verschiedenen Medien umgehen, sich selbstständig Informationen aus Medien beschaffen, sammeln, sachbezogen aufbereiten und ordnen. Dabei wenden sie Lernstrategien an und setzen fachspezifische Arbeitsweisen zielorientiert ein. Sie können Annahmen begründen und überprüfen, Argumente erkennen, formulieren und beurteilen. Die Schülerinnen und Schüler lernen, die Zeit einzuteilen und dabei planvoll und zielgerichtet zu arbeiten. Sie nutzen Lesestrategien als Basis für das gesamte Lernen.

Den Ganztag sinnvoll nutzen – zum Beispiel für Medienprojekte

1. Beispiel: Hörclubs an Grundschulen

Seit einigen Jahren existieren an gut einem Dutzend Berliner Grundschulen sogenannte Hörclubs. Einmal in der Woche kommen Kinder, Lehrkräfte und Eltern nach dem Unterricht zusammen, um Hör-Übungen zu machen, Klänge zu entdecken, mit dem Hören zu spielen, Interessantes bei Hörspaziergängen wahrzunehmen, Geräuschgeschichten aufzunehmen oder einem spannenden Hörspiel zu lauschen.

Lehrkräfte betreuen die Hörclubs wie Arbeitsgemeinschaften oder Förderstunden im Rahmen eines freiwilligen Angebots der Schule. Sie arbeiten mit einem Materialpaket, das von der »Stiftung Zuhören«[73] mit Lehrkräften entwickelt und von den beteiligten Schulen für die Hörclub-Arbeit erworben wurde. Das Materialpaket enthält circa 40 CDs und Kassetten mit Hörspielen, Erzählungen, Krimis, Hörgeschichten und vertonter Literatur. Sowohl Höranfänger und Kinder der Klassen 1 und 2 als auch ältere und hörerfahrenere Schülerinnen und Schüler finden in der Auswahl etwas, das sie interessiert. Zusätzlich liegt das Buch »Hörspaß« bei, das zu jedem Hörspiel didaktische Anregungen gibt, wie man mit den gehörten Informationen umgehen kann. Der Hörpaket-Koffer der »Stiftung Zuhören« wird in Berlin im AV-Medienverleih unter der Signatur 5050003 zur Ansicht für Grundschulen vorgehalten, die einen Hörclub einrichten wollen.

Was sind die Ziele eines Hörclubs?

Der Hörclub ist ein Ort, an dem aktives Zuhören geübt werden kann, an dem Kinder erfahren können, wie ein Lauschen nach den Dingen, die man sonst überhört, faszinieren kann.

Der Hörclub ist ein Ort, an dem Zeit ist für das Hören und Verstehen, aber keine Zeit, sich berieseln zu lassen. Hier werden gehörte Informationen interpretiert und verarbeitet. Es gibt vielfältige und spielerische Anlässe zum Sprechen. Kinder erweitern ihr Ausdrucksvermögen und ihren Wortschatz.

Der Hörclub ist ein Ort, an dem man (hör-)ästhetische Erfahrungen machen kann. Hier werden der souveräne und kompetente Umgang mit den Hörmedien und der Sinn für dramaturgische Gestaltung gefördert. Urteils- und Entscheidungsfähigkeit werden in praktischer Medienarbeit erprobt.

Der Hörclub ist ein Ort, an dem ein Ausgleich zwischen den vielen Reizen der akustischen Umwelt entstehen kann. Kinder können sensibler werden für Zwischentöne, für laute und leise Impulse, für die Buntheit und Vielfalt von Klängen.

Der Hörclub ist ein Ort, an dem verständnisvolles Zuhören stattfinden und eine Zuhörkultur entstehen kann, in dem soziale und Teamfähigkeiten ausprobiert und erlernt werden. Das Zuhörklima wirkt sich positiv auf den Unterricht aus.

Der Hörclub ist ein Ort, an dem Ziele und Inhalte des Deutsch-, Sach-, Kunst- und Musikunterrichts aufgenommen werden können.

Literatur

Bernius, V. u. M. Gilles (2004): Hörspaß – Hörclubs an Grundschulen. Göttingen: Vandenhoeck & Ruprecht, incl. 2 CDs).

Bernius, V.: Anstiften zum Hören – Hörclubs an Grundschulen. In: W. Schill, J. Linke u. D. Wiedemann (Hrsg.) (2004): Kinder & Radio. München: kopaed Verlag.

2. Beispiel: Fakedokus produzieren

Der Begriff »Fakedoku«[74] bezeichnet eine filmische Dokumentation, in der Schauspieler und Filmemacher – in diesem Fall Grundschulkinder – Wirklichkeiten simulieren und dem Zuschauer das Gefühl vermitteln, eine authentische Dokumentation zu sehen.

---

73 Siehe http://www.stiftung-zuhoeren.de.
74 Fake (engl.): Täuschung.

Mit welchen Zielen werden Fakedokus produziert?

Das spielerisch-experimentelle Umgehen mit verschiedenen Wirklichkeiten bereitet Kindern nicht nur großes Vergnügen, sondern es fordert sie auch dazu heraus, sich kritisch mit ihrer Realität auseinanderzusetzen, sich selbstständig Sach- und Fachwissen anzueignen und die Mediensprachen so gekonnt anzuwenden, dass die Zuschauer sich vom Gezeigten gleichsam überwältigen lassen.

Die Produktion von Fakedokus ermöglicht den Kindern soziales Lernen im Rahmen von Teamarbeit und lässt sie durch die Veröffentlichung ihrer Produkte erfahren, wie ihre Manipulationen der Wirklichkeit wirken und vom Publikum »bewertet« werden.

Die Produktion von Fakedokus eignet sich für das sinnvolle Zusammenwirken der Fächer Deutsch, Sachunterricht, Geografie, Geschichte, Politische Bildung, Kunst und Musik.

Die Produktion von Fakedokus legt die Zusammenarbeit mit außerschulischen Partnern oder Einrichtungen nahe, zum Beispiel mit Film- und Medienkünstlern, Medienpädagogen, Medienwerkstätten, Museen oder dem Offenen Kanal Berlin.

Ein Beispiel für eine Fakedoku: Römer in Berlin[75]

Internetseiten zu faken bietet die Möglichkeit, den Glauben an den Wahrheitsgehalt von Informationen im Netz zu reflektieren und aufzuweichen. Eine Schulklasse aus Berlin-Kreuzberg probierte es aus: Kann man Internetseiten selbst fälschen? Und darf man das tun?

Der Inhalt: Yonca und Paul wollen in den Görlitzer Park gehen, denn da gäbe es Mauerreste, die wie Ruinen aussähen. Sie nehmen die Digitalkamera mit. Eine viel befahrene Hauptstraße müssen sie überqueren. Paul hat sein Handy dabei. Sie bringen ein Foto mit und fügen folgenden Text hinzu: »Was Sie hier sehen, ist das Forum. Das Forum war der Marktplatz der Römer.«

Inhaltlich fächerbezogene Lernziele:
- gefakte Beiträge für eine Website zum Thema »Römer in Berlin« in Gruppen- oder Partnerarbeit produzieren;

- historische »Fakten« aus Büchern sammeln und für die Beiträge umarbeiten;
- einfache Methoden der Beweisführung – Fotos, Vergleiche, Tabellen, Augenzeugenberichte – in einem gefakten Zusammenhang verwenden.

Lernziele im Bereich der Medienkompetenz:
- den Wahrheitsgehalt von Informationen aus dem Internet kritisch hinterfragen;
- erfahren, wie leicht es ist, falsche Informationen im Internet zu veröffentlichen;
- gemeinsame Reflexion über die Ethik von Wahrheit und Lüge: Darf man faken? Welche Folgen hat das?
- den Umgang mit Word – Text-Bild-Kombinationen – üben, die Digitalkamera und den Scanner sachgerecht bedienen;
- die Arbeitsergebnisse einem Publikum mit medialer Unterstützung – Beamer, Laptop, Mikrofon – angemessen präsentieren.

3. Beispiel: Unsere Klasse spricht viele Sprachen[76]

Das Projektkonzept wurde von der Zürcher Radioschule »Klipp & Klang« entwickelt. Bei der gemeinsamen Produktion von Podcasts lernen Schulkinder im Alter von neun bis 13 Jahren Zungenbrecher und Witze aus verschiedenen Kulturen kennen.

»Unter Anleitung von Lehrpersonen üben die Kinder zunächst bereitgestellte Beispiele von Zungenbrechern, sammeln dann in ihren Familien und bei Freunden weitere Zungenbrecher und Witze, präsentieren diese deutschen und fremdsprachigen Ausdrücke in der Schulklasse und erklären ihren Mitschülerinnen und Mitschülern den jeweiligen kulturellen Hintergrund. Auf humorvolle Art erfahren Kinder sprachliche Unterschiede, werden für kulturelle Besonderheiten sensibilisiert und zu einem Gespräch über interkulturelle Verständigung angeregt. Alle neuen Zungenbrecher und Witze werden auf eine Webseite geladen.«[77]

Im Rahmen des Projekts werden Sprachkompetenz, Medienkompetenz, interkulturelle und soziale Kompetenz gefördert. Bei der Förderung von Medienkompetenz sind hervorzuheben:
- Medienwissen im Bereich Audio, Podcasting und

---

75 Quelle und weitere Informationen: http://www.lehrer-online.de/url/roemer-in-berlin.php – 10.12.2007. Autor: Markus Schega.
76 Holzwarth, P.: Unsere Klasse spricht viele Sprachen. Interkulturelle Audioarbeit im Kontext von Medienkompetenz, Sprachkompetenz und interkultureller Kompetenz. Quelle: http://www.ph-ludwigsburg.de/fileadmin/subsites/1b-mpxx-t-01/user_files/Online-Magazin/Ausgabe10/AktuelleThemen10.pdf – 10.12.2007.
77 http://www.klippklang.ch/projekte/PR_Orange_Award_061122_de.pdf – 4.6.2008.

Web 2.0;
- Anwendungswissen für die Rezeption und Produktion von Audiobeiträgen, zum Beispiel: Podcasts abonnieren, Audiobeiträge gestalten;
- Manipulationsmöglichkeiten im Kontext von Audio

kennen lernen, zum Beispiel: verschiedene Aussagen kombinieren und damit neue Bedeutungen produzieren, einzelne Wörter ausschneiden und den Sinn entstellen.

Wolfgang Schill, Günter Thiele

Auf dem Weg zum gemeinsamen Ziel

Integration von Kindern mit besonderem Förderbedarf in Zusammenarbeit eines Freien Trägers der Jugendhilfe mit einer offenen Ganztagsgrundschule

TÄKS e.V. ist ein anerkannter Jugendhilfeträger, der Betreuung für Krippen-, Elementar- und Schulkinder in den Berliner Bezirken anbietet. Die seit fast vier Jahren bestehende Kooperation des TÄKS e.V. mit der dreizügigen Havelland-Grundschule in der Berliner Kolonnenstraße, die mehr als 300 Kinder besuchen, beruhte zunächst auf der örtlichen Nähe beider Einrichtungen und den gemeinsamen Ziele in der integrativen Arbeit. Sie wurde durch einen Kooperationsvertrag abgesichert.

Integration bedeutet für uns:
- voneinander lernen;
- Erfahrungen im Zusammenleben ermöglichen;
- wechselseitiger Respekt;
- gegenseitige Akzeptanz;
- Zusammengehörigkeitsgefühl entwickeln;
- Vertrauensbildung;
- Neugier auf den anderen Menschen wecken;
- fragen, was ist; ergründen, warum etwas ist; suchen, was geht;
- mit den Stärken der Kinder arbeiten;
- die Bedürfnisse des einzelnen Menschen zu respektieren und das Anderssein des anderen Menschen zu tolerieren.

Gemeinsames Handeln

Die höhere Kontakt- und Kommunikationsdichte zwischen den unterschiedlichen Institutionen und Berufsgruppen im Bereich Integration hilft uns bei der Vernetzung, die immer mehr in gemeinsames Handeln übergeht.

In unseren Hort integrieren wir Kinder, die besonderen pädagogischen Förderbedarf haben. Ausgebildete Fachkräfte wie Facherzieherinnen für Integration und Heilpädagoginnen begleiten die Kinder in ihrem Alltag und unterstützen sie bei der Erfüllung der täglichen Anforderungen – vom Naseputzen bis zu den Hausaufgaben, vom Schulweg bis zur Beschäftigung mit Hobbys.

Die Vermittlung von Gemeinschaftserlebnissen in einer Atmosphäre, in der Geborgenheit und Halt eine wesentliche Rolle spielen, ist uns wichtig. Hier setzen wir unsere Förderschwerpunkte – Bewegung, Wahrnehmung, Sprache und Sozialverhalten – gezielt um. Darüber hinaus nutzen wir Materialien aus der Montessoripädagogik

und aus dem Bereich Psychomotorik. Während der wöchentlich stattfindenden Arbeitsgemeinschaften begleitet eine Facherzieherin einzelne Kinder mit Förderbedarf. In Entwicklungsberichten und Förderplänen dokumentieren wir die Entwicklung der Kinder und vereinbaren neue Entwicklungsziele.

Wir sind nicht nur am Nachmittag, sondern auch am Vormittag im Unterricht begleitend tätig. Dies bewirkt, dass wir den Blick gezielter auf das einzelne Kind richten, dass ein ganzheitliches Bild entsteht. Darüber hinaus ist der Austausch zwischen den Lehrern und uns Facherzieherinnen oder Heilpädagoginnen eine gute Möglichkeit, auf die Entwicklung eines Kindes zu schauen. Gemeinsam gelingt es uns immer besser, Handlungsimpulsen nachzugehen, Elterngespräche zu führen und Methoden, die im Bereich der Förderung wirksam für ein Kind sind, wechselseitig kennenzulernen.

Wir nehmen im Rahmen der Schule an Helferkonferenzen teil, um die Entwicklung und die Möglichkeiten eines Kindes aus unserer Sicht aufzuzeigen. Dabei bringen wir Informationen aus dem Freizeitbereich ein, die das Bild des Kindes vervollständigen.

Vernetzung im Umfeld

Die Bereitschaft, einen gemeinsamen Weg zu beschreiten, verlangt Offenheit und Transparenz, denn das Netzwerk umfasst mehr als die Verbindung zwischen der Schule und uns. Wenn unsere Handlungskompetenzen an Grenzen stoßen, nutzen wir um uns herum bestehende Hilfeangebote.

Die Vernetzung mit den sozialen Diensten ist zu einem wichtigen Bestandteil unserer Arbeit geworden. Unser Netzplan enthält für uns relevante Anlaufpunkte, und wir entwickeln das Netzwerk stetig weiter. So kooperieren wir unter anderem eng mit dem Schulpsychologischen Beratungszentrum. Einmal wöchentlich ist eine Mitarbeiterin dieses Zentrums in unserem Schulhaus auf der SchuliNSEL präsent. Die SchuliNSEL ist ein therapeutischer Stützpunkt, den Kinder mit Konzentrationsproblemen, Ängsten und Hemmungen, Bewegungsunruhe und schulischen Leistungsproblemen besuchen. Auch Kinder in akuten Krisensituationen erhalten hier Hilfe. Darüber hinaus können sich Eltern mit pädagogischen Problemen an die SchuliNSEL wenden und Termine für Beratungsgespräche vereinbaren. Gleichzeitig besteht für Lehrer und Erzieherinnen die Möglichkeit, persönliche Gespräche zu führen. Um Erstgespräche vorzubereiten, wurde für die Mitarbeiterin des Schulpsychologischen Beratungszentrums ein Fragebogen entwickelt.

Auch in diesem Bereich ist der regelmäßige Austausch über einzelne Kinder ein Merkmal unserer Zusammenarbeit. Zum Beispiel ermöglichte die enge Vernetzung, Elterngespräche gemeinsam zu führen, um Ziele effektiver verfolgen zu können. Der allwöchentlich stattfindende Austausch schafft außerdem die Möglichkeit, den eigenen Blick auf ein Kind zu weiten und neue Sichtweisen zu entwickeln.

Darüber hinaus pflegen wir Kontakte zum Sozialverband VdK Berlin-Brandenburg. In einem Fall fanden wir uns mit Eltern, einer Mitarbeiterin des VdK und einer Facherzieherin zusammen, um bestmögliche Hilfe für ein Kind zu mobilisieren. Außerdem schätzen wir die Fachberatung einzelner Mitarbeiter des VdK.

Wichtig ist uns auch der Austausch mit Therapeuten, zum Beispiel aus den Bereichen Ergotherapie und Logopädie, die die Kinder zusätzlich in ihrer Entwicklung unterstützen. Um den Eltern lange Wege zu den Praxen zu ersparen, bieten wir Therapeuten die Möglichkeit, in unseren Räumen wohnortnah mit den Kindern zu arbeiten.

Vernetzung von Kindergarten und Schule – ein Beispiel

In der Vernetzung von Kindergarten und Schule sehen wir die Chance, sanfte Übergänge zu schaffen, denn für Kinder mit sonderpädagogischem Förderbedarf ist die Zusammenarbeit aller Beteiligten besonders notwendig. Selbstverständlich werden die Eltern einbezogen.

Ein aktuelles Beispiel zeigt, wie unverzichtbar die Kooperation zwischen Schule, Hort und Kindergarten ist: Wir werden an unserer Schule ein Kind mit einer sehr schweren Behinderung aufnehmen. Durch sorgfältige gemeinsame Vorbereitung haben wir dem Kind die bestmöglichen Voraussetzungen geschaffen, nach der Sommerzeit gut bei uns starten zu können.

Folgendes haben wir unternommen: Als wir erfuhren,

dass ein Kind im Rollstuhl und mit hohem pflegerischen Bedarf zu uns kommen wird, nahm eine Facherzieherin bereits im Vorfeld Kontakt zu dem Kind, den Eltern und den Erzieherinnen im Kindergarten auf. Unser Träger stellte Arbeitszeit zur Verfügung und ermöglichte es unserer Mitarbeiterin, ein Mal wöchentlich in die Kita zu gehen, um das Kind und seinen Kita-Alltag kennenzulernen. Die Erzieherinnen aus der Kita gaben ihre mit dem Kind gesammelten Erfahrungen – mit Zustimmung der Eltern – an unsere Mitarbeiterin weiter[78] und zeigten ihr besondere pflegerische Handgriffe und Techniken. Nachdem sie das Kind kennen gelernt hatte, durfte sie – in Absprache mit den Eltern – solche Techniken anwenden. Momentan begleitet sie das Kind auf der Kindergartenreise, um die Beziehung mit ihm schon vor der Einschulung zu intensivieren. Es zeigt sich: Komplizierte Übergänge wie dieser können in direkter Zusammenarbeit so bewältigt werden, dass die Kinder und ihre Eltern der Einschulung mit Freude und dem Gefühl von Sicherheit entgegensehen.

Schließlich veranstalteten wir mit den Eltern und dem Sonderpädagogen der Schule einen Runden Tisch für das Kind. Wir fanden uns zusammen, um Fragen und Anregungen, Freude und Aufregung, aber auch Bedenken und Ängste äußern zu können. Fazit des Gesprächs am Runden Tisch: Bei der Zusammensetzung der Klassen und bei der Hortgruppenkonstellation ist darauf zu achten, dass das Kind mit seinen wichtigsten Bezugskindern aus der Kindergartenzeit zusammenbleiben kann. Im Anschluss besichtigten wir die Schule und die Horträume, um zu prüfen, wo sich Barrieren im Alltag verstecken könnten und welche barrierefreier Räume bereits vorhanden sind.

Inzwischen besuchte uns die Vorklasse im Unterricht und im Hort, und wir möchten auch in Zukunft gern Kita-Vorklassen in unseren Räumen begrüßen. Dazu beriefen wir einen Kitaleiter-Abend ein, stellten unsere integrative Arbeit vor und zeigten die Chancen für Kinder und Eltern auf, die entstehen, wenn wir miteinander in Kontakt treten und kooperieren.

Die Zusammenarbeit mit Eltern und der Integrations-Gipfel

Unser Netzwerk erstreckt sich bis zu verschiedenen Ämtern, zum Beispiel dem Gesundheitsamt und den Bezirksämtern. Zudem sind wir in verschiedenen Gremien vertreten: in der internen Steuerungsrunde, in der Integra-

---

78 An dieser Stelle soll erwähnt werden, dass wir im Netzwerk nie den Blick auf den Datenschutz verlieren. Nur mit Einverständnis der Eltern dürfen Informationen zwischen den Einrichtungen weitergegeben werden.

tions-AG des Deutschen Paritätischen Wohlfahrtsverbands und bei der Sitzung für Facherzieherinnen in der Außenstelle der Senatsverwaltung für Bildung, Wissenschaft und Forschung. Außerdem verfügen wir über eine interne Integrations-AG auf Trägerebene. Alle Sitzungen dienen dem Austausch und der Vernetzung.

Die wichtigste Zusammenarbeit ist natürlich die mit den Eltern. Wir verstehen uns als verlässliche Bezugspersonen und Ansprechpartner nicht nur für die Kinder, sondern vor allem für die Eltern. Es ist unser Interesse, sie bei der Förderung und Weiterentwicklung ihrer Kinder zu unterstützen. Dazu bieten wir regelmäßig Elterngespräche an. Bei Bedarf begleiten wir die Eltern zu den Ämtern oder vermitteln Kontakte zu Beratungsstellen. Stellt sich bei einem Kind ein besonderer Förderbedarf heraus, informieren wir die Eltern über die Verfahrensweise zur Beantragung besonderer Förderung und begleiten sie auf Wunsch durch das Verfahren. Um Eltern und andere Interessierte über unsere integrative Arbeit zu informieren, geben wir einen Elternbrief und einen Flyer heraus.

Zwei Mal im Jahr wollen wir an unserer Schule einen Integrations-Gipfel einberufen. Einen ersten Versuch unternehmen wir bereits. Als Fachleiterin für Integration lud ich die Schulleitung, den Sonderpädagogen der Schule, die Mitarbeiterin des Schulpsychologischen Beratungszentrums, die Hortkoordinatorin und die Geschäftsführerin des TÄKS e.V. ein, um über unsere Integrationsarbeit zu sprechen. Fazit: Diese Runde ist sinnvoll, denn unsere Ziele erreichen wir nur, wenn wir alle an einem Tisch sitzen.

Unser nächstes Ziel ist es, für unsere Kinder Heilpädagogisches Reiten anzubieten. Wir haben erste Kontakte zu einem Reittherapiezentrum aufgenommen und hoffen, dass wir unser Vorhaben erfolgreich umsetzen können.

Yvonne Bellin, TÄKS e.V.

Lernwerkstätten an Ganztagsschulen – neue Impulse auf solidem Fundament

Wie viel besser lernt es sich, wenn wir etwas sehen, anfassen, damit experimentieren können und dadurch mehr und mehr begreifen, worum es geht. Genau das ist das Grundprinzip von Lernwerkstätten in der Pädagogik. Sie sind Orte, an denen die Menschen im Tätigsein lernen, was sie interessiert und wofür sie im Prozess des Lernens immer mehr Interesse entwickeln.

Wie entsteht eine Lernwerkstatt?

An einer Ganztagsschule kann eine Lernwerkstatt auf ganz verschiedene Weise entstehen. Zum Beispiel: Die Pädagoginnen und Pädagogen waren unzufrieden mit der Zusammenarbeit der verschiedenen Professionen. Jede und jeder plante und arbeitete für sich allein. Nicht zuletzt an den Kindern war zu merken, dass das anders werden muss. Eine Projektgruppe aus Lehrerinnen und Sozialpädagogen hospitierte deshalb in einer bestehenden Lernwerkstatt, konnte bei der Werkstattarbeit zuschauen, fotografieren, welche Materialien eingesetzt werden, und im Gespräch erfahren, wie die besuchte Schule zu ihrer Lernwerkstatt kam.

Die gesammelten Eindrücke vermittelte die Projektgruppe in der Schulkonferenz und lud dazu eine Vertreterin der Lernwerkstatt-Schule ein. Dies erleichterte es, auf Vorbehalte und Bedenken angemessen einzugehen, so dass die Konferenz schließlich den Beschluss fasste, im Laufe des nächsten Jahres eine Lernwerkstatt einzurichten. Einige Pädagoginnen nahmen im Rahmen einer Fortbildung an einer Lernwerkstatt teil und erfuhren, was »Entdeckendes Lernen« ist. Schließlich wurde ein Raum für die Lernwerkstatt gefunden – zwar nicht groß, aber ein Anfang.

Nun traf die Projektgruppe sich regelmäßig und beschloss, mit Unterstützung eines Moderators eine Zukunftswerkstatt mit Kindern durchzuführen, um deren Ideen einzufangen. Die Ergebnisse der Zukunftswerkstatt – Zeichnungen und Modelle, jeweils mit Erklärungen – wurden den Kolleginnen und Kollegen, den Eltern und den anderen Kindern vorgestellt. Ergänzungen und Konkretisierungen kamen zustande und machten deutlich: Die Kinder wollen einen anregenden Raum haben, in dem sie sich wohl fühlen und der durch seine Vielgestaltigkeit zum Verweilen einlädt.

Eine Anschaffungsliste wurde geschrieben und mit der Bitte verbreitet, dass alle Beteiligten bei der Suche nach Materialien helfen. Dabei wurden die Erfahrungen aus der Lernwerkstatt-Schule genutzt, so dass nach und nach alles Nötige zusammenkam. Erstaunlich war, wie viel Material gar nichts oder nur sehr wenig Geld kostete, weil jemand aus der Schulgemeinschaft die richtigen Kontakte hatte.

Schließlich diskutierte die Projektgruppe, nach welchem System in der Lernwerkstatt gearbeitet werden sollte. Es war klar, dass sie für Unterricht und Hort, also vormittags und nachmittags gleichermaßen gebraucht wurde. Man einigte sich darauf, dass es eine Probephase geben wird, in der die Mitglieder der Projektgruppe mit dem Arrangieren des Werkstattlernens erste eigene Erfahrungen machen können.

Die Probephase

Und dann ist es soweit: Die Lernwerkstatt wird feierlich eröffnet, und alle Gäste werden gleich in das erste Thema einbezogen: »Unser Wetter«. Die aufgebaute Lernlandschaft lädt Erwachsene und Kinder ein, Fragen zu stellen: über die Entstehung von Regen, Schnee und Hagel, über Farbphänomene am Himmel, über Wetterfühligkeit, Pflanzenwachstum und Erderwärmung. Alle Fragen werden aufgeschrieben, als Anregungen für die Kinder der Klassen und Arbeitsgemeinschaften, die die Lernwerkstatt als erste ausprobieren dürfen.

Während der Werkstattzeit arbeiten die Kinder jeweils allein, zu zweit oder in kleinen Gruppen an ihren eigenen Fragen und Themen. Sie dokumentieren ihre Bearbeitungswege und Ergebnisse und stellen sie den anderen Kindern regelmäßig vor – Prozesse, in denen neue Fragen entstehen. Dabei ergründen die Kinder nicht nur das Thema »Wetter«, sondern üben sich im Sprechen und Aufschreiben eigener Texte, im Darstellen und Präsentieren ihrer Fragestellungen, Lernwege und Lernergebnisse.

Die Pädagoginnen und Pädagogen begleiten die Kinder bei ihren Forschungen. Zurückhaltend helfen sie beim Präzisieren und Formulieren von Fragen, Hypothesen und Lösungsschritten. Sie überlegen mit den Kindern, wer etwas zu einer bestimmten Frage wissen könnte und welche Hilfsmittel es gibt. Keineswegs haben sie auf alle Fragen Antworten parat. Vielmehr lernen sie selbst ständig Neues. Miteinander besprechen sie, woran die Kinder im Unterricht arbeiten und welche Vorhaben besser in die Lernzeit am Nachmittag oder in die Ferienzeit passen. Dazu bieten sich neben längeren Vorhaben der Kinder – zum Beispiel Beobachtungen und größere Experimente – vor allem Exkursionen und Besuche von Fachleuten an, die ausgefragt werden können.

Die Ergebnisse der Probephase werden den entsprechenden Gremien an der Schule vorgestellt. Weiterentwicklungsmöglichkeiten werden besprochen, so dass die Lernwerkstatt mehr und mehr in den Schulalltag integriert werden kann.

Inzwischen hat sich an der Schule ein neuer Raum gefunden, der sich generell für eigenständige Vorhaben eignet, weil er anregend und wohnlich ist. Hier können kleine Gruppen eigenständig zum Arbeiten oder zum Gespräch zusammenkommen, Schachturniere ausrichten oder andere Pläne verwirklichen.

Befragt, was das Wesentliche sei, das zu diesem Erfolg verholfen habe, meint eine Initiatorin der Lernwerkstatt: »Wir haben unsere Lernwerkstatt geschaffen, indem wir ein Klassenzimmer völlig umräumten. Dabei haben wir begriffen, dass auch wir uns ändern müssen. Damit haben wir begonnen und üben jetzt täglich, den Kindern und den von ihnen gefundenen Lernwegen zu vertrauen, sie beim Lernen zu begleiten.«

Wo kommen Lernwerkstätten her?

Die Geschichte der Lernwerkstätten reicht in die Reformpädagogik der 20er Jahre des vorigen Jahrhunderts zurück. Freies, selbstständiges und an den eigenen Interessen ausgerichtetes Lernen spielt in vielen reformpädagogischen Ansätzen eine große Rolle, zum Beispiel bei Peter Petersen, in der Montessori-Pädagogik und bei der Kindergartenpädagogik in Reggio Emilia.

Den stärksten Einfluss auf die Entwicklung der Lernwerkstätten in Deutschland übte vermutlich Celestin Freinet aus. Seine pädagogische Praxis wurde in den 70er und 80er Jahren von jungen Lehrerinnen und Lehrern in der Bundesrepublik Deutschland aufgenommen und weiter-

entwickelt. Impulse aus der »Open Education«-Bewegung in Großbritannien und aus dem Ansatz »Entdeckendes Lernen« in den USA kamen hinzu, und es bildeten sich Netzwerke engagierter Pädagoginnen und Pädagogen an verschiedenen Orten. Lernwerkstätten wurden in die pädagogische Aus- und Weiterbildung integriert und entstanden damals an den Westberliner Hochschulen ebenso wie bei mehreren bezirklichen Kitaberatungsstellen. Seither gibt es in Berlin ein Netzwerk von Menschen und Institutionen, die sich mit Lernwerkstätten befassen.

Die Wende gab der Lernwerkstättenbewegung insbesondere in Berlin und Brandenburg neue Impulse. Unter der Leitung von Dr. Hartmut Wedekind wurde die Lernwerkstatt im Bereich Grundschuldidaktik der Humboldt-Universität aufgebaut, die heute eine wichtige Säule der Weiterentwicklung der Lernwerkstätten in Berlin ist.

Im Bereich der Kindertagesstätten wurde die Arbeit in Lernwerkstätten ein Baustein vieler ESF-Weiterbildungskurse für Erzieherinnen im Ostteil der Stadt. Daraus hervorgegangen ist die Lernwerkstatt in Hohenschönhausen, die nun im Kita-Eigenbetrieb Nord-Ost verankert ist.

Zunächst waren Lernwerkstätten weitgehend Einrichtungen der Ausbildung und Weiterbildung. Erzieherinnen und Lehrer sollten sich gegenseitig unterstützen und gemeinsam wieder lernen, wie Kinder an Aufgaben herangehen, um dies später in der eigenen pädagogischen Praxis anzuwenden. Doch in den letzten Jahren finden sich in Berlin – unterstützt durch verschiedene Förderprogramme – immer mehr Ansätze, Lernwerkstätten direkt in Schulen, Kindertagesstätten und Horten zu verankern, sie für naturwissenschaftliches und soziales Lernen, aber auch zur Sprachförderung zu nutzen.

Mit dem Verbund europäischer Lernwerkstätten (VeLW) e.V. gibt es seit 2007 ein Dach für Lernwerkstätten in mehreren europäischen Ländern. 2009 wurde im VeLW erstmalig ein Positionspapier verabschiedet, das wichtige Qualitätsmerkmale für Lernwerkstätten und Lernwerkstättenarbeit enthält.

»Neue Lern- und Lebensräume innerhalb der Schule zu definieren und gemeinsam einzurichten kann ein Erfolg versprechender Anfang sein. Denn nicht nur das Umräumen eines Raumes, sondern vielmehr das Umräumen in den Köpfen der daran Beteiligten stellt eine wesentliche Voraussetzung für ein gleichberechtigtes Miteinander un-

---

79 Aus: Wedekind, H./Tennstedt, B.: Das Berliner Modell – neue Lern- und Lebensräume in der Ganztagsschule. In: Groß werden mit der Ganztagsschule. Dokumentation der Auftaktveranstaltung der Werkstatt »Schule wird Lebenswelt« und der Initiative für Große Kinder. Hunsrück-Grundschule Berlin Kreuzberg, 22. Juni 2005. Im Internet: http://www.ganztaegig-lernen.org/media/web/download/dk-01.pdf.

terschiedlicher Professionen dar. Darüber hinaus bietet ein solches Umräumen auch die Möglichkeit, gemeinsame lerntheoretische und sozialpädagogische Essentials abzustimmen und dabei die unterschiedlichen Sichten abzugleichen.«[79]

Barbara Tennstedt

Das Netzwerk Berliner Lernwerkstätten bietet Unterstützung beim Aufbau von Lernwerkstätten an Schulen, insbesondere:

- Beratung (Aufbau, Prozess, Fundraising);
- Workshops zum »Entdeckenden Lernen«;
- Zukunftswerkstatt mit Schülerinnen und Schülern zum Start einer Lernwerkstatt;
- kollegiale Fortbildungen zu allen Fragen, die Lernwerkstätten betreffen.

Kontakt zum Netzwerk Berliner Lernwerkstätten erhalten Sie über:

Dr. Hartmut Wedekind
Grundschulwerkstatt der HU
Geschwister-Scholl-Straße 7
10099 Berlin
Tel.: 030/209 34 1 47
E-Mail: hartmut.wedekind@rz.hu-berlin.de

Barbara Tennstedt
FiPP e.V. – Fortbildungsinstitut für die pädagogische Praxis
Großbeerenstraße 71
10963 Berlin
Tel.: 030/259 289 90
E-Mail: Barbara.Tennstedt@fippev.de

Sabine Hüseman
Serviceagentur »Ganztägig lernen« Berlin
c/o RAA Berlin
Chausseestraße 29
10115 Berlin
Tel.: 030/24 04 5 - 160
E-Mail: Sabine.Hueseman@ganztaegig-lernen.de
Kontakt zum Verbund europäischer Lernwerkstätten(VeLW) e.V. bekommt man über die website: http://www.velw.org. Dort ist auch das Positionspapier abgelegt.

Stichwort Rhythmisierung: die »90-Minuten-Freiheit«

Zeit	Mo	Di	Mi	Do	Fr
6.00	Frühbetreuung mit Freiarbeitszeit und Frühstück				
7.30	offene Eingangsphase und/oder Förderkurse				
8.00	Morgenkreis anschließend gelenkte Arbeit im geschlossenen Klassenverband				
9.30	Pause				
10.00	Freiarbeitszeit				
11.30	Pause				
11.45	Projekt-unterricht	Neigungskurse und Differenzierung	Projekt-unterricht	Neigungskurse und Differenzierung	Projekt-unterricht
13.00	Schulabschluss für die Vormittagskinder			Mittagessen für die Nachmittagskinder Tobezeit/Spielzeit	
13.30	Freiarbeitszeit/Ruhezeit/				
14.00	Schulaufgabenzeit/Projektzeit/Kurse/Arbeitsgemeinschaften				
15.45	kleiner Imbiss und Abschied der 16.00-Uhr-Kinder				
16.00	Projektzeit/Kurse/Arbeitsgemeinschaften/außerschulische Angebote				
17.45	gemeinsamer Tagesabschluss				
18.00	Schulschluss				

Ein Beispiel für Rhythmisierung

	Zeit	1./2. Klasse	3. Klasse	4. Klasse	5. Klasse	6. Klasse
Frühbetreuung und offener Beginn	**ab 6:00** **ab 7:15**	angemeldete Kinder ab 6:00 Uhr; Aufsicht durch LehrerInnen + Erzieherinnen ab 7:00 Uhr; Präsenzpflicht der LehrerInnen ab 7:15 Uhr in den Klassen- und Fachräumen				
1. Block	**7:30 – 9:00**	U	U	U	U	U
		U	U	U	U	U
Frühstück + Hofpause	**9:00 – 9:35**	Kinder der Klassen 1 – 4 frühstücken von 9:00 – 9:10 Uhr unter Aufsicht in den Klassen à Hofpause; Kinder der 5. und 6. Klassen können in der Aula frühstücken (organisiertes Frühstück durch Klassen, Erzieherin und Lehrer/in)				
2. Block	**9:35 – 11:05**	U	U	U	U	U
		U	U	U	U	U
Mittagsband	**11:05 – 11:55**	Mittagessen; Angebote (geöffnete Räume: PC-Raum, Turnhalle, Kreativraum, Spielzimmer, Bibliothek) durch Erzieherinnen und LehrerInnen; Spiele auf dem Hof				
3. Block	**11:55 – 13:25**	iL	iL / U	iL / U	U	U
		iL	iL / U	iL / U	U	U
ergänzende Angebote	**ab 13:30**	Klassenstunden (4/5/6 Klasse mittwochs); Arbeitsgemeinschaften durch Kindertagesbetreuung (Erzieherinnen, LehrerInnen, Honorarkräfte, Vereine)				
		Basteln, Schach und Knobelei, Schülerzeitung, Kinder erzählen für Kinder, Kleine Gärtner, Übung macht den Meister, Töpfern, Drachenbau, Zikus, Yoga für Kinder, Turnen, Rückenschule, Naturschutz, Kreativ-AG, Kinder experimentieren, Handarbeiten, Gestalten mit Holz, Kochen und Backen				

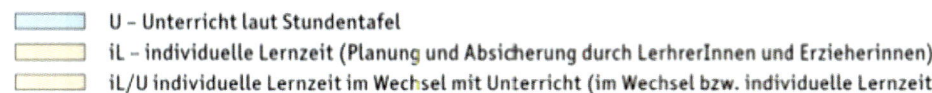

U – Unterricht laut Stundentafel

iL – individuelle Lernzeit (Planung und Absicherung durch LerhrerInnen und Erzieherinnen)

iL/U individuelle Lernzeit im Wechsel mit Unterricht (im Wechsel bzw. individuelle Lernzeit)

Rhythmisierter Tagesplan der Grundschule Brück (Brandenburg)[80]

---

80 Aus Garbow, Lothar (2006), S. 13 ff.

Rhythmisierte Tagesplanung der Peter-Petersen-Schule, Neukölln

Zeit	Mo	Di	Mi	Do	Fr	verantwortlich
Ab 7.30	»Betreuung« durch – Erzieherinnen/Vorklassenleiterin im Rahmen von VHG und ggf. Lehrerinnen im Rahmen des Frühförderunterrichts					
8.20 - 9.50	1. Block (1./2. Stunde) Stammgruppenunterricht					meist Klassenlehrer/innen, auch KOOP ggf. diff. Gruppen in Zusammenarbeit mit VHG Erzieherin
9.50 - 10.00	Gemeinsames Frühstück im Klassenverband					Lehrer/in
10.00 - 10.25	Aktive Hofpause mit Spielzeugausgabe					Lehrer/innen und Erzieher/innen
10.25 - 10.35	Entspannungs- und Ruhepause					Lehrer/innen
10.35 - 11.55	2. Block (3./4. Stunde) Stammgruppenunterricht					Klassenlehrerin od. Fachlehrer/in ggf. differenzierte Gruppen in Zusammenarbeit mit VHG Erzieherin
11.55 - 12.15	Aktive Hofpause					Erzieher/in und Lehrer/in
12.15 - 12.30	2. Essenspause im Klassenraum					
12.30 - 13.30	3. Block (5./6. Stunde) offene Arbeit/Fachunterricht Sonnen- und Mondkinder werden abgeholt!					Erzieher/innen
13.30 - 14.00	Tagesabschluss mit Sternenkindern					Lehrer/innen
14.00 - 14.15	Pause bei Nachmittagsunterricht					
14.15 - 15.45	4. Block (7. + 8. Stunde) 1x wöchentlich für Fünft- und Sechstklässler					Lehrer/innen
14.00 - 15.45	ggf. Teilnahme an den variabel angebotenen AGs oder Schularbeitszirkeln					Lehrer/innen und andere
13.30 - 16.00 bzw. 18.00	Betreuung bei nachgewiesenem Bedarf durch eine der drei kooperierenden Einrichtungen					Erzieher/innen der drei Einrichtungen

Zeit für Teambesprechungen – ganz einfach organisiert

Ein Praxisbeispiel aus der Grundschule im Panketal

Jede Lerngruppe hat eine feste Lehrerin und Erzieherin. Diese bilden ein Team. An unserer Schule gibt es sieben Lerngruppen, in deren Kinder der ersten und zweiten Jahrgangsstufe gemeinsam lernen.

Die Lerngruppen 1 bis 4 befinden sich auf einer Flurseite der Schule, die Lerngruppen 5 bis 7 auf der gegenüberliegenden Seite. Deshalb arbeiten besonders die Lehrerinnen und Erzieherinnen der Lerngruppen 1 bis 4 sowie 5 bis 7 eng zusammen.

Um eine gute Zusammenarbeit zu ermöglichen, gibt es wöchentliche Teambesprechungen.

Für die Pädagogen der Lerngruppen 1 bis 4 finden diese montags in der vierten Stunde statt, die der Lerngruppen 5 bis 7 dienstags in der fünften Stunde. Diese Teamsitzungen sind verbindlich und fest im Dienstplan verankert.

Die Betreuung der Kinder wird wie folgt geregelt:
Die Kinder der ersten Klasse haben Religion bzw. Lebenskunde, Kinder die nicht daran teilnehmen, werden von einer Erzieherin (aus der dritten Klasse) betreut. Die Kinder der zweiten Klasse gehen mit Erzieherinnen (aus den dritten und vierten Klassen) Mittagessen und haben eine Spielzeit.

Dadurch ist gewährleistet, dass alle Lehrerinnen und Erzieherinnen aus der Anfangsphase an den Teamsitzungen teilnehmen können.

Elternfragebogen

Elternbefragung zur Schulqualität

Liebe Eltern,
wie Sie aus eigener Erfahrung wissen, sind Erziehung und Unterricht von Kindern in unserer Zeit bisweilen eine schwierige Aufgabe. Die Mitarbeiterinnen und Mitarbeiter der Grundschule Am Maisfeld bemühen sich nach Kräften, dieser Aufgabe gerecht zu werden und die Entwicklung Ihres Kindes so gut es geht zu fördern. So, wie jedes Kind mit den Zeugnissen eine Rückmeldung über seinen Lernerfolg erhält, benötigen auch wir regelmäßig eine Rückmeldung über die Qualität unserer Arbeit. Wir bitten Sie freundlich, sich ein paar Minuten Zeit zu nehmen und die nachfolgenden Fragen zu beantworten. Die Befragung wird von unserer Evaluationsberaterin, Frau Hansen, ausgewertet. Selbstverständlich stehen Ihnen die Schulleitung und alle Mitarbeiterinnen und Mitarbeiter der Schule auch jederzeit für ein persönliches Gespräch zur Verfügung.

Sie müssen weder Ihren Namen noch den Ihres Kindes angeben, wenn Sie das nicht wollen. Bitte geben Sie uns den Fragebogen in den nächsten Tagen in einem verschlossenen Umschlag über die Klassenlehrerin bzw. den Klassenlehrer Ihres Kindes zurück oder werfen Sie ihn einfach in den Sammelkarton im Schulsekretariat. Vielen Dank!
Mit besten Grüßen
Ihre H. Mackensen
(Schulleiterin)

In welche Klasse geht Ihr Kind?   In die Klasse: ....
An welchen Zusatzangeboten nimmt Ihr Kind teil?
❑ Frühbetreuung (6.00-8.00 Uhr)   ❑ Nachmittagsmodul (14.00-16.00 Uhr)
❑ Spätbetreuung (16.00-18.00 Uhr)

Bitte kreuzen Sie in den folgenden Zeilen die jeweils zutreffende Antwort an:

Geht Ihr Kind gerne in die Schule?
❑ immer   ❑ meistens   ❑ eher selten   ❑ fast nie
Wenn nicht: Woran könnte das liegen?
....
....
....

Hat Ihr Kind in diesem Schuljahr soviel gelernt, wie man vermutlich von ihm erwarten durfte?
❑ eindeutig ja   ❑ überwiegend   ❑ eher weniger   ❑ nein

Hat Ihr Kind genügend Unterstützung durch die Pädagoginnen und Pädagogen bekommen?
❑ ja   ❑ meistens   ❑ eher selten   ❑ nein

Sind die Anforderungen Ihrem Kind hinreichend klar gewesen?
❑ ja   ❑ meistens   ❑ eher selten   ❑ nein

Ist Ihr Kind freundlich behandelt worden?
❑ ja   ❑ meistens   ❑ eher selten   ❑ nein

Sofern Ihr Kind an den Nachmittagsangeboten teilnimmt: Strengt der Schultag Ihr Kind sehr an?

❏ ja ❏ meistens ❏ eher selten ❏ nein

Wenn ja: Woran könnte das liegen?

....

....

....

Arbeitet Ihr Kind zusätzlich zu den Übungszeiten in der Schule auch daheim noch für die Schule?

❏ nein ❏ ja ➪ Wenn ja: Wie viele Minuten täglich? Etwa .... Minuten.

Wurden Sie ausreichend über die schulischen Belange informiert?

❏ ja ❏ meistens ❏ eher selten ❏ nein

Können Sie als Eltern in dem Maß an der Schulentwicklung mitwirken, wie Sie es wünschen?

❏ ja ❏ meistens ❏ eher selten ❏ nein

Begegnet Ihnen das Schulpersonal freundlich und hilfsbereit?

❏ ja ❏ meistens ❏ eher selten ❏ nein

Sind Sie im Großen und Ganzen mit der Schule zufrieden?

❏ ja ❏ meistens ❏ eher selten ❏ nein

Wenn Sie meistens zufrieden sind: Was schätzen Sie an unserer Schule besonders?
Wenn Sie nicht zufrieden sind: Was ist der Grund Ihrer Unzufriedenheit?

....

....

....

Haben Sie Anregungen für Verbesserungen?

....

....

....

Gibt es einzelne Pädagoginnen oder Pädagogen, mit denen Sie nicht zufrieden sind?

❏ nein ❏ ja

Wenn ja: Möchten Sie diesen etwas mitteilen? Bitte nennen Sie dann hier nicht nur den Namen der betroffenen Mitarbeiter, sondern auch Ihren eigenen Namen!

....

....

....

Wünschen Sie einen Gesprächstermin in der Schule?

❏ nein ❏ ja ➪ Wenn ja: bei wem? Ihr Name: ....

Wünschen Sie einen Anruf?

❏ nein ❏ ja ➪ Wenn ja: bei wem? Ihr Name: ....

Wann können wir Sie am besten für eine Terminvereinbarung zurückrufen?
Unter welcher Nummer? ....

Vielen Dank für Ihre Mitwirkung!

Zielvereinbarung

Zielvereinbarung

Schulentwicklungsgruppe: (Kurztitel)

Bibliotheksgruppe

Mitwirkende: (Name, Telefon, E-Mail)

Lehrerin
Erzieher
Bibliothekarin

Zielbeschreibung: Was wollen wir erreichen?

Wir wollen ein Klassenzimmer zur Schulbibliothek umgestalten und dort eine Präsenz- und Ausleihbibliothek für die Kinder einrichten.

Teilschritte: Was müssen wir tun?

Klassenraum auswählen. Zustimmung des Kollegiums einholen.
Bezirksamt einbinden. Sponsoren suchen.
Bibliothekskonzept und Nutzungsplan mit den Kindern entwickeln.
Renovierung beantragen. Möbel bestellen.
Bücher aussuchen und beschaffen. Bibliothek einrichten (Eltern um Hilfe bitten).
Bibliothekarin einstellen (ggf. Eltern) und schulen.
Einweihungsfest mit den Kindern vorbereiten und durchführen.

Produktbeschreibung: Was wollen wir vorlegen?/Woran kann man erkennen, dass wir unser Ziel erreicht haben?

Das Ziel ist erreicht, wenn die Bibliothek eingerichtet ist und täglich von den Schülerinnen und Schülern benutzt wird.

Terminvereinbarung: Wann wollen wir unser Produkt vorlegen?

Nach den nächsten Sommerferien.

Teilschritte und Verantwortlichkeiten:

S.: Vorgespräche mit Schulleiter, Steuergruppe und Bezirksamt bis 30. 9.
M.: Renovierung klären und Sponsoren suchen bis 15. Nov.
P. + Schülersprecher: Bibliothekskonzept entwerfen + Nutzungskonzept und Anschaffungs vorschläge für die Bücher bis 16. Februar.
S. + M. mit Elterngruppe: Raum einrichten in den Pfingstferien
P.: die neue Bibliothekarin anlernen in den Sommerferien
Alle + Schülersprecher: Einweihungsfest mit Festausschuss planen im Juni.

Gemeinsame Arbeitstermine: Wann und wo trifft sich die Gruppe?

Jeden zweiten Donnerstag 18.00 Uhr in Raum 132. Erster Treff: 9. September.

Datum und Unterschriften der Mitwirkenden:

Beispiel für eine interne Evaluation zu Entwicklungszielen mit Bezug auf das physische und psychische Wohl der Kinder

1. Schritt:
Zieldefinition – Übersetzung der Entwicklungsziele in Leitziele, Mittlerziele und Handlungsziele

Leitziel:
Die Schule fördert das physische und psychische Wohlsein aller Kinder.

Mittlerziel 1:
Jedes Kind findet jederzeit einen verlässlichen, ihm persönlich vertrauten erwachsenen Ansprechpartner in der Schule.

Handlungsziele:
- Jedes Kind hat in der Schule eine Anlaufstelle, wo es in besonderen Belastungssituationen Rat und Hilfe bekommt.
- Für die Kommunikation mit Migranteneltern und Migrantenkindern, die der deutschen Sprache nicht hinreichend mächtig sind, stehen Helfer bereit, die übersetzen können.

Mittlerziel 2:
Jedes Kind hat jeden Tag Zeit und Raum für selbstbestimmtes Tun und unbeobachtete Aktivitäten.

Handlungsziele:
- Jedes Kind hat die Möglichkeit, sich seine Spielpartner selbst auszuwählen.
- Es gibt eine tägliche Bewegungszeit in der Schule.
- Es gibt Rückzugsmöglichkeiten für unbeobachtetes Tun allein oder in kleinen Gruppen.

Mittlerziel 3:
Jedes Kind erhält täglich gesunde Nahrung sowie ausreichend frische Getränke.

Handlungsziele:
- Jedes Kind hat jederzeit Zugang zu frischem Obst und kostenlosen Getränken (Wasser, Saftschorle, Tee).
- Kinder, die die Frühbetreuung vor Unterrichtsbeginn wahrnehmen, bekommen dort ein gesundes Frühstück.
- Für das Pausenfrühstück am späteren Vormittag wird eine spezielle Frühstückszeit reserviert, damit alle Kinder in Ruhe essen können.
- Das Mittagessen wird gemeinsam mit den Lehrerinnen und Lehrern und/oder den Erzieherinnen und Erziehern in einer besonders gepflegten Atmosphäre eingenommen.

- Es gibt auch am Nachmittag einen Imbiss für den »kleinen Hunger zwischendurch«.

Mittlerziel 4:
Kinder mit Beeinträchtigungen erhalten auf ihre spezifischen Bedürfnisse abgestimmte individuelle Unterstützung und Förderung.

Handlungsziele:
- Alle Pädagoginnen und Pädagogen eines Kleinteams wissen, welche Kinder welchen spezifischen Unterstützungsbedarf haben. Es gibt explizite Förderpläne für diese Kinder.
- Alle Pädagoginnen und Pädagogen eines Kleinteams treffen Absprachen, wer diese Kinder wann entsprechend unterstützt und fördert.
- Für Kinder mit schweren Behinderungen stehen ganztägig Pädagoginnen und Pädagogen bereit, die im Umgang mit diesen Kindern geschult sind.

2. Schritt:
Reflexion über den IST-Stand der Schule

Im Kleinteam verständigen sich Lehrerinnen und Erzieherinnen entlang der Mittlerziele über die Bedeutung, die dieses Leitziel für ihre tägliche Arbeit hat.

Sie überprüfen mit Hilfe der Handlungsziele, ob und wie sie das Leitziel bereits in ihrer täglichen Praxis realisieren. Sie erarbeiten eigene Handlungsziele für den Kontext ihrer Schule und überprüfen diese ebenfalls. Sie dokumentieren durch praktische Beispiele zu den Handlungszielen, wie sie das Leitziel umsetzen.

Zum Handlungsziel: »Jedes Kind hat in der Schule eine Anlaufstelle, wo es in besonderen Belastungssituationen Rat und Hilfe bekommt« könnte die praktische Umsetzung zum Beispiel so aussehen und dokumentiert werden:
Jedem Kind ist mindestens eine feste Bezugsperson zugeordnet. Die Bezugspersonen haben mindestens einmal pro Woche eine feste Beratungszeit, in der sich die Kinder allein oder in selbstgewählten Kleingruppen vertraulich an die Bezugsperson wenden können. Die Inhalte der Beratungsgespräche werden vertraulich behandelt. Für die Beratungsgespräche steht ein geeigneter Raum zur Verfügung.

3. Schritt:
Verbesserungsnotwendigkeiten identifizieren und Handlungsschritte vereinbaren

Die Pädagoginnen und Pädagogen identifizieren Verbesserungsnotwendigkeiten und vereinbaren konkrete Schritte für die Weiterentwicklung ihrer Arbeit mit Blick auf das Leitziel: Wer macht was, mit wem, bis wann und wer fragt nach, ob die Vereinbarungen auch eingehalten werden? Sie dokumentieren die Vereinbarungen in einem Evaluationsprotokoll und treffen entsprechende Zielvereinbarungen.

Verbesserungsmöglichkeiten könnten sein:
• Lena benötigt derzeit eine tägliche persönliche Ansprache am Schultagesbeginn, um ihre familiären Belastungen loswerden zu können. Das Kleinteam verabredet, wer an welchem Tag auf Lena zugeht.
• Der Beratungsraum sollte ansprechender gestaltet werden. Herr H. kümmert sich um ein Bild; die Steuergruppe wird gefragt, ob die Anschaffung eines Sofas möglich ist.

4. Schritt:
Unterstützung einholen

Die Pädagoginnen und Pädagogen kommunizieren ihre Evaluationsergebnisse mit der Steuergruppe und ggf. mit der entsprechenden Schulentwicklungsgruppe und holen sich, falls erforderlich, externe Unterstützung für die Realisierung ihrer Vorhaben.

5. Schritt:
Erfolg überprüfen

Am Ende des Entwicklungsprozesses kommen die Beteiligten zu einer Bilanzsitzung zusammen und überprüfen gemeinsam, ob die Handlungsziele erreicht und die Leitziele damit angesteuert wurden.

Die offene Ganztagsgrundschule als Gestaltungsaufgabe: Reportagen aus der Schulwirklichkeit[81]
von Barbara Leitner

Die Schule als Baustelle. Oder: Die Vision vom Mädchen mit dem Hula-Hoop-Reifen

»Wie wird der offene Ganztag Ihre Schule verändern?« Diese Frage stand schon eine Weile im Raum, und es war von einer neuen Sitzungskultur, der Zusammenarbeit der Erzieherinnen mit den Lehrerinnen und veränderten Lernmethoden am Vor- und Nachmittag die Rede. Da erzählt eine Lehrerin eine Geschichte: Sie war mit einer dritten Klasse auf Klassenreise. Am Zielort der Reise beteiligten sich die Kinder an einem Zirkusprojekt. Mit dabei ein Mädchen, das sie bis dahin nur als schwierig erlebt hatte, schwierig im Lernen und Verhalten. Ausgerechnet dieses Kind trat in einem zauberhaften Kostüm in die Manege und zeigte eine imponierende Nummer mit einem Hula-Hoop-Reifen. Am Gesicht der Neunjährigen konnte die Lehrerin ablesen: Das ist meins. Ich weiß, ich bin besonders.

»Solche Mädchen und Jungen haben wir vor Augen, wenn wir überlegen, wie wir Schule und Unterricht organisieren wollen, um jedes Kind seinen Möglichkeiten entsprechend zu fördern«, darüber sind sich die Lehrerinnen und die Sonderschulpädagogin, die koordinierende Erzieherin und der Schulleiter in der Runde einig. Stück für Stück bewegt sich das Kollegium der Annedore-Leber-Grundschule in diese Richtung.

Die Schultern der Erzieherinnen

Der Anfang liegt gut ein Jahrzehnt zurück. Im kinderreichen Stadtbezirk Lichtenrade stöhnten die Anwohner über die nach der Schule herumstreunenden Fünft- und Sechstklässler. Einige von ihnen versammelten sich in Cliquen und machten Blödsinn. In den Gremien des Bezirks wurde über die Situation diskutiert. Doch die Kitas und Horte hatten keinen Platz für diese Schüler.

»Damals kam es zu der für Westverhältnisse ungewöhnlichen Zusammenarbeit einer Schule mit einer Kita«, erklärt Schulleiter Ulf Redwanz. Für die Lehrerinnen und Lehrer waren damit etliche Entdeckungen verbunden. Bisweilen hatten sie schon resigniert: Mit den Eltern könne man nicht reden, schon gar nicht, wenn es Probleme mit ihren Kindern gibt. »Plötzlich merkten sie: Die Erzieherinnen sahen nicht nur andere Facetten eines Störenfrieds. Sie wussten auch viel mehr von den Familien. Manchmal dolmetschten sie zwischen den Lehrerinnen und den Eltern – nicht nur der Sprache wegen, sondern auch mit ihrem Wissen um den Alltag mit Kindern«, erinnert sich der Schulleiter.

In dieser Zeit begann die Schule bereits, die andere Berufsgruppe auf dem Schulgelände als Bereicherung zu empfinden, als eine zusätzliche Schulter, die die schwere Last der Bildung und Erziehung tragen hilft oder – positiv gesehen – als ein weiterer Zugang zu den Kindern. Doch wie sie den Alltag miteinander organisieren, das lernen Lehrerinnen und Erzieherinnen bis heute. Denn statt einst für 40 Kinder, sorgen sie jetzt gemeinsam für 250 und bald für 310 Kinder.

Das Problem mit den Hausaufgaben

Konferenzdienstag. Es tagen die Stufenkonferenzen. Auf die Tagesordnung in allen Klassenstufen setzen die Erzieherinnen die Frage nach den Hausaufgaben als aktuell drängendes Problem. Ihre Meinung ist deutlich: Zu viele Hausaufgaben schränken die Ausgestaltung des offenen Ganztags ein. Für die Kinder bleibt nach dem Mittagessen kaum Zeit zum Spiel und für die Erzieherinnen kaum Raum, eigene Ideen zu verwirklichen, wenn zu viele Aufgaben zu lösen sind.

»Darüber habe ich nie zuvor nachgedacht«, gesteht Lehrerin Christine Zwick ein. Ihr Jahrgangsteam in der Klassenstufe zwei fand schnell eine neue Lösung: An dem Tag, an dem die Kinder nachmittags zum Schwimmen gehen, soll es in den zweiten Klassen nun gar keine Hausaufgaben mehr geben. An allen anderen Tagen wird eine halbe Stunde Hausaufgabenzeit eingeplant. Zuvor sollen die Kinder sich auf dem neu gestalteten Schulhof austoben oder in ihrem Freizeitraum spielen können.

Andere Jahrgangsteams fanden nicht so schnell einen Kompromiss. Die Lehrerinnen brachten aus ihrer Sicht

---

81 Die Reportagen stammen aus dem Schuljahr 2006/07.

berechtigte Argumente hervor: Wie sollen die Kinder im Lernen voranschreiten, wenn sie nicht wiederholen? Und wie sollen die Rahmenpläne erfüllt werden, wenn diese Lernzeit fehlt? Im Klartext: Es muss geklärt werden, was die Hausaufgaben für den Unterricht und den Nachmittag bedeuten. Darüber werden die Stufenkonferenzen weiter diskutieren.

Konferenzen von Sommerende bis Sommeranfang

Genau um diese Fragen zu klären, vernetzte man die vorhandenen Strukturen neu. Ulf Redwanz holt einen metergroßen Kalender aus seinem Schulleiterzimmer, um sein »hausgestricktes Modell« der Konferenzkultur zu erläutern: »Als Überschrift könnte darüber stehen: Was haben wir für Bedingungen, und wo wollen wir hin?«

Von Sommerende bis Sommeranfang ist über das Schuljahr verteilt ablesbar, wann welche Konferenzen tagen: Treffen sich an einem Dienstag die Kolleginnen und Kollegen in ihrer Jahrgangsstufe, sind am Dienstag darauf die Fächerkonferenzen an der Reihe. In der nächsten Woche wiederum arbeiten die verschiedenen Programmgruppen, in denen es um die Ausgestaltung der offenen Ganztagsschule, die Integration von behinderten Kindern, die pädagogische Schulentwicklung mittels der Klippert-Methode und die Leistungskurse für die Klassen fünf und sechs geht.

»Am vierten Dienstag wird meist koordiniert«, so Ulf Redwanz. Dann trifft sich die erweiterte Schulleitung mit den Leiterinnen und Leitern der Gruppen, um den Überblick zu behalten. »Das Besondere ist: Diejenigen, die etwas miteinander weiterentwickeln wollen, treffen in diesen Gruppen zusammen«, erklärt Christine Zwick, die selbst in drei Gruppen mitarbeitet. »Es geht nicht mehr darum, sich pflichtgemäß in Sitzungen zu versammeln, die kaum jemand ernst nimmt. Vielmehr werden die Fragen erörtert, die drängen. Beispielsweise: Wie wird die Schulanfangsphase gestaltet?«

In machen Gruppen gibt es dafür einen Arbeitsplan. Andere sammeln die Themen in ihren Sitzungsprotokollen. Auf jeden Fall hat jede Gruppe eine Leitung, die darauf achtet, dass nichts unter den Tisch fällt. »Heute kriege ich ein paar Tage vor der Konferenz per E-Mail die Tagesordnung geschickt und werde gefragt, was ich besprechen will«, sagt Lehrerin Susanne Sprafke. Dadurch hat sie Zeit, sich zu überlegen, was sie einbringen will und was ihr wichtig ist. Vor allem in den Stufenteams und in der Programmgruppe geht es immer wieder um die Ausgestaltung des offenen Ganztags.

Lehrerinnen und Erzieherinnen ziehen an einem Strang

Als das Kollegium darüber abstimmte, eine offene Ganztagsschule zu werden, votierten alle dafür; es gab nur eine Stimmenthaltung. Bei der Planung über die Räume und einen Neubau entschied man sich bewusst dafür, die Unterrichts- und Betreuungsräume für die ersten und zweiten Klassen dicht nebeneinander zu platzieren, so dass die Kompetenzen der Lehrerinnen und Erzieherinnen leichter zusammenfließen, als das an der verlässlichen Halbtagschule möglich war, berichtet die koordinierende Erzieherin Mirella Wimmer. Mit dem Hort an der Schule »übte« man in den Jahren zuvor für die offene Ganztagschule. Aufgefallen sei ihr dabei vor allem, wie gefangen beide Berufsgruppen in ihrer Sicht waren. Obwohl die Erwachsenen die Kinder ähnlich erlebten, hieß das in ihren jeweiligen Kontexten oft etwas anderes. »Doch wir fragten uns immer wieder: Worin besteht der Sinn, wenn der Hort nicht mehr als getrennter Bereich neben der Schule steht? Was ist positiv daran?«

Einige Antworten auf diese Fragen findet die Erzieherin in ihrem Alltag, wenn sie beispielsweise am Nachmittag mit den Kindern baut und spielt, dabei Rechnen und räumliche Wahrnehmung trainiert und gleichzeitig das vertieft, was am Vormittag Unterrichtsstoff war. »Das ist Mathematikförderunterricht pur!« Oder wenn Mirella Wimmer erlebt, dass Lehrerinnen und Lehrer auf die Erzieherinnen zugehen und fragen: »Wie war das Kind am Nachmittag? Konnte es sich konzentrieren? Hat es allein oder mit anderen gespielt?« Oft haben die Antworten auf solche Fragen Konsequenzen für den Vormittag.

Die Lehrerin Susanne Sprafke aber bedauert, dass Erzieherinnen bisher nur selten in ihrem Integrationsunterricht hospitierten und zuschauten, wie sie die Kinder spielerisch fördert. »Davon könnten die Erzieherinnen profitieren«, ist sie überzeugt. Doch das ist von der Anzahl der Hortverträge abhängig und damit nicht von der Schule zu beeinflussen. »Es müsste gerade in der Eingangsstufe für viele Stunden Norm sein, und die Besprechungszeit müsste für die Teams verbindlich sein«, meint Ulf Redwanz und fordert, die Bedingungen für die offene Ganztagschule von Senatsseite zu verbessern.

Die Erzieherinnen unterbreiten den Kindern der unteren Klassen mitunter zwischen zwei Unterrichtsstunden ein spielerisches Angebot. Sie sind es auch, die mit den Kindern zum Mittagessen gehen. »Es ist leider kaum möglich, dass die Lehrerinnen das übernehmen«, bedauert die koordinierende Erzieherin Mirella Wimmer. Dieser wichtige soziale Kontakt zwischen den Lehrern und Schülern ist im Stundenpool der Lehrer nicht vorgesehen. Dabei ist den Lehrerinnen und Lehrern durchaus bewusst, wie viele Möglichkeiten ihnen entgehen, Zugang zu neuen Kindern zu finden. »Längerfristig sollten wir zu anderen Pausen- und Essensregelungen kommen«, wünscht sich Mirella Wimmer.

Das Zeit-Problem

Solche Wünsche nach Veränderungen im Alltag müssen miteinander diskutiert werden: Welche Vorstellungen haben wir über den Tagesrhythmus an einer Ganztagsschule? Wie erleben wir die Mädchen und Jungen in den verschiedenen Phasen des Tages? Was sehen wir ähnlich, was anders?

»Es gibt riesigen Gesprächsbedarf und zu wenig Zeit füreinander. Das macht es schwierig«, meint die Integrationspädagogin Christine Zwick. Eine ist immer mit den Kindern beschäftigt – entweder die Lehrerin oder die Erzieherin.

»Unsere Arbeitszeiten passen nicht zusammen«, erklärt Mirella Wimmer das Dilemma. Der Unterricht dauert bis 13.30 oder 14.00 Uhr. Danach übernehmen auch Lehrerinnen Arbeitsgemeinschaften, beraten miteinander, mit Eltern, bereiten den Unterricht vor. Das Erzieherinnenteam hat parallel zwölf Stunden abzusichern. Dazwischen gibt es keine gemeinsam frei verfügbaren Zeiten. »Und Unzufriedenheit kommt auf«, sagt Mirella Wimmer.

Ein Teil des Problems wurde an der Annedore-Leber-Grundschule gelöst, seit jene Stufen- und Fachkonferenzen, denen Erzieherinnen angehören, erst um 16.00 Uhr und die Gesamtkonferenzen erst um 17.30 Uhr beginnen. Im neuen Schuljahr werden darüber hinaus feste Besprechungszeiten der Erzieherinnen mit ihren Jahrgangsleiterinnen eingeplant. Gegenwärtig wird noch geprüft, welcher Kooperationspartner im Haus die Kinder in den anderthalb Stunden betreuen könnte.

In den Klassen eins und zwei ist es mitunter noch möglich, etwas zwischen Tür und Angel zu klären, weil die Beteiligten einander wenigstens begegnen. »Schwierig wird es ab Klasse drei, wenn nicht mehr so viele Kinder nachmittags betreut werden«, stellt die koordinierende Erzieherin fest. Doch sie will nicht abwarten, bis die Erfahrungen mit dem offenen Ganztag aus den ersten und zweiten Klassen vorliegen: »Die Großen sollen auch jetzt schon etwas von der engeren Zusammenarbeit haben.«

Vier ihrer Kolleginnen sind für die elf dritten bis sechsten Klassen zuständig. Sie wollen einbezogen werden, wenn über die Kinder gesprochen wird, wenn Projekte vorbereitet oder Klassenfahrten geplant werden. Auch die Lehrerinnen wollen das. Allerdings fehlt ihnen die Zeit, miteinander zu besprechen, welche Vorhaben es in welcher Klasse gibt. Auf ihrem Studientag entschieden die Erzieherinnen deshalb, zunächst die monatlichen Stufenkonferenzen als Kontaktmöglichkeiten zu nutzen. Eine Kollegin ist nun jeweils für eine Jahrgangsstufe zuständig, wird an deren Konferenzen teilnehmen und Ansprechpartnerin für die Lehrerinnen und Lehrer sein.

Die »Insel« als Lernwerkstatt

»Wir sind dabei, die Übergänge besser zu gestalten«, unterstreicht Schulleiter Redwanz. Man beteiligt sich an dem BLK-Projekt TransKiGs, um zu lernen, wie bereits Kita und Schule enger zusammenwachsen können, so dass die Kinder den Schulstart nicht als Bruch in ihrer Lernbiografie erfahren. Ein Treffpunkt, um Trennungen zu überwinden, soll die »Insel« der Annedore-Leber-Grundschule sein, ein Art Lernwerkstatt, die Lehrerinnen und Erzieherinnen gegenwärtig gemeinsam einrichten. Dort soll Mathematik sinnlich erfahrbar werden – durch Spiele und Modelle. Am Vor- und Nachmittag sollen sowohl die Schülerinnen und Schüler als auch die Kinder aus der Kita nebenan mit Zahlen und Winkeln, Mengen und Brüchen spielen und experimentieren können. Die »Insel« – so die Hoffnung des gesamten Kollegiums – wird ein Ort sein, an dem viele Kinder beglückende Lernerfahrungen machen können. Wie das Mädchen mit dem Hula-Hoop-Reifen im Zirkus.

Annedore-Leber-Grundschule
Halker Zeile 147
12305 Berlin
Internet: http://www.algs.de

Zwischen Hochhaussiedlung und Einfamilienhäusern liegt die Annedore-Leber-Grundschule mit ca. 650 Schülerinnen und Schülern. In unmittelbarer Nachbarschaft zweier Oberschulen fin den sich auf dem weitläufigen Schulgelände neben dem in den 50er Jahren gebauten »alten« Schulhaus ein neues Gebäude für die Schuleingangsstufe und der Turm für die fünften und sechsten Klassen. In der Schule sind etwa die Hälfte der Mädchen und Jungen für die offene Ganztagsschule angemeldet.

Die Zeit selbst einteilen. Oder: Schüler reden mit

Es ist Pause in der Stammgruppe 2.1 der Neuköllner Peter-Petersen-Grundschule. Die Viert- bis Sechstklässler sitzen in ihren Tischgruppen und lesen, manche vertieft, andere mit dem Kopf auf dem Tisch, kurz vor dem Einschlafen. »Das ist die Lesepause«, erklärt Jonas, und Melanie ergänzt: »Das hilft uns, runterzukommen, und zugleich werden wir zum Lesen angeregt.«

Auf jedem Tisch stehen Bücherkisten, und zu den beiden aktuellen, fächerübergreifenden Projekten der Stammgruppe – Märchen und Ägypten – finden die Kinder Lektüre in den Regalen. »Als wir jünger waren, hatten wir nach der Hofpause unsere Ruhepause«, erinnert sich Melanie. »Da lief leise Musik, und wir legten unsere Köpfe auf Kissen.« Im Rahmen eines ökologischen Schulversuchs hatten die Kinder und ihre Lehrerinnen und Lehrer den Umgang mit sich selbst thematisiert und diese Entspannungsphase eingeführt, als erste Zäsur am Tag.

»Nach dem ersten Unterrichtsblock haben wir 45 Minuten Pause«, erklärt Jonas. »Das Gute ist, dass wir uns die Zeit einteilen können. Zuerst frühstückt die Stammgruppe gemeinsam mit der Lehrerin. Danach können wir uns überlegen, was wir machen wollen«, so Jonas weiter. »Dienstags und donnerstags öffnen Eltern in der Pausenzeit die Bibliothek. Ich lese zwar gern, aber nach zwei Stunden Sitzen muss ich mich bewegen. Meist spiele ich auf dem Hof Fangen mit meinen Freunden oder Fußball. «

Arbeit und Pause, Gespräch und Spiel

Für das freie Spiel auf dem Hof hat das Schülerparlament klare Regeln ausgearbeitet. Jeweils eine der sechs Stammgruppen der Großen wacht darüber, dass sie eingehalten werden. Am Freitag tragen sich die Schüler für den Hofdienst der nächsten Woche ebenso freiwillig ein wie für den Tafeldienst oder die Pflege der Blumen in den Räumen, im Hausflur und auf den kleinen Beeten vor der Schule. Jeweils vier Schüler sind für die Hofaufsicht zuständig und an ihren orangefarbenen Westen zu erkennen. Ihr Wort gilt wie das der Lehrerinnen und Lehrer, von denen zwei immer in der Nähe sind.

»Nach den langen Hofpausen und der kurzen Lesephase fällt es den Kindern leichter, wieder etwas aufzunehmen«, findet Anne Albrecht, eine der Klassenlehrerinnen der 2.1. Als sie vor zwei Jahren an die Peter-Petersen-Schule kam, gab es diesen Stundenplan bereits. Er war für die verlässliche Halbtagsschule entwickelt worden und ergänzt einen anderen Wechsel: den von Arbeiten und Feiern, Gespräch und Spiel, wie er für die Jenaplanschule nach Peter Petersen typisch ist.

Anne Albrecht genießt es, dass die Stunden nicht dicht gedrängt aufeinanderfolgen und sie nicht durch den Tag hetzen muss. Die Pausen geben ihr Gelegenheit, allerlei Kleinigkeiten zu erledigen und kurz auszuspannen.

Zwei von diesen längeren »aktiven Hofpausen« – die erste 25, die zweite 20 Minuten lang – gibt es am Vormittag. Nach der zweiten Hofpause ist um 12.15 Uhr Lunchtime in den Stammgruppen. Die Kinder packen ihre von zu Hause mitgebrachten Brote aus. Platz für eine Küche gibt es in dem Ende des 19. Jahrhunderts gebauten Ziegelbau und auch auf dem Gelände nicht.

Den Schulhof und die Turnhalle teilt sich die Peter-Petersen-Schule mit der benachbarten Konrad-Aghad-Schule, die Zeiten werden miteinander abgestimmt. Deshalb ist an der Peter-Petersen-Schule Unterrichtsbeginn um 8.20 Uhr. Bereits ab 7.30 Uhr betreut eine Erzieherin im »Mäuseklub«, wie der gemütlich eingerichtete Freizeit- und Spielraum in der ersten Etage heißt, die Frühstarter. In dieser Zeit finden auch die ersten Fördereinheiten statt.

Altersgemischte Stammgruppen

Melanie und Jonas kommen kurz nach 8.00 Uhr und holen sich den Schlüssel für ihren Klassenraum selbst. »Montags treffen wir uns früh zuerst im Morgenkreis. Dort bereden wir, was im Wochenplan steht und Thema dieser Woche ist«, berichtet Jonas. Danach startet der Stammgruppenunterricht.

Für die Großen – die Jahrgangsstufen vier, fünf und sechs – stehen drei Blöcke von je anderthalb Stunden auf dem Plan. Eine Klingel ertönt nicht. Dafür gibt es in jedem Klassenraum eine Funkuhr. »Außerdem kriegt man allmählich ein Zeitgefühl«, sagt Melanie und meint den Rhythmus des Tages und der Projektarbeit.

In Deutsch, Musik und Kunst beschäftigen sich die Neun- bis Zwölfjährigen gerade mit Märchen. Zum Beginn des Unterrichtsblocks berichten alle Tischgruppen, wie weit sie mit ihren Aufträgen gekommen sind. Sie sind es gewohnt, kurz Auskunft zu geben, wo sie stehen, und ihre nächsten Schritte zu benennen, ehe sie selbstständig weiterarbeiten.

Die Tischgruppe von Melanie und Jonas überlegt, nach welcher Episode man die Mitschüler fragen könnte, damit sie erraten, welches Märchen analysiert wurde: »Wie hieß das Männchen, das der Königin ihr Kind stahl?« Nachdem das gemeinsam erledigt ist, kümmert sich jeder still für sich um die nächste Aufgabe.

»Wir liegen gut in der Zeit«, schätzt Jonas ein. Er und sein Nachbar sind im sechsten Schuljahr, Melanie im fünften. Es ist für sie selbstverständlich, einander zu unterstützen. Wenn die Älteren von den Jüngeren etwas gefragt werden, wiederholen auch sie den Stoff.

Diese Altersmischung bringt eine zusätzliche Dimension in den Raum – die der Relativität der Klassenstufe. Die leistungsstarken Fünftklässler dürfen sich an den Aufgaben des sechsten Schuljahrs versuchen, leistungsschwächere Mitschüler bekommen vereinfachte Aufgaben, damit auch sie sich an Erfolgen freuen können.

»Die Stammgruppenarbeit bringt es mit sich, dass ich Angebote für drei Stufen vorbereiten muss«, erklärt Anne Albrecht, die Deutsch, Musik und Naturwissenschaften unterrichtet. »Natürlich muss ich genau beobachten, wer wie lange an welchen Aufgaben sitzt und wer wo welche Hilfe braucht, damit niemand Leerzeit hat.« Dazu gibt ihr auch die Wochenplanarbeit Gelegenheit, die meist im dritten Zeitblock stattfindet.

Eigene Lernrhythmen

Zu den sechs Stammgruppen der Großen gehört eine halbtags tätige Erzieherin. Sie wandert vormittags von einer Gruppe zur anderen und weiß: Für dieses oder jenes Kind ist es gut, wenn ich eine Zeitlang an seiner Seite sitze

Nach ihrem eigenen Lernrhythmus entscheiden sich die Kinder, in ihrer Tischgruppe zu arbeiten, sich zu einer Freundin oder einem Freund zu setzen oder sich an einen Tisch im Treppenhaus zurückzuziehen. Ein Junge, dem es schwer fällt, sich länger zu konzentrieren, weiß, dass er während der Unterrichtsblöcke aus dem Raum gehen und sich Bewegung verschaffen darf. Solche Lernvereinbarungen werden mit den Schülern, ihren Eltern, den Klassenlehrern und der Schulleitung gemeinsam getroffen.

Während des Unterrichts ertönt ab und zu eine Klangschale. Das heißt, jeder muss sein Tun unterbrechen und nach vorn schauen. Nicht nur die Lehrerin nutzt den Ton, um einen nächsten Schritt zu erklären. In der fünften oder sechsten Stunde steht immer mal wieder ein Mädchen oder ein Junge auf, lässt die Klangschale ertönen und sagt: »Bitte, mir ist es zu laut zum Arbeiten.«

Die Erst- und Zweitklässler werden zwischen den Unterrichtsblöcken zu Verschnaufpausen in den »Mäuseklub« geschickt. »Das übernahmen wir von einer gebundenen Ganztagsschule«, erklärt Hildegard Greif-Gross, die Konrektorin der Schule. »Die Lehrerinnen erzählten uns, dass die Kleineren später wieder gut arbeiten, wenn sie zwischendurch Entspannungsphasen haben.«

Je nach Klassenstufe gehen die Sechs- und Siebenjährigen zwei oder vier Mal in der Woche im Laufe des Vormittags mit ihrer Erzieherin für anderthalb Stunden auf einem Spielplatz, basteln oder beenden eine Arbeit im Freizeitraum. »Seitdem haben auch wir einen festen Stundenplan«, sagt Erzieherin Catrin Schade.

Orientierung und Struktur

Am Freitag beenden die Kinder die Schulwoche mit der Klassenlehrerstunde. »Ich finde das gut, dass wir zusammen im Kreis sitzen und uns Zeit für Beschwerden und Fragen nehmen«, sagt Melanie.

Ein Mal im Monat feiern die Stammgruppen miteinander. »Wozu lernt man sonst ein Gedicht oder spielt ein Instrument?« begründet Konrektorin Greif-Gross dieses Prinzip der Jenaplanschule. Diesmal sind die Kleiner eingeladen. Melanie und Jonas stellen in der geschmückten Turnhalle Fragen aus ihrem Märchen-Quiz und spielen kleine Theaterszenen. Solche Rituale geben den Kindern Orientierung in ihrem ansonsten überraschend offenen Tageslauf.

Gegenwärtig berät das Kollegium der Schule mit den Freien Trägern, um einen angemessenen Rhythmus für den offenen Ganztag zu finden. »Die Kinder sofort nach dem Mittagessen an die Hausaufgaben zu setzen ist nicht sinnvoll«, vertritt Hildegard Greif-Gross die Haltung der Schulleitung. Das sagte sie auch den Eltern, die glaubten, Kinder mit erledigten Hausaufgaben abholen zu können. »Es fällt ihnen leichter, sich nach dem Spiel am Nachmittag auf eine kurze Übungseinheit daheim zu konzentrieren.« Deshalb hat man sich mit den Freien Trägern auf eine halbe Stunde Übungszeit von 15.30 bis 16.00 Uhr geeinigt. Doch das verändert den bisherigen Takt. Die Kinder vor 16.00 Uhr abzuholen, das hieße nun, sie zu unterbrechen – ob beim Üben oder bei anderen Vorhaben.

Durch den offenen Ganztag kommt auch in die Nachmittagsangebote Bewegung. Melanie und Jonas aus der fünften und sechsten Klasse berührt das jedoch nicht. Beide besuchen an einem Tag in der Woche die Theater-Arbeitsgemeinschaft der Schule und den Naturwissenschaftlichen Unterricht für die Großen. Darüber hinaus lernt Jonas Cello spielen und singt im Chor. Melanie hingegen sagt, sie sei nach der Schule erschöpft und froh, wenn sie die Hausaufgaben erledigt hat und sich zu Hause mit Freunden treffen kann. Vielleicht wäre sie doch neugierig auf den offenen Ganztag, wenn ihre Klassenkameraden von spannenden Unternehmungen erzählen?

Peter- Petersen-Grundschule
Jonasstr. 15
12053 Berlin
Internet: http://www.pps.cidsnet.de

Gut gemischt lernen 340 hochbegabte und sozial benachteiligte, deutsche und nichtdeutsche Schülerinnen und Schüler an einer Lebensgemeinschaftschule, wie sie der Namenspatron Peter Petersen beschrieb. Im offenen Ganztagsbereich kooperiert die Schule mit drei Freien Trägern: dem Bermuda Dreieck, Peters Oase und dem Magdalenen Hort. Etwa ein Drittel der Kinder sind für die offene Ganztagsschule angemeldet. Alle Schüler der Schule können zusätzlich zwischen etwa 15 Arbeitsgemeinschaften wählen.

Eine Sache – zwei Institutionen

Ein Gespräch über gelingende Kooperation, geführt mit Klaus-Martin Lütke, Leiter der Grundschule am Schäfersee, und Dr. Josef Kohorst, Geschäftsführer des Jugendhilfeträgers Aufwind gGmbH.

Wie kam es zur Kooperation der Schule am Schäfersee mit der Aufwind gGmbH?

Lütke: Als es hieß, die Horte kommen an die Schule, luden wir die Erzieherinnen der umliegenden Horte zu Gesprächen ein. Schnell hatten wir das Gefühl, dass wir mit ihnen nicht weiterkommen. Wir wollten mit der offenen Ganztagsschule etwas erreichen, nicht den alten Stiefel weiterfahren, und suchten Leute, die innovativ denken. Also Leute, die auch mal in der Lage sind, irgendwoher Mittel herbeizuzaubern, und tun, was wir gemeinsam für nötig halten. Solche Leute hatten wir in der Aufwind gGmbH bereits kennen gelernt.

Kohorst: Seit 2002 unterhalten wir die regelfinanzierte Schulstation hier auf dem Gelände.

Lütke: Dafür hatten wir gekämpft, und als wir die Station hatten, sprangen wir vor Freude in die Luft. Natürlich nicht alle Kollegen…

Kohorst: Wir als Träger der Freien Jugendhilfe hatten das Bedürfnis, Prozesse direkt in der Schule stärker zu beeinflussen, also dort, wo die Kinder sind. Wenn wir Familienhilfe leisten, bearbeiten wir oft Konflikte, die in der Schule zum Tragen kommen. Dort wollen wir auch Lösungen finden…

Sie beschreiben die Schulstation als eine der drei Säulen der offenen Ganztagsschule. Weshalb?

Lütke: Die Schulstation ist eine wichtige Vermittlungsstelle. Am Anfang dachten manche Lehrer vielleicht: Wenn ein Schüler oder eine Schülerin im Unterricht auffällt, drücke ich ihm oder ihr einen Laufzettel in die Hand und stecke sie in die Schulstation. Aber die Schulstation ist keine Strafkolonie. Die Schüler gehen gern hin, weil sie liebevoll und bestimmt behandelt werden.

Inzwischen gibt es Vereinbarungen zwischen den beiden Mitarbeiterinnen der Station und den Lehrern, dass bestimmte Schüler zu bestimmten Zeiten grundsätzlich in die Schulstation gehen, um ihnen das schulische Leben zu erleichtern. Viele Kinder gehen schon morgens hin,

um sich familiäre Probleme von der Seele zu reden. Und wir Lehrer kriegen von den beiden Kolleginnen jede Menge Hilfe, weil sie Hausbesuche machen und Elterngespräche führen, Kontakte zu Familienhelfern und zum Jugendamt knüpfen…

Seit zwei Jahren haben wir regelmäßig einen Jour fixe. Da geht es um Kinder, die in der Schulstation oder im Unterricht auffallen. Die Klassenlehrer werden eingeladen, oft kommt ein Schulpsychologe dazu, und neuerdings, nachdem das Jugendamt sich regionalisiert hat, ist auch ein Mitarbeiter des Amtes dabei.

Kohorst: Sind die Kinder im Hort, kommen auch die dortigen Erzieherinnen.

Lütke: Diese Runden waren der Beginn unserer Kooperation. Gemeinsam wird beraten, was ein Kind braucht und wer es ihm wie gibt.

Kohorst: Das hat zur besseren Zusammenarbeit zwischen Lehrern und Jugendhilfe geführt. Die Lehrer und die beiden Frauen der Schulstation besuchen einander, reden miteinander und tun vor allem eines: Sie vermitteln einander Wertschätzung.

Lütke: Gerade dadurch wurden Ängste abgebaut. Da will mir jemand in die Karten gucken – das denkt nun niemand mehr.

Kohorst: Beide Seiten sagen: Lasst uns zusammen überlegen, wie wir das Problem, das jetzt in der Schule aufgetaucht ist, lösen können. Schule, Schulstation, ergänzender Nachmittag – das ist ein gemeinsames Projekt. Wir denken nicht mehr: Der ist bei uns und die ist da angestellt.

Der Schäfersee liegt zwischen der Schule und dem Ort für die ergänzende Bildung, Erziehung und Betreuung. Das bedeutet lange Wege und kostet Zeit. Wie sorgen Sie dennoch dafür, dass sich Lehrer und Erzieherinnen durch die jeweils andere Seite bereichert fühlen?

Kohorst: Wir arbeiten weiter an unserem Konzept für die Ausgestaltung der offenen Ganztagsschule. Vor allem machen wir uns Gedanken, wodurch sich Erzieherinnen und Lehrer mit ihren unterschiedlichen Kompetenzen weiterentwickeln können, zugunsten der Kinder.

Als Unterstützungsinstrument haben wir gemeinsam einen Beobachtungsbogen entworfen, der die Kommunikation zwischen beiden Seiten anregen soll. Da wird zum Beispiel nach der sozialen Kompetenz der Kinder gefragt: Kann ein Kind seine Wünsche zum Ausdruck bringen, sich einfühlen, Regeln akzeptieren? Zur Sachkompetenz und zum Leistungsverhalten wird gefragt: Wie lernt ein Kind in den einzelnen Fächern? Was kann es? Es gibt aber auch solche Fragen: Ist das Kind morgens pünktlich, ist es ausgeschlafen? Was wissen wir über das kindliche Netzwerk? Erzählt das Kind von seiner Familie? Ist es stolz auf seine Eltern? Kennt es sich in der Umgebung aus?

Die Antworten bringen sehr verschiedenes Wissen zum Ausdruck. Möglicherweise hat eine Lehrerin oder ein Lehrer nie darauf geachtet, ob ein Kind allein mit dem Bus fährt oder nicht, ob es stolz auf seine Eltern ist. Die Erzieherinnen hingegen bewegen sich in einem anderen Rahmen. Da geht es stärker um Selbstständigkeit, um den Kontakt zu den Eltern. Andererseits weiß die Erzieherin vielleicht wenig über das Leistungsverhalten eines Kindes.

Lütke: Wir haben diesen Beobachtungsbogen in einer ersten und einer zweiten Klasse ausprobiert. Das war spannend. Es stellte sich heraus: Meist ist es noch so, dass wir die Kinder im Blick haben, die negativ auffallen. Über sie reden Lehrer und Erzieherinnen, wenn sie sich kurz sehen oder zu unserem Jour fix kommen. Die Stillen aber fallen unter den Tisch. Und die Auffälligen haben Seiten, die wir bisher nicht genügend beachteten.

Das war der Ausgangspunkt: Wir wollen allen Kindern gerecht werden.

Was fangen Sie mit dem neu gewonnen Wissen an?

Kohorst: Unser Ziel ist es, jedes Kind gut durch den Tag zu begleiten. Wir haben Kinder, die kommen früh um 8.00 Uhr und gehen abends um 18.00 Uhr. Für sie und für alle anderen Kinder muss die offene Ganztagsschule vielfältige Angebote bereithalten: Sie müssen sich zurückziehen können und Anregung finden; und die Anregungen müssen verschiedener Art sein. Doch welches Kind braucht was?

Wir wollen die Kinder am Nachmittag nicht einfach beschäftigen. Wenn ein Kind Bewegungsförderung, musikalische Anregung oder Sprachförderung braucht, soll es in einer Gruppe landen, die ihm das bietet.

Der Beobachtungsbogen hilft uns zu erkennen, welche Kompetenzen ein Kind hat und wo es Unterstützung braucht. Aus diesen Informationen muss eine sinnvolle Handlungsplanung entwickelt werden. Wir haben dafür drei Bedarfsgruppen eingeteilt.

Die Kinder in der ersten Bedarfsgruppe brauchen zusätzliche Anregung, sind aber in der Lage, anderen Kindern zu helfen. Das kann man von ihnen auch fordern. In Bedarfsgruppe zwei sehen wir die Kinder, die überall durchs Raster fallen. Wir wollen sie befähigen, Angebote wahrzunehmen, und sollten wenigstens ein Mal im Halbjahr mit ihren Eltern sprechen. Bei Kindern in der Bedarfsgruppe drei geht es nicht ohne intensiven monatlichen Kontakt mit den Eltern, in den die Schulstation einbezogen werden muss.

Lütke: Oder wir brauchen Hilfe von außen.

Welche Auswirkungen hat das auf den Unterricht?

Lütke: Es kann sein, dass Lehrer und Erzieherinnen im Gespräch merken: Es wäre gut, einen Schüler am Vormittag ab und zu eine Runde um den Block laufen zu lassen, damit er sich wieder konzentrieren kann.

Kohorst: Solche individuellen Lernvereinbarungen gibt es bereits, und es sollen weitere Vereinbarungen geschlossen werden. Sind Schüler überlastet, sollen sie in die Schulstation oder in die verlässliche Ganztagsschule gehen, um Entlastung finden – natürlich mit dem Ziel, in den Unterricht zurückkehren zu können.

Inzwischen wissen Kinder und Lehrer, dass die Angebote von Aufwind ihnen helfen, besser miteinander in Kontakt zu kommen. Außerdem haben wir uns groß auf die Fahnen geschrieben: Elternzusammenarbeit.

In welchen Runden besprechen Sie die Zusammenarbeit von Lehrern und Erzieherinnen?

Kohorst: Jede Woche haben wir ein Schule-Hort-Treffen in der Schule.

Lütke: Dabei geht es vor allem um aktuelle Fragen. Die koordinierende Erzieherin ist dabei, ein Erzieher, ein Lehrervertreter. Von Zeit zu Zeit nehmen die Erzieherinnen der verlässlichen Halbtagschule teil.

Die konzeptionelle Runde findet bei Aufwind statt. Die pädagogische Leiterin von Aufwind ist dabei, eine Erzieherin, eine Lehrervertreterin, ein Mitglied der erweiterten Schulleitung, wir beide...

Kohorst: ... der Coach und ein Elternvertreter. Die Schulstation ist nicht dabei.

Wir haben einen Coach, der moderiert und uns unterstützt. Den bezahlt »Aufwind«. Ein Mal im Monat treffen wir uns in dieser Konzeptrunde.

Bereits bevor wir Träger der ergänzenden Bildung, Erziehung und Betreuung wurden, entwickelten wir das Hortkonzept gemeinsam. Jetzt schreiben wir es fort.

Die Schule entwickelt sich in Richtung Klippert-Modell-Schule. Das hat Auswirkung auf die Pädagogik der Lehrer und soll die Pädagogik der Erzieherinnen und Erzieher beeinflussen, die gern an diesen Fortbildungen teilgenommen hätten.

Wir wollen uns vernetzen. Also müssen wir zusehen, wo wir miteinander reden, neue Ideen aufnehmen und alle einbinden können.

Ein Knackpunkt ist: Das kostet Zeit. Wir bewegen uns in einem dynamischen Feld, in dem viele Veränderungen gleichzeitig passieren. Doch für solche Prozesse müsste man sich mal zurücklehnen und Atem holen können...

Lütke: Das ist nicht drin. Wenn man die Terminkalender der Leute sieht, die in den Runden sitzen – die sind übervoll.

Welche Voraussetzungen braucht gelingende Kooperation?

Lütke: Offenheit und Lust auf etwas Neues. Als ich einem Schulleiter aus der Nachbarschaft sagte, dass wir mit einem Freien Träger kooperieren werden, meinte der: »Du bist dir aber im Klaren, dass du nicht das Sagen über die Erzieherinnen hast.« Ich war sprachlos. So redet ein Machtmensch, einer, der seinen Laden unter Kontrolle haben will.

Kohorst: Man braucht Ziele, die man gemeinsam erreichen will. Und man muss bereit sein, dem Partner die eigenen Ressourcen zur Verfügung zu stellen, ohne gleich zu rechnen.

Und: Natürlich müssen alle die Zusammenarbeit wollen. Sonst müsste man ständig um diese Verbindung kämpfen.

Durch die enge Zusammenarbeit fallen aber auch die Schwachstellen der jeweils anderen Seite schneller auf...

Kohorst: Das sind dann unsere gemeinsamen Schwachstellen. Wenn Herr Lütke findet, dass im Hort etwas verändert werden müsste, überlegen wir gemeinsam.

Lütke: Arbeiten mehrere Leute daran, wird es in der Regel auch besser, als wenn nur einer sich den Kopf zerbricht.

Kohorst: Gegenwärtig möchten wir erreichen, dass alle Gruppen Kinderkonferenzen durchführen. Wir starteten mit einem vollkommen neuen Erzieherteam. Darunter gibt es einige Leute, die sich dafür stark machen, die Kinder zu ihren Angelegenheiten selbst zu befragen, andere tun das nicht. Wir aber wollen verbindliche Standards für alle.

Lütke: Wenn wir über Kooperation sprechen, müssen wir übrigens noch eine Runde erwähnen: die Kiezrunde. Daran sollen sich alle Grundschulen der Umgebung beteiligen, auch die Oberschulen und alle Freien und öffentlichen Träger, die sich um Kinder und Jugendliche kümmern. Gerade planen wir das zweite Kiezfest.

Kohorst: Wir wollen den Kiez beleben – mit der Schule und mit solchen Aktivitäten.

Lütke: Alle zwei Monate treffen wir uns und veranstalten auch gemeinsame Fachtage.

Kohorst: Im Moment haben wir Druck, weil es auf der U-Bahn-Strecke 8 und um den Schäfersee Drogenprobleme gibt. Wir überlegen, wie wir unterschiedlichen Akteure gemeinsam handeln können, in Abstimmung mit der Straßensozialarbeit und der Polizei.

Sogenannte Happy-Slapping-Aufnahmen von Gewaltszenen mit dem Handy gibt es bei uns auch. Aber an unserer Schule können wir das noch auffangen, weil die Kinder Vertrauen haben. Sie gehen in die Schulstation und reden mit den Erzieherinnen darüber. Dadurch wird es öffentlich, und die Polizei kann benachrichtigt werden.

Wir hatten auch eine Bandenverabredung zwischen zwei Gruppen zweier Schulen...

Lütke: Die Kolleginnen aus den beiden Schulstationen telefonierten sich die Finger wund, informierten die Eltern, und die wiederum haben ihren Kindern gesagt: »Halt dich aus der Schlägerei raus!« In der Schule haben wir mit den Schülern gesprochen...

Kohorst: Alle kümmerten sich gemeinsam – Polizei, Schulstation, Schule, Eltern – und reagierten sofort. Es kam nicht zu der Schlägerei. Wenn man so nah dran ist wie wir, funktioniert das.

Auch das ist ein Erfolg: eine Atmosphäre zu schaffen, in der diejenigen, die Opfer solcher Verabredungen werden sollten, merken, dass ihnen geholfen wird, dass sie nicht allein sind.

Grundschule am Schäfersee
Holländerstr. 25-30
13407 Berlin
Internet: http://www.schaefersee-grundschule.de

Aufwind Kita-Verbund gGmbH
Vierwaldstätter Weg 7
13407 Berlin

460 Kinder werden in der »problematischen Idylle« um den Schäfersee begleitet. Etwa die Hälfte der Kinder entstammen Familien mit Migrationshintergrund, viele obendrein Familien, die von staatlichen Transferleistungen leben. Die damit verbundenen Probleme versucht die Schule bereits seit 2002 auch durch eine regelfinanzierte Schulstation des Jugendhilfeträgers Aufwind e.V. aufzufangen. Der gleiche Träger übernahm 2005 die ergänzenden Bildungs-, Erziehungs- und Betreuungsangebote, für die mehr als ein Drittel der Mädchen und Jungen angemeldet sind.

Kooperation zwischen Lehrerinnen, Sozialarbeiterinnen und Erziehern
Erfahrungen der Pädagogen und Pädagoginnen der Grundschule am Schäfersee und des Schulhorts Stargardstraße

Paul Herklotz, 26 Jahre, Erzieher im offenen Ganztag:

Die vier Lehrerinnen und Lehrer »meiner« 25 Kinder lernte ich kennen, weil wir zu Beginn des Schuljahres verabredeten, die Kinder nach Unterrichtsschluss aus ihren Klassenräumen abzuholen. Bis heute schaue ich jeden Tag kurz vorbei, um mitzukriegen, welche Laune in der Klasse herrschte.

Eine Weile nutzten wir »Verbindungshefte« zwischen Schule und offenem Bereich. Darin stand, was am Tag passiert ist, Schönes und Ärgerliches, wer fehlt und vor allem, welche Hausaufgaben zu erledigen sind. Das war zumindest eine Orientierung. Die Frage war nur: Wie kommen die Hefte in den Hort zurück?

Zu mehr als einem Gespräch zwischen Tür und Angel traf ich mich mit einer der Lehrerinnen, als wir den Beobachtungsbogen für unsere neun »gemeinsamen« Kinder ausprobierten. Ich kenne die Kinder erst seit einem halben Jahr, und beim Ausfüllen wurde mir bewusst, welches von ihnen ich bisher erlebt hatte, ohne es wirklich beobachtet zu haben. Mit diesen Kindern spreche ich jetzt zum Beispiel auf dem Weg von der Schule in den Hort. Zugleich hat der Fragebogen auch den Kontakt mit der Lehrerin verändert.

Wirklich Zeit für die Kooperation haben wir nicht. Dennoch verabreden wir uns hin und wieder, um zu überlegen: Wo steht ein Kind, und wo stehen wir in unserer Beziehung zu diesem Kind? Wir sind dabei nicht immer einer Meinung und lassen das zu. So glaube ich, dass einer der Jungen, der gegenwärtig ab und zu über die Stränge schlägt, nicht mehr Druck, sondern mehr Anerkennung für das braucht, was er gut gemacht hat, und ein kurzes, aber deutliches Signal für das, was wir nicht mögen. Ob sich dadurch etwas verändert, beobachten wir gemeinsam – jeder an seinem Ort. Dann reden wir weiter...

Christiane Uhlhorn, 49 Jahre, Grundschullehrerin:

Mein Aha-Erlebnis hatte ich, als ich die Beobachtungsbogen der neun Kinder, die für den offenen Ganztag angemeldet sind, parallel zum Erzieher ausfüllte. Da gab es die Frage, ob die Kinder sich in ihrem Kiez auskennen und den Weg zur Schule allein bewältigen. Es war mir nicht bewusst, dass das etwas über die Reife, die Selbstständigkeit und Kompetenz der Kinder aussagt.

Stolz bin ich allerdings, dass ich alle in dem mehrseitigen Papier enthaltenen Fragen beantworten konnte – bis auf zwei Fragen bei zwei Kindern. Ich kenne die Kinder seit zwei Jahren, habe sie alle zu Hause besucht und mit ihnen intensiv die Umgebung der Schule erkundet.

Der Fragebogen hilft uns, den Überblick zu behalten. Es gibt nämlich Kinder, die viel Aufmerksamkeit fordern, und andere, die sie brauchen, aber nicht kriegen, weil sie sich angepasst und freundlich verhalten. Nun werden der Erzieher und ich ein Mädchen stärker unterstützen, das erst seit kurzem in Deutschland ist. Auch wenn es sie nicht fordert, es braucht mehr Hilfe, um hier anzukommen und die Sprache zu lernen.

Wenn ich erlebe, wie viel Zeit die Erzieher haben um mit den Kindern zu reden und sich auseinanderzusetzen, bin ich neidisch. Allerdings profitiere ich auch davor. Wie war es noch vor einem Jahr? Rief ich bei einem Kind zu Hause an, weil es Probleme gab, hatte ich es oft selbst am Telefon, und im Hintergrund lief der Fernseher. Jetzt habe ich nicht nur einen kompetenten Gesprächspartner, mit dem ich mich austauschen kann. Der Erzieher spricht auch mit den Kindern und ihren Eltern, vermittelt im Konfliktfall.

Übrigens merke ich im Unterricht deutlich, welche Kinder im offenen Ganztag sind. Sie halten zusammen, stehen füreinander ein und sagen: »Du weißt doch, dass du bei ihm lauter sprechen musst...« oder »Der mag nicht, wenn du ihn in die Seite kneifst.«

Früher dachte ich immer: Arme Kinder, die in der Hort müssen, weil ihre Eltern arbeiten. Heute denke ich: Schade für all jene, die nicht in diesem pädagogischen Rahmen von engagierten Leuten am Nachmittag betreut werden.

Ulla Wieja, 50 Jahre, Sozialarbeiterin und Familientherapeutin in der Schulstation:

In den vier Jahren, die ich an der Schule arbeite, erlebe ich eine große Bereitschaft der Lehrerinnen, im Team zu schauen, warum ein Kind stört oder jemanden beschimpft und was es braucht, um lernen zu können. Diese offene Haltung unterstützt die Kooperation.

Als wir hier anfingen, gab es schon Standesdünkel. Allerdings war schnell klar, dass sich das soziale Klima und das Lernklima an der Schule nicht entwickeln werden, wenn jede Gruppe nur in den Grenzen ihrer Profession denkt. Aufgeweicht wurden diese Grenzen immer dann, wenn wir einander für das anerkannten, was jeder leistet.

Seit 2002 gibt es regelmäßig Kooperationstreffen zwischen Lehrerinnen, Jugendamt, Elternvertretern, Schulleitung und uns. Nach und nach hat sich eine Vertrauensbasis entwickelt. Auf dieser Grundlage gelingt es uns, das Schulleben zu gestalten und Problemen nicht nur hinterher zu rennen. Ein Bereich, in dem wir dazulernen müssen – Lehrerinnen wie Sozialarbeiterinnen –, ist die interkulturelle Elternarbeit. Es braucht Wissen, um Müttern und Vätern angemessen begegnen zu können, die in ihrer Herkunftskultur andere Werte vertreten.

Für uns Mitarbeiterinnen der Schulstation sind jedes Jahr 14 Tage Fortbildung als reguläre Arbeitszeit eingeplant. Bei den Lehrerinnen beruht vieles nur auf Engagement – sowohl die Zeit, die sie für Kooperation aufwenden, als auch das, was sie lernen, um in Konfliktsituationen deeskalierend auftreten zu können. Ich finde, das darf nicht so bleiben. Auch sie brauchen Kooperations- und Fortbildungszeit, um den aktuellen Herausforderungen des Schulalltags gewachsen zu sein.

Nicht ohne die Eltern! Oder: Wie ein spendabler Verein und eine kreative Aushandlungsgruppe die Schule bereichern

Sonnabendmorgen im Speiseraum der Grundschule im Grünen. Vier Dutzend klebrige Erwachsenenhände kneten eine zähe Masse in zwei Dutzend bunten Schüsseln. Dazwischen quirlen Kinder, die Mehl mahlen oder vom Teig naschen wollen. Über den Tisch fliegen Gesprächsfetzen: »Ich möchte, dass mein Kind hier eingeschult wird.« »Was erzählt Ihr Kind denn von der Schule?« »Ach, Sie sind hier Erzieherin?«

Es ist Brotbacktag an der Schule in Berlin-Hohenschönhausen – eine Gelegenheit für die Eltern, etwas mit ihren Kindern gemeinsam zu unternehmen, und für die künftigen Schulanfänger eine Chance, die Schule von innen zu sehen.

Eingeladen hat der Verein »Malchower Grashüpfer e.V.«, der Förderverein der Schule. 1991 wurde er von einigen Enthusiasten gegründet. Sie wollten, dass die Kinder den verantwortungsvollen Umgang mit der Natur an der Schule kennen lernen, ganz praktisch.

Freiwillige Helfer für die »Knirpsenfarm«

Heute unterhält der Schulverein die »Knirpsenfarm« mit 160 großen und kleinen Tieren, beschäftigt zwei Tierpfleger und hat einen »Knipsengarten« gepachtet. Außerdem organisiert er vor allem sportliche Arbeitsgemeinschaften und Aktionen wie den Brotbacktag. Darüber hinaus unterstützt er die weitere Ausgestaltung der offenen Ganztagsschule.

»Im vergangenen Jahr haben wir insgesamt 100.000 Euro ausgegeben – für die Farm und für Aktivitäten der Schule«, berichtet Kerstin Zimmer, die dem Verein als stellvertretende Vorsitzende vorsteht. Der Bezirk Hohenschönhausen fördert den Freien Träger mit derzeit 150.000 Euro jährlich. Um Sponsoren wird geworben, doch vor allem um interessierte Eltern. 405 Mitglieder zählt der Förderverein der Schule. 24 Euro beträgt der Mitgliedsbeitrag.

Leider sind längst nicht alle Eltern bereit, diesen Beitrag zu leisten, um das breite Angebot der Schule zu erhalten. »Manche Eltern denken, dass muss hier alles so sein, und kommen nicht auf die Idee, dafür etwas zu tun«, sagt die Erzieherin Kathrin Kormannshaus. Sie hatte deshalb auf der Sitzung des Fördervereins vorgeschlagen, einen Vertrag mit den Eltern zu schließen, der sie verpflichtet, in jedem der sechs Schuljahre vier oder fünf

Stunden lang für die Schule tätig zu sein. Aber: »Das hat sich der Vorstand nur mit Räuspern angehört.«

Also baut der Verein auf Freiwilligkeit. In einer Kartei wird erfasst, wer der Schule welche Leistungen anbieten könnte, zum Beispiel Fliesen legen oder eine Bastelgruppe leiten. Nach jedem Einsatz und für jede Spende gibt es ein Dankeschön auf der Webseite und in den »Grashüpfer-Infos«, dem Rundbrief des Vereins

Dieses Feedback motiviert Heike Platen. »Wir müssen stärker signalisieren, dass wir offen für neue Ideen sind«, sagt die 42jährige Mutter. »Nur dadurch kann die Lebendigkeit der Schule erhalten und weiterentwickelt werden.«

Für das, woran sie beteiligt sind, setzen Kinder und Eltern sich ein. Das ist die Erfahrung von Kerstin Beyer, Lehrerin in der grünen Gruppe der Grundschule. So, wie sie das Lernen der Jüngsten heute begleitet, ist sie nicht nur darauf angewiesen, dass die Eltern ihre Arbeit verstehen. Sie braucht auch deren Unterstützung. Gerade fehlen »Lesemütter« in der Anfängerklasse. Für die Lesenacht im Sommer, den Wandertag oder andere langfristig geplante Projekte aber melden sich immer Eltern, denn sie sind neugierig, ihre Kinder in der Klasse zu erleben. »Voraussetzung ist natürlich, dass ich mit den Eltern im Gespräch bin«, betont die Lehrerin

Aushandlungsrunden, Wünsche und Vorschläge

Ortswechsel: die Fichtelgebirge-Grundschule in Berlin-Kreuzberg. Hier kann die Elternschaft keine 100.000 Euro im Jahr für einen Förderverein aufbringen. Dennoch setzen sich Mütter und Väter in diesem Brennpunktkiez für die Schule ihrer Kinder ein.

Am späten Nachmittag sitzen einige Mütter und Väter, Pädagoginnen und Pädagogen, etliche Schülerinnen und Schüler, dazu die Sozialarbeiterin der Schulstation sowie die Vertreterin des Quartiermanagements in der Mensa der Schule zusammen. Seit 2003 treffen sie sich regelmäßig in diesen Aushandlungsrunden. In einem moderierten Prozess überlegen sie, wie sich die Schule entwickeln soll. Ihr Thema diesmal: Konflikte auf dem Schulhof.

Immer wieder kommt es zu Streit und Rangeleien zwischen Schülergruppen. Seit der letzten Aushandlungsrunde sammelte man Ideen, was zu tun sei. Die Kinder schlugen vor, getrennte Hofpausen für die Großen und die Kleinen zu organisieren und meinten, dass die Großen auf die Kleinen aufpassen sollen. Sie wünschten sich mehr Spielgeräte auf ihrem Abenteuerschulhof und einen in den Pausen zugänglichen Computerraum für die fünften und sechsten Klassen.

Gemeinsam prüft die Runde nun: Welche Vorschläge lassen sich sofort realisieren? Was muss zwischen und in den Gruppen ausgehandelt werden? Was sind die nächsten Schritte?

Darüber, ob die Idee der getrennten Hofpausen zum Wunsch des Kollegiums passt, den Tag in der offenen Ganztagsschule neue zu rhythmisieren, entspann sich ein Dialog zwischen den Lehrerinnen und Lehrern. In ihren Konferenzen wollen sie diese Frage beantworten, um den Stundenplan für das nächste Schuljahr entsprechend zu strukturieren.

Die Eltern schlugen vor, dass sie in den Hofpausen präsent sein könnten, um bei der Spielzeugausgabe zu helfen und den Kindern eigene Spielangebote zu unterbreiten. »Zuvor müssen wir aber mit den Lehrern klären, was als Regelverstoß gilt und wie wir im Konfliktfall angemessen reagieren können«, sagt Nagihan Algül, deren Kind die erste Klasse besucht.

Das Elterncafé und der Verein »Eltern unterstützen Eltern«

Im Jahr 2003 beschloss das Kollegium, sich am BLK-Programm »Demokratie lernen und leben« zu beteiligen. Es wollte sich darauf einlassen, das Schulprogramm mit allen beteiligten Gruppen zu erarbeiten. Der Vorteil für die Schule: Es gibt nun ein durch das BLK-Programm bezahltes Moderatorenteam, das die für die Schulentwicklung notwendige Außensicht einbringt.

Der erste Schritt der Aushandlungsgruppen war eine Bestandsaufnahme. Was schätzen Kinder, Eltern und Pädagogen an ihrer Schule? Alle notierten: der Schulhof. Er wurde nach den Vorstellungen der Kinder angelegt, und besonders toll war – so die einheitliche Meinung aller Gruppen –, dass er durch ihr Zusammenwirken entstand.

Der nächste Schritt im Aushandlungsprozess war die Frage: Was wünschen wir uns an und von der Schule? Damals äußerten die türkischen Eltern ihr Bedürfnis nach einem Ort, an dem sie sich treffen und austauschen können. Niemand in der Runde – so das Prinzip des Prozesses – hatte dagegen einen Einwand.

Also wurde das türkische Elterncafé ins Leben gerufen, als erstes Ergebnis der demokratischen Schulentwicklung. 20 bis 40 Eltern treffen sich hier aller vierzehn Tage, begleitet vom türkisch-deutschen Sozialarbeiter-Team der Schulstation. »Ein Vater sagte mir, er fühle sich erst durch diesen Austausch wirklich sensibilisiert für sein Kind und habe verstanden, was er mit seinem unbeherrschten Verhalten anrichten kann«, berichtet Müslüm Bostanci, der das Gespräch anfangs moderierte.

Aus dem Elterncafé heraus entstand der Verein »Eltern unterstützen Eltern«. Die im Verein engagierten türkischen Mütter springen heute als Vermittlerinnen ein, wenn es zwischen Eltern und Lehrern Sprachprobleme oder Konflikte gibt. »Das hilft mir sehr«, betont Enno Ebbert, der in einer Seiteneinsteigerklasse neu in Deutschland angekommene Schüler unterrichtet. »Die Mütter übersetzen den Eltern, was die Lehrer sagen, und ich kann sicher sein, dass bei den Familien ankommt, was mir wichtig ist. Erst auf dieser Basis können wir schauen, was die Kinder brauchen – von mir als Lehrer oder von den Eltern.«

Geduld für Veränderungen

»Kinder lernen besser, wenn sie wissen, dass die Eltern hinter ihnen stehen«, ist sich Merih Ergün, Erzieher in der Schulstation, sicher. Deshalb ist er froh, dass die verschiedenen Elterngruppen an der Schulentwicklung mitwirken.

Die wenigen deutschen Eltern drängten zu Beginn der Aushandlungsrunden vor allem darauf, dass es nicht von einigen engagierten Lehrern abhängen darf, ob an der Schule neue Lernformen eingeführt werden. Auch ihnen ist es zu verdanken, dass die Fichtelgebirge-Grundschule als erste Schule in Berlin-Kreuzberg eine Lernwerkstatt einrichtete.

»Ohne Eltern wäre der gesamte Schulentwicklungsprozess nicht besser gelaufen«, blickt Enno Ebbert zurück. Er gesteht ein, dass er in den langwierigen Aushandlungsrunden manchmal ungeduldig wurde. Die Begegnungen dehnten sich aus, nicht nur, weil häufig übersetzt werden musste. Vor allem kamen immer wieder neue Eltern dazu, denen der Prozess erklärt und deren Erwartungen berücksichtigt werden mussten. Doch es lohnte sich. »Wir lernten, einander zuzuhören und nicht nur die aus der Sicht der Lehrer drängenden Probleme anzupacken. Heute«, so Enno Ebbert, »sind die Wege zwischen Eltern und Lehrern kürzer geworden.«

Merih Ergün möchte, dass die Aushandlungsgruppen auch dann noch bestehen, wenn das Schulprogramm geschrieben und das BLK-Programm beendet ist. Sie könnten sich als »Bildungsforum« etablieren, in dem alle Eltern mitarbeiten – egal, welche Muttersprache sie sprechen. Der Erzieher will erreichen, dass an der Fichtelgebirge-Grundschule 20 bis 30 Prozent der Kinder nichtdeutscher Herkunft eine Gymnasialempfehlung bekommen, denn: Schon immer erhofften die türkischen Eltern den Bildungs-

aufstieg ihrer Kinder, konnten sie aber nicht ausreichend unterstützen. Das beginnt sich nun zu ändern.

Und noch etwas muss sich nach Merih Ergüns Meinung ändern: »In den Lehrplänen sollte die Kultur, die Geschichte und die Sprache der Herkunftsländer der Kinder eine größere Rolle spielen, damit die Kinder merken, dass sie anerkannt und etwas wert sind.«

Grundschule im Grünen
Malchower Chaussee 2
13051 Berlin
sowie
Fontanegebäude (Nebengebäude)
Doberaner Str. 58
13051 Berlin
Internet: http://www.grundschule-im-gruenen.de

In der am Rande des Dorfes Malchow gelegenen Grundschule im Grünen werden 460 Schülerinnen und Schüler aus den umliegenden Dörfern, aus Buch sowie aus der Hochhaussiedlung Hohenschönhausen unterrichtet. Zu der Schule gehört auch das wenige Minuten Fußweg entfernte Fontanegebäude in Hohenschönhausen, in dem vorwiegend die vierten bis sechsten Klassen lernen und auch die Lernwerkstatt beheimatet ist. Für die ergänzenden Angebote der Schule sind beinahe drei Viertel der Mädchen und Jungen angemeldet. Der Verein »Malchower Grashüpfer« unterhält die Knirpsenfarm und den Knirpsengarten, die die Schule auszeichnen. Dieser Förderverein der Schule hat über 450 Mitglieder, vorwiegend Eltern und ehemalige Eltern.

Fichtelgebirge-Grundschule
Görlitzer Ufer 2
10997 Berlin
Internet: http://www.fichtelgebirge-gs.cidsnet.de

An der Fichtelgebirge-Grundschule im Kreuzberger Wrangelkiez lernen 320 Kinder, in der Mehrheit nichtdeutscher Herkunft. Der offene Ganztag wird in Zusammenarbeit mit Erzieherinnen und Erziehern des Pestalozzi-Fröbel-Hauses gestaltet. Für die ergänzenden Angebote sind etwa ein Viertel der Mädchen und Jungen angemeldet. Die Fichtelgebirge-Grundschule verfügt seit mehreren Jahren über eine vom Jugendamt regelfinanzierte Schulstation, die vom FiPP e.V., dem Fortbildungsinstitut für die pädagogische Praxis, betrieben wird. Die Eltern der Kinder haben sich im »Förderverein« zusammengeschlossen und treffen sich im türkischen und inzwischen auch im deutsch-türkischen Elternforum. Daraus ging die Beratungsinitiative »Eltern unterstützen Eltern« hervor.

Klare Steuerung und Raum für kreative Ideen

Ein Gespräch mit der Schulleiterin Inge Hirschmann über die Entwicklung der Heinrich-Zille-Grundschule, die seit dem Schuljahr 2005/06 eine offene Ganztagschule ist:

Die Heinrich-Zille-Grundschule beschäftigt sich bereits seit dem Jahre 2000 systematisch mit Schulentwicklung. Mit dem Schuljahr 2005/06 ist auch sie eine offene Ganztagschule. Wie beeinflusst das die Schulentwicklung?

Als wir mit der Schulentwicklung begannen, wollten wir zwei eingefahrene Gleise verlassen. Das eine Gleis: Ich und meine Klasse. Das zweite Gleis: Ich und mein Fach. 15 gut geführte Klassen ergeben noch keine gute Schule. Das gilt umso mehr, wenn wir bis 16.00 oder 18.00 Uhr eine attraktive Ganztagsschule sein wollen. Für mich als Schulleiterin stellten sich dabei stets die Fragen: Wie viel steuere ich, und wie viel lasse ich sich entwickeln? Wie gebe ich neuen Ideen Raum, und wie verhindere ich die Überforderung der Kolleginnen und Kollegen?

Damals richteten wir über die im Schulverfassungsgesetz vorgesehenen Fachkonferenzen hinaus Facharbeitsgruppen für jene Bereiche ein, in denen wir weiterkommen wollten. Zurzeit befasst sich eine der Facharbeitsgruppen mit dem Thema »Ganze Tage an der Schule«. Auf andere Fachkonferenzen verzichten wir dafür.

Womit beschäftigt sich die Fachgruppe »Ganze Tage an der Schule«?

Es geht um alle Belange, die sich aus der Verlagerung der Horte an unsere Schule ergeben: die Schulhofumgestaltung, Fragen der Kooperation zwischen Lehrerinnen und Erzieherinnen, aber natürlich auch die Ansprüche von Kindern und Eltern an eine offene Ganztagsschule. Wie viel Rhythmisierung ist möglich? Wie viel Offenheit und Gebundenheit brauchen Grundschulkinder im Unterricht und erst recht in der Freizeit?

Zu Beginn des Schuljahrs 2005/06 kamen 14 Erzieherinnen neu an unsere Schule. Wir mussten klären, wie die Kommunikation und Zusammenarbeit zwischen Lehrerinnen und Erzieherinnen ablaufen kann. Unstimmigkeiten gab es sehr schnell bei den Hausaufgaben, bei den offenen und gebundenen Angeboten am Nachmittag. Natürlich muss sich das gesamte Kollegium über die Ko-operation zwischen den beiden Berufsgruppen austauschen. Die Arbeitsgruppe »Ganze Tage in der Schule« kann keine einsamen Entscheidungen treffen.

Muss es an einer Ganztagsschule Hausaufgaben geben?

Darüber sind wir im Gespräch. Es gab den Vorschlag, an zwei Tagen keine Hausaufgaben aufzugeben. Aber was ist, wenn ein Lehrer nur an einem Tag unterrichtet? Wie erreichen wir, dass die Kinder sich weiter mit den Unterrichtsthemen beschäftigen und üben?

Die in der Arbeitsgruppe beteiligten Eltern plädieren klar für Hausaufgaben. Sie sollen schon am Nachmittag erledigt werden, damit man zu Hause davon entlastet ist.

Viele Kolleginnen unterrichten nach dem Wochenplan und rechnen die Aufgaben für zu Hause in diesen Plan mit ein. Doch was ist mit den Kindern, denen die Zeit bis 13.30 oder bis 14.00 Uhr nicht genügt? Wie organisieren wir, dass Kinder unterschiedlicher Klassenstufen und mit unterschiedlichen Themen bei ihren Hausaufgaben gut betreut sind, wenn wir nur wenig Personal haben? Wie können wir uns mit der Hausaufgabenhilfe im Stadtteil vernetzen?

Wir merken deutlich: Hausaufgaben können an einer offenen Ganztagschule nicht mehr wie an einer Halbtagsschule behandelt werden. Derzeit stecken wir in der zweiten Runde der Schulprogrammentwicklung und werden das Thema »Hausaufgaben« als einen Entwicklungsschwerpunkt bearbeiten. Es ist inzwischen nicht mehr nur eine Frage der Kooperation zwischen Erzieherinnen und Lehrerinnen, sondern in den curricularen Zusammenhang »Selbstständig arbeiten und Verantwortung für das Lernen übernehmen« eingebettet.

Wann beraten Lehrerinnen und Erzieherinnen miteinander?

Die Kooperation findet in den Stunden statt, in denen Erzieherinnen parallel im Unterricht eingesetzt sind. In der Schulanfangsphase gehört eine Erzieherin zum Klassenteam. Regelmäßige Teamsitzungen sind aber kaum möglich.

Auf unserem Studientag vereinbarten wir, dass die Erzieherinnen zu ihren wöchentlichen Dienstbesprechungen einen Lehrer oder eine Lehrerin einladen – je nach Thema.

Geht es um das Thema »Integration«, kommt jemand aus der entsprechenden Fachgruppe dazu. So kann vorhandenes Wissen besser ausgetauscht werden, Probleme werden frühzeitig erkannt, und man kann nach gemeinsamen Lösungen suchen.

Ein Beispiel: Die leitende Erzieherin möchte die Elterngespräche stärker vereinheitlichen. Sie ist von guten Entwicklungsgesprächen überzeugt. Zu Recht fragen die Lehrerinnen: »Wie kann man in einer offenen Ganztagsschule Entwicklungsgespräche mit Eltern führen, wenn man den Unterricht ausklammert?« Schon gibt es ein neues gemeinsames Betätigungsfeld für Lehrerinnen und Erzieherinnen: Wie wollen wir künftig Beratungsgespräche mit Eltern führen?

Als Mangel empfinden die Kolleginnen die fehlende verbindliche Kooperationszeit zwischen den Mitarbeiterinnen. Deshalb haben wir uns entschlossen, am Mittwoch in der ersten Stunde eine Dienstbesprechung fest in den Unterrichtsplan einzubauen. Je nach Thema werden Lehrerinnen oder Lehrerinnen und Erzieherinnen miteinander reden können. Wir brauchen diese Gespräche, damit Anregungen aufgegriffen und mehr werden können als die Ideen einzelner Kolleginnen. Wir brauchen aber auch die Situation, in der wir merken, hier hat ein Kollege etwas nicht mitgekriegt, damit wir wissen, wem wir bereits im Boot haben und mit wem wir noch reden müssen.

Sie erwähnten, dass auch Eltern in der Fachgruppe »Ganze Tage in der Schule« mitwirken. Was ist deren Part?

Wenn wir zur offenen Ganztagsschule werden, fürchten wir, dass bestimmte Eltern ihre Kinder abmelden. Andere Eltern sagen: »Wir akzeptieren die heterogen zusammengesetzte Schülerschaft am Vormittag. Doch bislang konnten wir uns den Schülerladen für den Nachmittag aussuchen. Wenn wir nun darauf verzichten sollen, dann zeigt uns erst mal euer Konzept.«

Wir müssen den Eltern also beweisen, dass die offene Ganztagsschule auch für ihre Kinder gut ist. Es sind die engagierten Eltern, und wir können ihre Mitarbeit in den Gremien nicht hoch genug einschätzen. Wenn sie im Stadtteil bleiben, gelingt es uns besser, Kinder mit Migrationshintergrund zu integrieren. Inzwischen lassen uns die Eltern mehr Zeit, weil sie wissen, dass wir an dem Thema arbeiten.

Man darf nicht vergessen: Wir haben an unserer Schule einen großen Anteil von Kindern aus bildungsfernen, sozial belasteten Migrantenfamilien. Lern- und Verhaltensauffälligkeiten vieler Kinder – besonders der Jungen – bewogen uns, die Elternarbeit zu intensivieren.

Wie reagieren Sie auf Verhaltensschwierigkeiten der Jungen?

Ein Vorfall im letzten Jahr machte uns deutlich, dass wir uns stärker mit dem unterschiedlichen Verhalten von Jungen und Mädchen auseinandersetzen müssen: Drei Jungen hatten zwei Mädchen bedrängt.

Bei Konflikten mit den Jungen geht es oft um das Thema »Grenzen setzen und akzeptieren«. Viele Jungen werden eher von anderen Jugendlichen im Kiez »erzogen« als von ihren Eltern. Deshalb organisieren wir themenorientierte Elternabende und Elterncafés mit Unterstützung von Partnern aus dem Umfeld, zum Beispiel dem Arbeitskreis Neue Erziehung (ANE) oder der Regionalen Arbeitsstelle für Ausländerfragen, Jugendarbeit und Schule (RAA). Meine Vision von Schule ist: Sie muss auch ein Ort der Beratung und Unterstützung für Eltern sein – gerade an einem sozialen Brennpunkt.

Darüber hinaus müssen wir uns mit Verhaltensschwierigkeiten und Problemen der Pubertät auseinandersetzen, bevor sie eskalieren. Das wird sich in unserem schulinternen Curriculum für die fünften und sechsten Klassen wiederfinden: mit den Jungen und Mädchen intensiver und sensibler präventiv zu arbeiten.

Gleichzeitig nahmen wir Kontakte zu Experten aus dem Gesundheitsdienst und zu Freien Trägern auf. Mit den Lehrerinnen gestalten sie Präventionsprojekte als Teil des Unterrichts. Künftig sollten auch die Erzieherinnen einbezogen werden.

Welche weiteren Ideen haben Sie für den attraktiven offenen Nachmittag?

Da hakt es leider. Ich bin auf Angebote angewiesen, die für die Kinder kostenlos sind, denn die Eltern müssen ohnehin schon – nach Einkommen gestaffelt – für die offenen Angebote bezahlen. Darüber hinaus noch Gelder einzusammeln, um interessante Angebote auf Honorarbasis zu bieten, das geht in unserem Umfeld nicht.

Solange wir noch Stunden im Rahmen des staatlichen Werteausgleichs bekommen, bieten wir neben dem offenem Bereich diverse Arbeitsgemeinschaften an: Theater, Musik, Sport, Schülerzeitung. Bedauerlicherweise werden diese Stunden jedoch von Jahr zu Jahr weniger. Außerdem fehlt es uns an Räumen, die wir Veranstaltern von außen anbieten können.

Wie ich weiß, ist das an vielen offenen Ganztagsschulen Berlins ein Problem. Deshalb setze ich mich im Grundschulverband für die sorgfältige Bestandsaufnahme ein. Die Schulverwaltung muss klären: Was geht unter den derzeitigen Bedingungen? Wo brauchen Schulen gezielt Unterstützung und Hilfe, weil sie ihre Probleme nicht aus eigener Kraft lösen können?

Welche Rolle spielen Kooperationspartner im Kiez, um neue Lernwelten für die offene Ganztagsschule zu erschließen?

Schulen in sozial belasteten Wohnvierteln brauchen vielfältige Unterstützung von außen. Seit einiger Zeit arbeiten wir mit KoKo zusammen, dem Kommunikations- und Kompetenzzentrum Marianneplatz, einem Projekt der Senatsverwaltung für Stadtentwicklung. Gemeinsam wollen wir die Lebenssituation der Kinder und Jugendlichen im Umfeld verbessern, und die Schulen gehören unbedingt dazu.

Eine Kollegin vertritt uns in der Sozialraum-AG und bei KoKo. Tagt die Arbeitsgruppe am Vormittag, müssen andere Kolleginnen ihren Unterricht übernehmen. Damit stellt sich die Frage: Wie definieren wir Arbeitszeit?

Wenn wir den ganzen Tag an der Schule gestalten, brauchen wir einen Pool an Stunden, um Aufgaben, die über den Unterricht hinausgehen, bewältigen zu können. Erst dann finden Lehrerinnen und Erzieherinnen Zeit, Projekte zu entwickeln, und können Beziehungen zu Kooperationspartnern im Sozialraum aufnehmen und ausgestalten.

Wie schaffen Sie es als Schulleiterin, die verschiedenen Entwicklungsfäden in der Hand zu behalten?

Wir versuchen, unsere zehn bis zwölf Fachkonferenzen und Arbeitsgruppen von der Zusammensetzung und den Aufgabenstellungen her immer im Zweijahrsrhythmus zu denken.

Am Anfang das Jahres lasse ich mir aus den Konferenzen Rückmeldungen geben: Welche Themen wurden erschöpfend bearbeitet? Welche Fragen brennen unter den Nägeln? Woran muss weitergearbeitet werden? Dabei ziehe ich Bilanz und merke, was auf der Strecke zu bleiben droht.

Außerdem kriege ich die Protokolle der Fachkonferenzen und Arbeitsgruppen, die alle fünf bis sechs Wochen tagen, und lese sie sorgfältig. Die Arbeitsgruppen werden jeweils von einem Tandem geleitet, so dass die Kolleginnen einander vertreten können. Außerdem arbeitet eine von ihnen in der AG Leiterinnengruppe mit. Darüber hinaus gibt es eine Steuergruppe, die die Fortschreibung des Schulprogramms befördern soll.

Wenn ich die Termine plane, merke ich mitunter, dass mir ein Thema wegrutscht. Dann bitte ich die Leiterinnen der Fachgruppe: »Berichtet uns mal, wie ihr die Idee oder das Konzept weiterentwickelt habt. Was davon ist für die Entwicklung des Schulprogramms wichtig?«

Sie waren gerade in Finnland und schauten sich dort Schulen an. Gab es etwas, das Sie übernehmen wollen?

In Finnland sah ich Arbeitsplätze für Lehrerinnen und Sozialarbeiterinnen, die mich beeindruckten. Der Pausenraum war nicht mit Büchern und Materialien vollgestopft, sondern es gab eine gemütliche Sitzecke mit bequemen Sofas und schönen Bildern an der Wand. Dort konnte man sich wohl fühlen und wirklich mal abschalten.

An unserer Schule haben wir ein akutes Raumproblem. Dennoch möchte ich das Lehrerzimmer mit einigen Kolleginnen und Kollegen möglichst bald umgestalten. Dabei geht es mir vor allem um die Anerkennung der Mitarbeiterinnen und Mitarbeiter. Die meisten von ihnen sind inzwischen »ganze Tage« in der Schule, die Erzieherinnen sowieso. Deshalb brauchen sie vernünftige Arbeitsplätze, aber auch einen Raum, der vorzugsweise dazu dient, mal innezuhalten und Kraft zu schöpfen.

Heinrich-Zille-Grundschule
Waldemarstr. 118
10997 Berlin
http://www.heinrich-zille-grundschule.de

An der Kreuzberger Schule lernen ca. 395 Schülerinnen und Schüler, die Hälfte deutscher Herkunft, die andere Hälfte mit Migrationshintergrund. Fast alle Klassen besuchen Kinder mit Behinderungen. Im offenen Ganztag sind mehr als die Hälfte der Mädchen und Jungen angemeldet. Über den Unterricht hinaus bietet die Schule viele Arbeitsgemeinschaften an, u. a. mehrere Theatergruppen.

Sprache anfassen

Dieses Buch ist ein Sesam-öffne-dich in die Kunst, Sprache zu bilden, mit Kindern eigene Geschichten zu erfinden. Es eröffnet Erzieherinnen, Lehrerinnen und Familien wunderbare spielerische Zugänge in die frühe ganzheitliche sprachliche Bildung von Kindern, nah bei ihren Themen und nah bei den Dingen, die sie berühren und bewegen. Dabei verbindet die Autorin die Freude junger Kinder am Entdecken und Erfinden der Welt und ihrer eigenen Geschichten mit einer »Grammatik der Phantasie«: Sie stellt in Text und Bild Vorformen und Strukturen des Geschichtenerfindens mit Kindern vor ... zum Beispiel an einer Wäscheleine entlang ... auf einer Drehscheibe ... an einem roten Faden mit seinen Knotenpunkten zum Weiterfabulieren in verschiedene Richtungen ... u.v.a.m. Auf diese Weise ist ein Buch entstanden, das Ihnen methodisch begründet ein reiches und vielgestaltiges Repertoire an Formen und Wegen des Erzählens zeigt, an die Sie in Ihrer Arbeit mit Kindern unterschiedlichen Alters unmittelbar anknüpfen können.

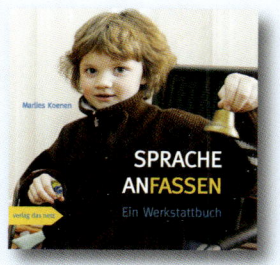

Marlies Koenen
Sprache anfassen
Ein Werkstattbuch
108 Seiten, mit vielen Fotos
verlag das netz,
Weimar, Berlin 2009
ISBN 973-3-937785-78-3
Euro 19,90

Anfragen und Bestellungen über den Buchhandel oder beim verlag das netz
Direktversand · Nummer 51 · 99441 Kiliansroda/Weimar
Tel. 036453.7140 · Fax 036453.71412 · www.verlagdasnetz.de service@verlagdasnetz.de